近代驻华日本领事贸易报告研究

（1881—1943）

王力 著

中国社会科学出版社

图书在版编目（CIP）数据

近代驻华日本领事贸易报告研究（1881—1943）／王力著．—北京：中国社会科学出版社，2013.5

ISBN 978 – 7 – 5161 – 2619 – 6

Ⅰ.①近…　Ⅱ.①王…　Ⅲ.①地区贸易经济—研究报告—中国—近代　Ⅳ.①F727

中国版本图书馆 CIP 数据核字（2013）第 097176 号

出 版 人	赵剑英
责任编辑	郭　鹏
责任校对	张丽丽
责任印制	戴　宽

出　　版	中国社会科学出版社
社　　址	北京鼓楼西大街甲 158 号（邮编 100720）
网　　址	http://www.csspw.cn
	中文域名:中国社科网　　010 – 64070619
发 行 部	010 – 84083685
门 市 部	010 – 84029450
经　　销	新华书店及其他书店

印刷装订	三河市君旺印装厂
版　　次	2013 年 5 月第 1 版
印　　次	2013 年 5 月第 1 次印刷

开　　本	880×1230　1/32
印　　张	12.5
字　　数	303 千字
定　　价	49.00 元

教育部人文社会科学研究青年项目资助
（09YJC770070）

目　　录

上编　驻华日本领事贸易报告资料的研究

序

2003 年秋，经正在日本访学的王宝平教授介绍，我初次与王力相识。2004 年 4 月，王力进入关西大学文学研究科博士课程学习，2007 年 3 月，获得博士学位。

王力在进入关西大学之前，就有关吴越国时期中日文化交流发表过若干学术论文。在博士课程学习阶段，选择了《近代驻华日本领事贸易报告研究》作为研究课题。特别是研究的中心内容"领事贸易报告"，虽然具有较高的史料价值，但是，目前学术界对该资料的研究和利用还是开展得非常不充分。王力的博士论文以日本领事贸易报告中国记事为主要分析对象，对驻华日本领事贸易报告的成立、演变、形式、内容、数量等问题进行了详细论述，同时，对日本领事贸易报告中的重点关注对象，例如：银价、茶叶、煤炭、樟脑等作了个案分析，通过这些个案让我们可以了解近代中国经济的一个侧面。

王力获得博士学位后，在浙江财经大学从事教学科研工作。现在展现在读者面前的《近代驻华日本领事贸易报告研究》，是其在博士论文的基础上，作了进一步的整理和修改而成，现由在学术出版界具有较高声誉的中国社会科学出版社出版，真是可喜可贺。

今后，希望作者进一步拓宽学术视野，并不局限于目前研究

的日本领事贸易报告，而是将近代驻华英国、美国等西方国家的
领事贸易报告纳入研究范围，以进一步丰富和推进中国近代经济
史和中外经济关系史的研究。

松浦章

2013 年 1 月

绪　论

一　研究意义

领事制度的起源可以追溯到古希腊罗马时期，但是真正受到各国政府的重视还是始于 18 世纪后半叶。随着世界市场的不断扩大，以英国为代表的西方资本主义国家之间为了争夺新开拓的市场展开了激烈的贸易战。面对全新且未知的海外市场，商业竞争的成败不仅取决于其国内工业生产能力，海外贸易情报也成为左右竞争的重要因素之一。因此，各国政府无不在海外情报收集上倾注了巨大力量，古老的领事制度的优点又一次受到了政府的关注和重视。各国都对驻外领事的职责做出了明确而清晰的规定："领事制度的目的是保护国民在外国当局之下的商业和航务，并向他们的政府提供有利于促进贸易的情报。"① 显然，领事的主要职责之一就是向本国政府提供海外贸易情报，领事贸易报告是近代国际贸易竞争的产物。

西方主要资本主义国家在向东方扩张过程中，都曾经通过驻外领事收集贸易情报，并向社会公开发行领事贸易报告，以促进

---

① ［美］L. T. 李著，傅铸译：《领事法和领事实践》，商务印书馆 1975 年版，第 66 页。

对外贸易的发展。包括英国、法国、美国、德国、比利时、丹麦、荷兰、俄国、瑞典、瑞士、葡萄牙等国。这些国家的驻外领事定期或不定期地向本国政府发回的有关在任地的通商经济报告，最初是作为海外贸易情报来为本国政府制定对外经济政策和促进对外贸易服务，如今却成为一份非常珍贵的历史档案资料。

在近代各国领事贸易报告资料中，英国领事贸易报告的重要性和权威性无可争议。英国曾经在 18—19 世纪称霸世界，号称"日不落"帝国，在海外拥有极其广阔的殖民地，由海外各地英国领事提交的报告汇编而成的、庞大的英国领事贸易报告资料，是我们研究世界近代贸易史、社会经济史的第一手史料。尤其是对于东亚国家而言，可有效地弥补 19 世纪中后期各国贸易统计数据匮乏的局面。除了英国领事贸易报告之外，可能是受到语言、文献传递等方面的制约，其他国家领事贸易报告的利用状况却是令人担忧，甚至有学者认为："领事报告是丰富但被忽视的历史资源。"[1]

后发资本主义国家日本是目前所知的东亚国家中唯一公开、持续地发行过领事贸易报告的国家。与欧美国家的领事贸易报告相比，对于中国学者而言，研究日本领事贸易报告具有特殊的意义：

首先，日本对中国的关注程度非常高。英国虽然早在 1824 年就已经在海外设置了 107 个领事馆，[2] 德国于 1887 年在海外设

---

① Theo Barker, "Consular Reports: A Rich But Neglected Historical Source", *Business History*, Volume 23, Issue 3, 1981, p. 265.

② Theo Barker, "Consular Reports of The United Kingdom", *Business History*, Volume 23, Issue 3, 1981, p. 266.

置了 76 个职业领事馆，^① 美国于 1921 年在海外设置了 314 个领事馆^②，但是欧美国家在中国设置的领事馆数量并不多。日本虽然在 1872 年才正式在中国上海设立了第一个领事馆，但是扩张速度特别迅速，领事馆不仅遍布中国沿海、沿江主要开港口岸，还深入成都、昆明等内陆地区，构建起一个完整、庞大、系统的领事馆网络。根据日本外务省 1936 年的统计显示：英国在中国设置了 18 个领事馆，美国和法国分别是 15 个，德国只有 8 个，^③ 而日本在中国却设有 55 个领事馆，占到日本驻海外领事馆总量（除名誉领事馆）的将近一半。^④ 这充分说明了日本的对外经济扩张和关注重点在于中国，在中国设立的领事馆数量要远远多于欧美主要资本主义国家，足以证明日本领事贸易报告中有关中国报告的翔实程度和重要参考价值。

其次，日本领事贸易报告内容丰富，形式多样。日本借鉴和吸收了欧美国家领事贸易报告制度的优点，结合本国特色，形成了具有日本特色的领事贸易报告制度。报告内容不仅包括到中国的商业和对外贸易，而且涉及货币金融、工业、农业、矿业、水产、交通、关税、移民，乃至社会习俗、政治、军事等方方面面。报告形式除年报、月报等定期报告之外，还辅以大量的临时报告，随时报告中国的各类情况。这些资料是中国近代社会经济史、中日经济关系史研究不可多得的一份珍贵史料。

最后，日本领事贸易报告史料价值的独特性。日本与中国同

---

① ［日］石垣信浩：《第一次世界大战前德国的通商情报收集体系与海外市场开拓》，《大东文化大学经济论集》第 75 卷第 1 期，1999 年 8 月，第 2 页。

② R. H. Werking, "United States Consular Reports: Evolution and Present Possibilities", *Business History*, Volume 23, Issue 3, 1981, p. 300.

③ ［日］外务省编纂：《在支外国领事馆调》，1936 年版，第 1—13 页。

④ ［日］大阪市产业部贸易课编：《海外商工人名录》，1937 年版，附录第 3 页。

为东亚国家，历史上又曾经长期受到中国文化的影响，在语言、思想、社会风俗、生活习惯、行为规范等方面有诸多相近之处。由于文化的相近性，日本领事在中国开展田野调查或文献查阅过程中，相比欧美国家的驻华领事而言更加方便，而且对中国社会经济现象的理解可能更加准确，更加全面。

二　国内外研究的现状和趋势

20 世纪 80 年代开始，日本领事贸易报告作为近代重要历史档案资料而受到学术界的关注。在日本较早地关注到日本领事贸易报告重要史料价值是的著名经济史学者、和歌山大学校长角山荣教授。1978 年 5 月，角山荣教授出席了在英国爱丁堡召开的第 7 届国际经济史学会年会，并在"领事报告的国际比较研究"分组会议上提交了《日本领事贸易报告》（Japanese Consular Reports）① 和《早期日澳贸易：以日本 领事贸易报告为基础》（The Early History of Japanese-Australlan Trade：An Addendum To Japanese Consular Reports）② 两篇论文，对日本领事贸易报告现存状况以及利用情况作了简要介绍。

此后，角山荣教授开始专注于日本领事贸易报告的研究。最初的工作是从资料的整理开始入手，角山荣教授和高岛雅明教授首先对明治时期日本领事贸易报告进行了整理，1983 年，由两位负责编制的微缩胶片版明治时期日本领事贸易报告出版，并且

---

① Sakae Tsunoyama, "Japanese Consular Reports", *Business History*, Volume 23, Issue 3, 1981, pp. 284 – 287.

② Sakae Tsunoyama, "The Early History of Japanese-Australlan Trade：An Addendum To Japanese Consular Reports", *Business History*, Volume 23, Issue 3, 1981, pp. 288 – 291.

角山荣教授在《微缩胶片版领事报告资料收录目录》卷首中对"领事报告资料"作了概述性的解说。① 1983—1986 年，以角山荣为首的京都大学人文科学研究所课题组，开始着手日本领事贸易报告的研究工作。1986 年，课题组研究成果《日本领事报告的研究》正式出版，对日本领事制度、领事报告发展、编纂体例、领事馆及农商务省的海外经济调查活动等基础性、一般性问题作了概括性的研究，成为该研究领域的开创性成果，在学术界引起了强烈反响。

角山荣在该书序言中也认为："本书在日本是第一部真正针对领事制度和领事报告展开研究的专著，即使在世界范围内也是为数不多的研究。"② 对数量规模庞大而此前又不受关注的日本领事贸易报告进行整理和研究，其开创意义是毋庸置疑的。

但是，角山荣同时也坦言："因为课题组的研究只有短短的三年时间，虽然对领事制度、领事报告的一般性、资料性研究已经取得了重大进展。但是，领事个案研究、领事报告分地区、按商品类别的具体研究、商品陈列馆、博览会、移民、领事报告的国际比较等，以及与此相关的多方面的研究还没有得到深入。本课题并不是研究的终点，而是今后深入研究的出发点。"③

近年来，在角山荣课题组研究成果的基础上，研究得到不断深入和细化。从研究内容来看，主要可以分为四个方面：

①领事报告制度的研究

佐藤元英利用外交史料馆诸多资料，对明治时期外务省的各

---

① ［日］角山荣、高岛雅明监修：《微缩胶片版领事报告资料收录目录》，雄松堂 1983 年版。

② ［日］角山荣编著：《日本领事报告的研究》，同文馆 1986 年版，序言，第 5 页。

③ 同上。

项组织制度、驻外领事制度、调查出版物的变迁作了详细梳理，同时对驻外领事馆参与海外情报收集和情报公开作了分析，是继角山荣研究后的又一项重要基础研究。① 小池圣一的研究非常有特色，主要关注日本贸易情报的传递系统，通过大正九年和十年（1920 年和 1921 年）驻外领事馆的调查情报向日本国内各级传递的几则实例，探讨了情报由收集端——驻外领事馆，通过中央官厅，向地方公共团体，再向利用端——地方从业者的双向传递，并对其具体传递路径、方式和效率作了探讨。②

②区域领事贸易报告的整理和研究

中川靖子对明治后期日本领事贸易报告《通商汇纂》中有关中国的报告内容，③ 早濑晋三对明治初期日本领事贸易报告《通商汇编》、《通商报告》，以及昭和初期《日刊海外商报》中有关菲律宾的报告内容作了全面梳理，并整理出相对完整的资料目录，这为后续研究提供了较大的便利。④ 南原真专注于日本领事贸易报告中有关泰国的资料，对报告制度、报告内容，以及主要特点作了详细说明。⑤ 中村宗悦探讨了两次世界大战期间日本在东南亚地区领事馆势力的增强，情报的收集活动，以及日本向

---

① ［日］佐藤元英：《明治期外务省制度组织的变迁与通商贸易情报的收集活动》，载三上昭美先生古稀记念论文集刊行会编《近代日本的政治与社会》2001 年 5 月。［日］佐藤元英：《明治期公使领事报告规则与通商贸易关系情报的编纂公刊》，《外交史料馆报》第 3 号。

② ［日］小池圣一：《通商贸易情报的传达——以大正九·十年的大阪为例》，《外交史料馆报》第 8 号，1995 年，第 34 页。

③ ［日］中川靖子：《〈通商汇纂〉中国关系记事目录》，《辛亥革命研究》第 5 期。

④ ［日］早濑晋三：《〈日刊海外商报〉揭载菲律宾关系记事目录 1925—1928 年，领事报告揭载菲律宾关系记事目录 1881—1893 年》，《鹿儿岛大学史学科报告》第 39 号，1992 年 7 月，第 129—146 页。

⑤ ［日］南原真：《日本领事报告揭载泰国关系记事的概要和特征》，《东京经大学会志·经济学》第 225 号，2001 年，第 237—253 页。

东南亚市场的扩张。中村宗悦同时还对明治后期的香港经济作了分析。① 北川胜彦的系列研究侧重于日本驻非洲领事馆的调查活动，探讨了日本领事在非洲的经济外交、对非洲市场的开拓和日非贸易的发展。② 此外，宇都宫浩司对第二次世界大战前日本与加拿大的贸易研究，③ 大山梓对新加坡的研究都颇具特色。④

③以日本领事贸易报告为基本史料的个案研究

其一，领事人物的研究。林正子从领事人物研究出发，探讨了驻福州领事上野专一对中国华南和台湾的调查活动，认为上野专一在甲午战争前就已经认识到台湾的重要价值，其诸多建议为日本侵略并经营台湾起到了非常重要的作用，同时还建议日本政府加大对中国华南地区商品的输出。⑤ 松本郁美详细论述了首任驻上海领事品川忠道的生平、驻上海期间的系列活动，认为品川

---

① ［日］中村宗悦：《战间期日本的通商情报：关于东南亚新市场领事报告的分析》，《杉野女子大学·杉野女子大学短期大学部纪要》第 31 期，1994 年。《两次世界大战期间东南亚市场的驻外公馆以及职能》，［日］松本贵典编《战前期日本的贸易和组织间关系》新评论，1995 年。《领事报告中所见的香港：1894—1913》，《杉野女子大学·杉野女子大学短期大学部纪要》第 34 期，1997 年，第 35—47 页。

② ［日］北川胜彦：《〈日阿取极〉与南非羊毛购入问题——以日本领事报告为基础》，《非洲与日本》龙谷大学社会科学研究所丛书第 25 卷，1994 年 12 月，第 63 页。《战前期日本对西部非洲的贸易——以日本领事报告为中心》，《关西大学经济论集》第 42 卷第 5 号，1993 年 1 月，第 855—902 页。《战前期日本领事报告所见对非洲经济事情调查的研究：外务省通商局〈通商汇纂〉为中心》，《研究论集》第 50 卷，1989 年 7 月，第 303—320 页。《战前期日本领事报告所见对非洲经济事情调查的研究：外务省通商局〈通商公报〉为中心》，《非洲研究》第 35 号，1989 年，第 47—63 页。

③ ［日］宇都宫浩司：《关于战前期日本与加拿大通商关系史的考察——以〈通商公报〉中的日本领事报告为基础》，《京都经济短期大学论集》第 17 卷第 1 号，2009 年 7 月，第 75—85 页。

④ ［日］大山梓：《新加坡暴动与领事报告》，《政经论丛》第 39 卷（1—2），1971 年 3 月，第 73—88 页。

⑤ ［日］林正子：《上野专一——日清战前台湾认识的先驱者》，《台湾近现代史研究》第 2 号，龙溪书舍 1979 年 8 月版。

领事的情报收集和各项政策建言对明治初期日本对华贸易产生了积极影响。①

其二，贸易商品的研究。山下直登②、塚濑进③以日本领事贸易报告为基本史料，系统探讨了明治时期日本对华煤炭输出的重要意义，上海煤炭市场的构造，以及对上海社会经济发展的影响。田方四雅史运用新制度经济学相关理论，对中日杂货品输出竞争作了对比，论述领事馆情报促使日本国内制度、组织、市场的规范，消除粗制滥造的积弊。④

其三，航运业及东亚经济关系的研究。松浦章利用日本领事报告资料，在中国内河航运、东亚海域圈内航运发展，以及清末海外移民等领域有着大量深入的研究。⑤ 片山邦雄以日本领事报告为基本史料，对近代日本在亚洲海域的航运扩张作了论述，同时对日本领事馆情报为航运业的海外扩张所起的作用做了积极评价。⑥

---

① ［日］松本郁美：《关于初代上海领事品川忠道的考察》，《史窗》第 58 号，2001 年，第 281—292 页。

② ［日］山下直登：《日本资本主义确立期上海煤炭市场的展开》，《能源史研究集》第 9 卷，1977 年 12 月，第 21—46 页。

③ ［日］塚濑进：《围绕上海煤炭市场的中日关系——1896—1931 年》，《亚洲研究》第 35 号第 4 卷，1989 年 9 月，第 47—75 页。

④ ［日］田方四雅史： 《围绕着战前期花筵制造业的日本·中国间制度比较——通过日本领事报告的分析》，《日本研究》第 29 期，2004 年。

⑤ ［日］松浦章：《近代日本中国台湾航路的研究》，清文堂 2005 年 6 月版。《清代台湾海运发展史》（卞凤奎译），博扬文化 2002 年版。《日治时期台湾海运发展史》（卞凤奎译），博扬文化 2004 年版。《清末民国初期福建省海外移民事情》，载《中国华东·华南地区与日本的文化交流》，关西大学东西学术研究所 2001 年版，第 159—179 页。《日本领事报告中所见清末福建及海外移民事情》，载《福建与日本》，关西大学东西学术研究所 2002 年版，第 267—330 页。

⑥ ［日］片山邦雄：《关于日清战争日本海运的近海扩张——领事报告所见的诸种情况》，《海事交通研究》第 29 卷，1987 年，第 41—102 页。《近代日本海运与亚洲》，御茶水书房 1996 年版。

④领事报告与情报网络的研究

角山荣在随后几年发表的论文和专著中，探讨了明治时期日本海外情报战略的形成和作用，并对驻外领事在情报收集中的作用作了较高的评价。① 高岛雅明主要关注农商务省利用驻外领事馆的情报网络，为国内工商界提供海外商业信息，推动日本商品的海外输出。② 杉原薰③、松本贵典④、石井宽治⑤等学者，分别从领事馆情报网络出发，论证了情报网络、情报制度变迁对日本近代社会经济发展的积极影响。

国内学者李少军较早地注意到日本领事贸易报告资料的重要史料价值，对角山荣课题组成果《日本领事报告的研究》做了书评介绍。⑥ 国家清史编纂项目启动后，作为国外重要晚清历史档案资料之一，李少军承担了《晚清日本驻华领事报告编译》项目，着手部分重要领事报告的翻译和整理工作。曹大臣重点关注近代日本在华领事制度，对领事报告也有专章论述。⑦ 另外，

---

① 　[日] 角山荣：《通商国家日本的情报战略——以领事报告为中心》，日本放送出版协会 1988 年版。《日清战后围绕南部中国市场的日英通商竞争》，[日] 中川敬一郎编：《企业经营的历史研究》，岩波书店 1990 年 11 月版，第 181—199 页。

② 　[日] 高岛雅明：《关于明治后期农商务省的贸易扩张政策与领事报告》，《生驹经济论丛》第 7 卷第 1 号，2009 年 7 月，第 231—247 页。

③ 　[日] 杉原薫：《亚洲间贸易的形成与构造》，密涅瓦书房 1996 年 2 月版。

④ 　[日] 松本贵典编：《战前期日本的贸易与组织间关系：情报·调整·协调》新评论，1996 年 4 月。

⑤ 　[日] 石井宽治：《情报·通信的社会史——近代日本的情报化与市场化》，有斐阁 1994 年版。《情报化与国家·企业》，山川出版社 2002 年版。

⑥ 　李少军：《一本值得重视的研究报告——角山荣编〈日本领事报告研究〉介绍》，《人文论丛》1999 年卷。

⑦ 　曹大臣：《近代日本在华领事——以华中地区为中心》，社会科学文献出版社 2009 年版。

王宝平①、冯天瑜②、陈锋③等学者也在相关论著中对日本领事贸易报告作了资料性介绍。

虽然近年来国内学术界对日本领事贸易报告的利用有了一些新的进展,④ 但是,目前国内的研究主要是介绍和翻译驻华日本领事贸易报告,还缺乏对该资料的专门研究,对该资料的利用也是比较有限。

目前,国内外学术界对日本领事贸易报告的研究主要有两方面趋势:

①区域史料研究的角度

东亚、东南亚国家近代社会经济资料相对比较缺乏,而近代日本在该地区具有较强势力,日本领事贸易报告是非常重要的资料补充。目前中国、韩国、菲律宾、泰国等学者都开始关注该资料,着手整理出版,并将该资料更多地运用到近代经济史的研究之中。例如:韩国学者已经将《通商汇纂》中所收朝鲜关系领事报告辑录为"驻韩日本领事馆报告"复刻出版。⑤ 国内学者李少军主持的《晚清日本驻华领事报告编译》也已经付梓。

②领事情报网络的角度

领事贸易报告不仅是一份珍贵的历史档案资料,同时,以驻外领事馆为核心的国家情报制度具有重要借鉴意义,尤其是对于具有强势政府传统的东亚国家而言。2002 年日本社会经济史学

---

① 王宝平:《日本东京所藏近代中日关系史档案》,《历史档案》2000 年第 3 期。

② 冯天瑜:《略论东亚同文书院的中国调查》,《世纪书窗》2001 年第 3 期。

③ 陈锋:《清末民国年间日本对华调查报告中的财政与经济资料》,《近代史研究》2004 年第 3 期。

④ 赵国壮:《日本调查资料中清末民初的中国砂糖业——以〈中国省别全志〉及〈领事报告资料〉为中心》,《中国经济史研究》2011 年第 1 期。

⑤ [韩] 金敬泰编:《通商汇纂》韩国篇,骊江出版社 1987 年版。

会第 71 届年会，专门将"情报的经济史——国家·市场·企业"作为大会主题，从情报网络、领事制度、市场组织等多角度对领事馆的海外经济情报活动作了探讨。可见，将领事情报网络与经济发展相结合的研究是目前该领域研究的重要方向之一。

　　总之，日本学者对该领域的一般性问题已经作了较多基础性的研究，本课题研究定位于日本领事贸易报告中国部分的专题性研究。在广泛借鉴和吸收前人研究的同时，突出本研究的"驻华"日本领事贸易报告的特色，同时以驻华日本领事贸易报告为资料基础，对近代中日贸易史中的某些问题作一专题探讨。

上　编

驻华日本领事贸易报告资料的研究

第一章

西方国家的领事制度和领事贸易报告

第一节　西方国家的领事制度

一　西方领事制度的起源和发展

领事（Consuls）由一国政府派驻外国某一城市或地区的外交官员，其任务是保护本国及其侨民在该领事区内的法律权利和经济利益，管理侨民事务等。由于近代及至当代各国领事实践千差万别，国际上未给领事一词以统一的定义。《奥本海国际法》称"领事是各国为了各种目的，但主要是为了本国商务和航海的利益，而派驻外国的代理人。"①《简明不列颠百科全书》称领事是"国家任命的政府官员，其职责是保护本国公民在外国的权益，关照他们的商务，并办理签证、护照等例行事务"。《韦伯斯特辞典》、《布莱克法律辞典》、《牛津法律辞典》等辞书广泛采用领事是派遣国的"国家代表"（A State Agent）或"政府官员"（A Public Officer）的观点。在欧洲大陆颇具影响的奥地利菲德罗斯《国际法》认为，"领事是由派遣国任命而由接受国

---

① ［英］劳特派特修订，王铁崖、陈体强译：《奥本海国际法》上卷，第二册，商务印书馆1972年版，第277页。

许可的派遣国的机关，以执行一些个别的公务上的职能，以及保护派遣国在接受国内的国民的权利"。日本国际法学会编写的《国际法辞典》也称，领事是"主要为保护本国和本国国民在驻在国商业、经济上的利益，由国家任命的驻外机构"。[①]　中国的国际法学者给领事的定义为，"领事是一国为了实行其对外政策，经另一国同意派驻在另一国一定地点，以便在该国一定区域内执行领事职务的人员"。[②]

领事制度（The Institution of Consuls）是指关于建立领事关系、设置领事机关、选派领事官员、执行领事职务、确定领事法律地位等各项制度的总称。

领事和领事制度的产生是国际贸易和商业繁荣的产物，其起源可追溯到古希腊的"前导者"（Prostates）和"外国代表人"（Proxeni）制度和罗马共和国的"外国人执政官"（Praetor peregrinus）制度。国际法学者普遍认为，中世纪后期，由于航海和商业的发展，意大利、西班牙和法国等地的城镇中，外国商人经常在他们的同行中自行推选一个或几个人，作为解决彼此间商业纠纷的仲裁人，称为"仲裁领事"或"商人领事"，由此逐渐形成近代领事制度。[③]

在十字军东征（1096—1099 年）期间及以后，贸易的增长促进了领事制度的发展。

当意大利、西班牙和法国等国的商人在土耳其等东方国家中定居下来并建立自己的商栈时，他们把这一领事制度也带到东方

---

① 梁宝山：《实用领事知识：领事职责·公民出入境·侨民权益保护》，世界知识出版社 2001 年版，第 3 页。

② 马骏主编：《国际法知识辞典》，陕西人民出版社 1993 年版，第 249 页。

③ ［美］L. T. 李著，傅铸译：《领事法和领事实践》，商务印书馆 1975 年版，第 6 页。

国家，同一国家的商人选举他们自己的领事，以便监督他们的商务，保护他们的利益以及审判商人之间的争讼案件，

领事的职权也在逐步扩大。对阿拉伯民族来说，神圣的《古兰经》不能适用于异教徒，而这些西方商人恰恰拥有各自推选的本国领事，因此土耳其政府以特惠条例（Capitulation）形式给予外国商人一定的特权，后来演变成商人的本国政府同定居国政府签订领事裁判权条约，使领事获得对本国侨民特权、生命和财产的保护权及对他们行使民事和刑事的管辖权。

在15世纪，领事制度又被带到西欧。意大利曾在荷兰和英国伦敦设立领事，英国也在荷兰、瑞典、挪威、丹麦和意大利（比萨）设立领事。16世纪，领事不再从居住地的本国商人中选任，而改由国家派任，称为"派任领事"。这是职业领事的来源。17世纪初叶，由于近代国家领土主权观念日盛和常驻外国使团的兴起，西方各国都将外国商人置于本国的司法管辖之下，领事在西欧国家中的地位日衰，其职权逐渐缩小到仅限于一般照管本国的商务和航运，以及保护本国侨民的商业利益。领事制度在17和18世纪中一度衰落。18世纪中叶以后，随着西方世界的兴起和资本主义的发展，领事制度的价值和重要性又日益被西方各国所重视，存在于各国间的领事制度被系统地发展起来。领事的地位、职务和特权成为各国通商航海条约和领事条约的主题；法国、荷兰、美国、英国等主要商业和航海国家还制定了本国的领事条例和领事法。例如1825年英国通过了《领事法》。①

与此同时，西方列强在向东方进行殖民扩张时，把领事制度

---

① ［英］劳特派特修订，王铁崖、陈体强译：《奥本海国际法》上卷，第二册，商务印书馆1972年版，第276页。

也带到东方国家，并通过种种不平等条约推行单方享有特权的治外法权，严重侵害驻在国的主权。例如：中国（1843 年）、暹罗（1855—1856 年）和日本（1858 年）都给予西方列强这样的特权，其实施时间的长短则各不相同。仅就中国而言，治外法权制度直到一个世纪以后才被废除，1943 年 1 月 11 日通过同美国和英国分别签订条约和 1946 年 2 月 28 日同法国签订条约，终于摆脱了治外管辖权制度。到 20 世纪 70 年代，领事裁判权制度随着世界殖民体系的彻底崩溃而被废除。[①]

二　领事的类别和职能

领事可以分为职业领事（Career consuls）和名誉领事（Honorary consuls）。职业领事又称派任领事（Consules missi）、专业领事（Professional consuls）、受薪领事（Salaried consuls）等，是派遣国的公务官员和国民，不从事任何种类的私人业务。职业领事是领事制度中的核心和主流，绝大多数国家一般倾向于向重要的港口、贸易中心或重要地区派遣职业领事。名誉领事又称选任领事（Consules electi）、兼职领事（Non-career consuls）、商人领事（Consuls merchants）、不受薪领事（Unsalaried consuls）等，可以在领事职务以外从事营利性的职业，一般从接受国当地居民中选出，不论他们的国籍属于接受国、派遣国或者第三国。名誉领事不能享受全部的领事特权和豁免，地位要低于职业领事。大多数国家都任命两类领事，视领事区的重要性而任命哪一种，一般在重要区域任命职业领事。

领事一般分为四个等级：总领事、领事、副领事、领事事务

---

① ［美］L. T. 李著，傅铸译：《领事法和领事实践》，商务印书馆 1975 年版，第 9 页。

代理。总领事或是派充几个领事区的长官，因而管辖着几个领事，或是一个很大的领事区的长官。领事是派在较小地区，甚至只是派在某个城镇或港埠的。副领事是总领事或领事的助手，而本身是有领事身份，因而可以代理领事担负一切职责。领事事务代理员是具有领事身份的代理人，由总领事或领事任命（须经本国政府核准），以在该领事区中某些城镇或地方行使某些部分的领事职能，领事代理员不能离开任命他们的领事而独立，并且不能直接和它的本国通信，因为任命他的领事是代他向他的政府负责的，所谓代理领事员并不是领事，而是一种领事暂时离职或患病期间的临时代办事务之人，所以只有在他真正行使领事职务期间他才具有领事的身份。

虽然领事直接和本国政府通信，但他们是从属于本国政府派驻其领事馆所在国家的外交使节的，外交使节有管辖领事的全权。领事官员不同于外交使节，没有代表派遣国同接受国进行外交谈判的任务。但派遣国在接受国没有外交使团时，经接受国同意领事官员亦可承办外交事务。两国断绝外交关系时，并不当然断绝领事关系。[①]

领事的职能虽然没有明确的规定，不同时代和国家要求有所不同，但是，本书所关注的 19 世纪后期 20 世纪初期这一阶段，领事的职能大致包含几个方面。

1872 年，英国政府曾经对领事的职能作过调查，《外交官、领事职能调查委员会报告》认为领事职能主要分为三个部分：（一）对贸易的促进和保护义务：向英国政府和国民提供与通商贸易相关的商业情报、建议和贸易保护；（二）公证人义务：作

---

　　① ［英］劳特派特修订，王铁崖、陈体强译：《奥本海国际法》上卷，第二册，商务印书馆 1972 年版，第 278 页。

为公证人发放出生、死亡等文书证明；（三）海运业义务：根据
管辖区内海运业状况，向船长、船员提供援助和保护义务。①

《奥本海国际法》认为领事的职能可以分为四个部分：（一）
促进工商业，维护本国工商业利益，将足以影响工商业发展的一
切情形报告给本国，并将为保护本国工商业的利益所必要的情报
供给本国工商业者；（二）监督航务，负责照管进入该埠的悬挂
本国国旗的一切船舶，检查他们的船舶文书并使其具有法律效
力，救助遭难水手；（三）保护侨民，领事对驻在地本国侨民提
供保护，签发护照；（四）公证职能，领事认证签名并使其具有
法律效力，为当地和本国政府准备文件的正式译本，并提供各种
认证。②

不管从何种角度来看，领事制度建立的目的就是为了保护在
外国当局之下的商业和航务，并向他们的政府提供有利于促进贸
易的情报。因此，为促进贸易，向政府提供有利于促进贸易的情
报是领事职能中最重要项目之一，由这些情报所汇编而成的领事
贸易报告也是本书所要关注的重点。

第二节　西方国家的领事贸易报告

领事贸易报告是驻外领事定期向本国政府发回的有关在任国
的通商经济情报。主要包括领事管辖区内输出入品的数量、价
格、关税，以及船舶出入、港口、海关、农工商产业的各项政策
和法规等，有时也包含一些与贸易相关的政治、军事和社会

①　［日］角山荣：《英国的领事制度及领事报告》，［日］角山荣编著《日本领
事报告的研究》，同文馆1986年版，第214页。

②　［英］劳特派特修订，王铁崖、陈体强译：《奥本海国际法》上卷，第二册，
商务印书馆1972年版，第282页。

情报。

虽然欧洲国家向海外地区派遣领事的历史可以追溯到中世纪时期，但是，当时领事的主要任务仅限于照管本国的商务、航运，以及保护本国侨民的商业利益。真正意义上的领事贸易报告的出现却是 19 世纪的事情。19 世纪中叶欧美国家争夺海外殖民地的竞争日趋激烈，交通和通信条件也得到较大改善，如何快速且准确地掌握海外各地的通商贸易情报，成为左右贸易竞争成败的关键，因此，海外各地驻在领事发回的贸易报告的重要性日益显现，成为各国政府和民间工商业者了解海外商情，推动对外贸易发展的重要辅助手段之一。

西方主要资本主义国家在向海外市场不断扩张的过程中，都非常重视本国领事贸易报告制度的建设。英国、法国、美国、德国、比利时、丹麦、荷兰、俄国、瑞典、瑞士、葡萄牙等国都在不同时期、以不同的方式发行过领事贸易报告，日本在明治维新以后也在借鉴和模仿西方领事制度的基础上逐步导入了领事贸易报告制度，成为目前所知东亚国家中唯一公开发行驻外领事贸易报告的国家。

因此，在探讨日本领事贸易报告之前，首先对欧美国家领事贸易报告的沿革和内容有个初步了解，将有助于我们进一步研究日本领事贸易报告。以下主要借助国外学者的相关研究成果对英国、法国、美国、德国、俄国等主要资本主义国家的领事贸易报告发展情况作一简要介绍。[①]

---

① 1978 年 5 月，在英国爱丁堡召开的第 7 届国际经济史学会年会上，"领事报告的国际比较研究"作为大会的分组会议主题，受到了来自英国、法国、美国、德国、比利时、丹麦、荷兰、俄国、瑞典、瑞士等国学者的广泛关注，各国学者就本国领事报告的主要内容和保存现状作了讨论。

一　近代英国的领事贸易报告

英国是 18—19 世纪世界上最大的贸易霸权国家，在世界各地的领事馆数量和规模非常庞大。早在 15 世纪，活跃于地中海沿岸的著名商人就开始兼任英国领事，1740 年，英国的海外领事馆总共有 15 个，其中 11 个在地中海沿岸的港口，1 个在里斯本，其他 3 个在佛兰德斯、丹麦和俄国。到 1790 年，领事馆数量增加到 46 个，其中 12 个在北欧国家，3 个在美国，其余的在地中海和伊比利亚半岛。[①] 到了 19 世纪，随着英国殖民势力伸向世界各个角落，领事制度日趋健全，驻外领事馆数量也不断增多，英国领事的各项活动真正进入到一个新的时期。到 1824 年，英国在海外各地领事馆数量已经达到 107 个。[②]

虽然英国驻外领事馆数量在 19 世纪初期就已经达到 100 多个，但是长期以来领事的素质和作用常为时人所诟病。早期英国领事一般由宫廷贵族或者军人充当，通过关系或者贿赂获取领事的职务，不仅缺乏必要的商业知识，而且大多热衷于收取进出港船舶、发放签证、开具各类证明的手续费等，反而对保护本国商人权利，维护国家商业利益等工作缺乏应有的热心。到了 19 世纪，随着英国海外贸易的不断扩大，领事的这种做法引起了在外英国商人团体的不满，要求改革传统领事制度的呼声日益强烈。

从 19 世纪 70 年代开始英国政府对领事制度进行了数次改革，例如：提高领事待遇，注重领事商业和语言能力的培训，导

---

① 　D. C. M. Platt, *The Cinderella Service*: *British Consuls since* 1825, 1971, p. 10.

② 　Theo Barker, "Consular Reports of The United Kingdom", *Business Histoty*, Volume 23, Issue 3, 1981, pp. 266 – 267.

入外交官试验制度等，但从结果来看改革非常地缓慢和艰难。因为在 19 世纪的英国社会对领事制度存在着两种截然不同的见解。一种是从经济自由主义理论出发，认为海外贸易活动本来就是个人行为，应该采取自由放任的竞争态度，领事对经济活动的干预应该尽可能的限制在最小范围，商业会议所和大商业资本家等自由贸易的支持者大多持该观点；另一种是中小工商企业者，为了应对激烈的国际贸易竞争，希望获得政府在外交和情报等方面的支持，他们主张领事能够发挥更加积极的作用。显然，中小工商企业者的呼声没有得到响应，改革的进程受到了大商业资本家的支配。①

英国政府对领事活动的消极态度所产生的后果最终在 19 世纪 80 年代前后显现，在与法国、德国、比利时等主张政府干预经济的欧洲大陆国家的贸易竞争中，英国逐渐开始出现颓势。海外商社纷纷要求政府能够加大支持力度，英国政府显然也已经意识到了这一点，但仍坚持认为政府在经济活动中支持某一特定商人将有违于自由贸易精神，最终只采取了适当的改进措施，这可能也是导致 19 世纪末期英国对外贸易衰退的重要原因之一。②

从 1854 年开始，领事报告作为英国议会文书《蓝皮书》（Blue Book）的形式公开发行，最初为年刊，随后增加到一年数次。1854—1886 年各卷是国别索引，其后各卷被冠以"贸易年报"（Annual Trade Reports）的形式出版。这类贸易年报一般是英国领事提交的有关驻在地通商贸易整体情况的报告书，中国的

---

①　［日］角山荣：《英国的领事制度及领事报告》，《日本领事报告的研究》，同文馆 1986 年版，第 216 页。

②　［日］石井摩耶子：《近代中国与英国资本——以 19 世纪后半期怡和洋行为中心》，东京大学出版社 1998 年版，第 22 页。

驻在地包括厦门、广东、烟台、福州、汉口、宁波、上海、牛庄、汕头等开港口岸。除贸易年报之外，还有一些杂报，一般是英国领事提交的有关某一地区某种特殊经济和社会状况或问题的报告书，例如：19 世纪 90 年代银价下跌对中国贸易和经济的影响，中国各地海关收支状况等。①

　　但是，年报缺乏情报的速报性，利用时多有不便。1886 年 7月，商务部出版了领事报告月刊《关税、贸易告示及各种贸易情报的商务部杂志》（The Board of Trade Journal of Tariff and Trade Notices and Miscellaneous Commercial Information），每月 15日发行，每期 120—130 页，定价 6 便士。②

　　英国在 19 世纪维多利亚时代成为"日不落"帝国，拥有广阔的海外殖民地，并确立了世界贸易中心的地位。英国领事从世界各地发回的领事贸易报告，详细记述当地商业、贸易、风土、社会，乃至政治、外交事件，是各国经济史研究一份不可多得的珍贵资料。近年驻华英国领事贸易报告也已经再次汇编出版：Irish University Press Area Studies Series. British Parliamentary Papers. China（Shannon：Irish University Press，1971. ）。

二　近代法国的领事贸易报告

　　早在 17 世纪，法国政府就在海外组织了定期的领事活动，1681 年著名的《柯尔培尔敕令》（Ordonnance Colbert）颁布后，法国领事制度逐渐得到确立。法国领事最初是作为皇家海军的一部分，因此法国领事报告也是从"海军记录"（Archives de la

---

① David Steeds and Ian Hill Nish, *China，Japan and 19th Century Britain*, Irish University Press, 1977, p. 85.

② ［日］角山荣：《英国的领事制度及领事报告》，《日本领事报告的研究》，同文馆 1986 年版，第 228 页。

Marine）开始的，直到 1781 年法国领事才被正式纳入外交部的管辖之下。该时期法国领事报告大致可以分为两个系列：第一个系列是"海军记录"，内容包括三个地区：基督教地区、美洲、近东和北非沿岸；第二个系列是外交部文书，1750 年至 1850 年主要来自地中海沿岸国家，1665 年至 1814 年主要来自近东、北非海岸和其他地区，包含大量法国部长和驻外领事有关贸易和经济的往来函件，上述资料现收藏在法国国家档案馆。

从 1816 年至 1897 年的法国领事报告目前保存在法国外交部，被正式分类为《领事贸易报告》（Correspondance Commerciale des Consuls），事实上混杂着大量政治和外交文件，总计 413 卷，按照时间先后顺序排列，像伦敦、纽约、汉堡、巴塞罗那、马德里、热那亚等领事馆的记录非常完整，而部分短时间存在的领事馆则记录相对较少。

到了 19 世纪，法国政府积极参与海外商业情报工作，法国的领事情报活动规模逐步超过了英国，1828 年以后，法国外交部要求驻外各领事馆以统一的形式每三个月递交一次报告，报告内容包括当地进口、出口、贸易总体情况、当地贸易、海运、外国船舶出入、当地产业情况、外汇行情（两周一次）、物价动向、运费及保险费率等。1841 年，外交部要求驻外各领事馆提交详细的工业报告，1846 年以后要求股票买卖情况，1860 年以后要求铁路，1883 年以后要求公共工程，1889 年以后要求劳动者罢工提交定期报告。19 世纪中期以后，法国领事的调查内容和范围逐步扩大，与此同时，领事报告工作由外交部管辖转为由农商工部（Ministry of Agriculture，Trade and Industry）管辖，报告直接送到农商工部。

1918 年以后，法国农商工部在驻外法国大使馆和重要领事馆内设置了商务官，商务官报告逐步取代了原有的领事报告。

　　为了推动法国国内产业和对外贸易的发展，法国政府考虑将部分有价值的领事报告整理成册公开出版，但领事报告的内容和名称经常改动。1829—1839 年期间，法国政府将驻外领事馆发回报告的摘要汇编成《杂报要览》（Extraitd´Avis Divers）公开发行，1840—1842 年期间，改标题为《农商部报告书：杂报》（Bulletin du Ministere de L´Agriculture et du Commerce. Avis Divers）公开发行，1843—1917 年，又改标题为《海外贸易年报》（Annales du Commerce Exterieur）继续发行。1877—1891 年期间，模仿英国领事贸易报告发行形式，农商工部发行了《法国领事报告》（Bulletin Consulare Franfais），1892—1914 年，法国领事报告的一部分内容分载在《商业部年报》（Annales du Ministere du Commerce）和《商务官报告：领事贸易报告》（Le Moniteur Officiel du Commerce：Rapports Commerciaux des Agents Diplomatiques et Consulaires），另一部分内容刊载在财务部汇编的《统计·比较法年鉴》（Le Bulletin de Statistique et de Legislation Comparee），从 1871 年开始直到 1940 年为止。①

三　近代美国的领事贸易报告

　　美国建国后的数十年内，领事的功能主要是保护美国的商业利益和海外公民，领事的经济调查作用还没有引起充分重视。1790 年，美国驻海外各国领事馆数量为 6 个，1820 年增加到 70 个，到 19 世纪中叶增加到 184 个。在此过程中，随着美国国内经济的高速发展，海外贸易急剧扩大，美国政府对驻外领事从事海外经济调查的关注度也日益上升。从 1856 年开始，美国政府

---

　　①　A. Broder，"French Consular Reports"，*Business Histoty*，Volume 23，Issue 3，1981，pp. 279 – 282.

正式以法令的形式规定驻外领事馆必须每年发回领事报告，这些贸易年报最终汇编成《合众国贸易关系》（Commercial Relations of the United States），向社会公开发行，直到 1914 年为止。这些年度报告内容质量虽然参差不齐，但主要包括当地经济、社会概况，特别是进出口贸易、交通状况等。19 世纪 50 年代，特别是 19 世纪 70 年代之后，领事报告主要用以指导缺乏大型出口部门和海外代理的中小型制造企业。

由于美国政府对推进海外贸易抱有越来越浓厚的兴趣，从 1880 年开始，除贸易年报之外，另外还同时发行了月报，这种做法一直持续到 1910 年为止。为了进一步加强海外经济情报的收集，从 1890 年开始，美国政府又出版了《特别报告》，这类报告一般是接受政府或企业特定的调查课题，例如："来自欧洲的移民"、"美洲、亚洲、非洲、澳洲和玻利尼西亚的劳动者"等。有一段时间，作为月度系列报告的一部分出版，19 世纪 90 年代初期作为单行本出版。

19 世纪末期，随着国际贸易竞争日趋激烈，驻外领事的经济调查作用日益显现，美国的驻外领事馆数量大幅增加，1880 年为 252 个，1900 年为 291 个，1921 年达到 314 个。同时，驻海外各地领事馆发回的调查报告数量也大幅增加。从 1898 年开始，美国政府出版了《日刊领事报告》，体例与月报基本相同，直到 1921 年改版为《周刊领事报告》为止。

1903 年，新成立的商业与劳动部（Department of Commerce and Labor）负责领事报告的发行工作，并很快向海外各地派遣了自己的"特别代理人"（special agents）。到第一次世界大战期间，美国的海外经济情报活动更趋活跃。1918 年，又继续在柏林、伦敦、巴黎、北京、东京、里昂等重要城市设置了商务官，和驻外领事一样，商务官也提交了大量非常有价值的调查报告。

从当时的情况来看，美国驻海外领事馆的数量和情报收集能力已经超过了英国和法国。

　　20 世纪初期，美国政府着手对领事服务体系进行了较大规模的改革。由于美国政府没有办法确保领事报告传递的保密性，而不像一些主要的欧洲国家，因此，美国政府开始拒绝出版更重要、更紧要的领事报告，而是直接发送给相关企业，这种变化出现在 1906 年前后。1912 年，政府终于建立了美国商会，就在此前的 1910 年政府停止了领事报告月报的发行，此后的 1914 年政府停止了年报的发行。①

　　值得关注的是近年来近代美国驻华领事贸易报告资料已经陆续在国内出版，② 使得美国驻华领事贸易报告的利用状况大为改善。这些资料内容十分广泛，涉及中国的政治、经济、军事、社会、文化、外交等方方面面，对于近代中国社会经济史、中外关系史研究领域具有极其重要的价值。

四　近代德国的领事贸易报告

　　在德国走向统一之前，德意志各个邦国有着各自的领事制度，1867 年北德意志联邦成立，领事制度逐步趋于一体化。7 月1 日，颁布了《北德意志联邦宪法》，在第 4 条第 9 项中对北德意志联邦领事制度作了明确规定，规定驻外领事必须呈报当地贸易、交通和运输等相关情报，并对境外德国公民以合法的援助、授权文件、合法性、出生、婚姻和死亡登记、遗嘱、航运及海事法律事务。

---

　　①　R. H. Werking, "United States Consular Reports: Evolution and Present Possibilities", *Business Histoty*, Volume 23, Issue 3, 1981, pp. 300 – 302.
　　②　广西师范大学出版社已经将广州、杭州、南京、安东等近代美国领事馆报告作为《美国政府解密档案》统一汇编出版。

　　以此为基础，1867 年 12 月 3 日，北德意志联邦首次任命了驻外领事，并在埃及、士麦那（土耳其港湾城市）、波斯尼亚、日本、莫斯科等地设置了领事馆。1879 年，联邦政府意识到领事的重要作用，在海外各地增设领事馆，以前各邦国的领事馆相继关闭。1870 年，南德意志联邦加入，1871 年德意志帝国成立，原来《北德意志联邦宪法》中有关领事的法令成为了新成立的帝国法令。为了增强国家实力，新政府非常注重海外市场的扩张。1871 年 6 月，德意志帝国开始任命驻外领事，到 1887 年，德国已经在海外开设了 652 个领事馆，其中 76 个为职业领事馆，576 个为名誉领事馆，职业领事馆中的 19 个为总领事馆，51 个为领事馆，6 个为副领事馆。在较短的时间内实现海外领事馆数量的快速增长，到 19 世纪末期德国的海外领事馆数量和规模远远超过了老牌帝国英国。①

　　德国驻外领事发回的贸易报告绝大部分已被纳入外交部的商业或法律部门的文件中。现在德国外交部档案中，1867 年至 1920 年的领事报告数量较少，目前保存在位于波兹坦的国家中央档案馆，大部分是 1920 年至 1945 年的领事报告，目前这些文件存放在波恩。然而由于受到战争的影响，这些文件在 1936 年前后存在着相当大的差距，破损非常严重。文化部门的文件仅包括 1920 至 1945 年期间，其中大部分文件在战争中毁于战火，只有一小部分文件留有残余。

　　德国外交部根据学科或者活动领域建立了一套备案制度。所有领事机构和外交人员就某一特定主题的报告，连同有关规定被收集到一个主题文件内，并按照一般的分类提出相应的计划。因

---

　　①　［日］石垣信浩：《第一次世界大战前德国的通商情报收集体系与海外市场开拓》，《大东文化大学经济论集》第 75 卷第 1 期，1999 年 8 月，第 2 页。

此，在例如公共档案馆，不可能找到普通收集的领事报告。迄今为止，不同部门的主题文件里的部分领事报告已经被学者当成用来查询的政治档案，与外交报告和其他的档案材料一道，用于对待特定课题的研究工作。主题索引卡片提供的信息在很大程度上已经完成。即使是在官方版本中，《德国外交政策的有关文件1918—1945》（Documents relevant to German Foreign Policy, 1918—1945）也已经出版了 48 卷。领事论文只发表于 1925 至 1944 年间。在这里使用的备案制度，因此没有单独的收集，它很可能很难建立一个独立的领事报告公布。①

五 近代俄国的领事贸易报告

俄国领事贸易报告的出版具有较大的随意性和无规律性，驻外领事大多没有接受过系统的商业知识培训，许多调查报告的质量非常一般，直到俄国政府对海外贸易引起足够的关注，这种状况才逐步发生转变。

19 世纪 80 年代，财务部内开始发表贸易和制造部门的报告，目前只能追踪到一本刊物《工商部信息汇编》（Sbornik svedenii po department torgovli i manufaktur《Compendium of infonnation from the Department of Trade and Manufactures》, Vol. 1, Konsul'skiye Doneseniya《Consular Reports》, SPb. , n. d. 1880— 1 ?, 236 pp ），这本刊物包括了财政部设在伦敦、巴黎和柏林的办事处以及在德国、英国、奥地利、瑞典和丹麦的领事馆有关 1877—1880 年间和俄罗斯的贸易报告，其中大部分的报告来自德国。

---

① DR. Gehling, "German Consular Reports", *Business Histoty*, Volume 23, Issue 3, 1981, pp. 283 – 284.

1898 年，外交部开始更加系统地出版驻外领事发回的报告《领事报告汇编》（Sbornik konsul'skikh donesenii），这是一部汇集大量领事报告，每年约 500 多页的年鉴，直到 1910 年为止。多数报告内容非常简短，但信息量较大，有一些比较实质的和有价值的研究。这些报告内容与俄国对外贸易相关的似乎只占 15%左右，其中一半以上是免费配送给政府机构和官员，分发给个人的数量非常有限，几乎没有超过 50 份。

1905 年革命后，俄国政府为了更多地鼓励民间工商业者发展对外贸易，特别是出口制成品。一个独立的贸易和工业部（Ministry of Trade and Industry）于 1912 年成立，并在许多重要的海外地点开设办事处（伦敦、巴黎、柏林、维也纳、法兰克福、汉堡、鹿特丹、热亚那、马赛、索菲亚、君士坦丁堡、德黑兰、上海、库伦和哈尔滨）。外事部门的改革于 1910 年开始，部分目的是为了提供更有效的服务以适应海外对于经济和商业的需求，并为俄罗斯的经济需求提供拥有合格人才和信息的领事服务，以开展这项任务。

1912 年至 1916 年，俄国贸易和工业部负责领事贸易报告的发行工作，将驻外领事发回的报告汇编成《俄罗斯帝国驻外领事工商业报告》（Donesenii imperatorskikh rossiiskikh konsul'skikh predstavitelei za granitseipo torgovo-promyshlennym voprosam SPB 1912—1916），共有 61 个问题（每年 4 至 17 个），每一个包括一些根据国家分组的报告。这些报告的内容与那些由外交部早些时候发表的外交事务没有什么不同，但是，撰写内容更加明确地反映了俄罗斯的商业利益，这些报告几乎都是与俄罗斯的对外贸易直接有关的。另外，15 个独立的领事报告由苏维埃临时政府在 1917 年发表，这些关于 1915 年的报告几乎完全是关注俄罗斯与中国东北、蒙古和新疆的贸易。一些报道也于 1912—1916 发表在《外交部新闻》（lzvestia Ministerstva lnostrannykh Del）上。第一次世界大战前夕，俄国政府每年大致收到一千多份驻外领事发回的报告，其中伦敦领事馆数量最多，每年达到 137 至 163 份。①

---

① 　V. I. Bovykin, D. W. Spring and S. J. Thompstone, "Russian Consular Reports Up to 1917", *Business Histoty*, Volume 23, Issue 3, 1981, pp. 291 – 293.

第二章

日本近代领事制度的形成

第一节　日本传统外交的近代转型

一　幕末的外交危机

　　近代，由于西方势力的入侵打破了东亚地区相对独立的"华夷秩序"，欧洲强权政治体系开始冲击东亚，日本逐步开始了由东亚国际社会向全球性国际体系的转变。日本学者中村荣孝认为，近代世界国际秩序原理有三大对立的外交体系：西洋国家体系；中国的"华夷秩序"；日本的"大君外交体制"。①

　　亚洲最大的国家中国，把朝鲜、安南等邻国作为藩属，形成一个特殊的国际秩序，即"华夷秩序"。日本在室町时代曾作为藩属国加入"华夷秩序"，但自从丰臣秀吉挑起对明朝的战争，断绝了对中国的藩属关系之后，德川幕府就形成了以自己为中心的特殊的国际秩序，即"大君外交体制"。欧洲国家体系是一种以"势力均衡"为生存原则的国际秩序，是弱肉强食的世界。在那里，国家主权形式上的平等关系和实力上各国间的不平等关系同时并存，从本质上讲这是一个形式上的平等和强国蚕食弱国

---

　　① 　[日]中村荣孝：《日本与朝鲜》，至文堂1966年版，第218页。

同时并存的世界。

"华夷秩序"与日本"大君外交体制"均承认国家之间存在不平等，主张国家之间有高低尊卑之分。并且，两者皆施行严格的禁止出国令，限定外国船只停泊的港口。华夷秩序的原理是建立在凡欲沐浴王化则来者不拒，一概加以"羁縻"这样一种关系之上；而"大君外交体制"则是坚守祖法，力图维持所谓"通信则限于朝鲜、琉球；贸易则限于中国、荷兰，其他一概拒绝"的"定制"。①

面对西方列强不断要求开国的外来压力，江户末期日本的锁国体制遭到前所未有的挑战。1844 年，荷兰国王威廉二世曾经给幕府寄来国书，陈述世界形势的变化，指出幕府如果仍然拘泥于锁国的旧习，势必将会重蹈中国之覆辙，敦促其能够自行开国。幕府试图调整独裁体制，以推行国内改革，在外交上则采取相对温和的政策和应对措施，以缓解西方列强对日本的压力。1845 年 8 月，江户幕府内部设置海防挂作为掌管外事和国防的机构，海防挂不仅向幕府成员或负责守卫近海的大名咨询防御外国船只的办法，更为重要的是海防挂已经逐渐开始承担起处理日益复杂的外交事务。

1854 年 3 月，日美两国政府签订了《日美亲善条约》，这是日本缔结的最早一个近代国际条约，标志着持续二百多年的"大君外交体制"走向崩溃。日本方面全权代表为林复斋（大学头）、美国方面全权代表为东印度舰队司令马休·培理。条约中主要规定日本必须开放下田与箱馆两港口与美国通商；日本有义务援救遭遇海难的美国船只及人员；日本保证向途经开放口岸的

---

① 高蘭：《双面影人：日本对中国外交的思想与实践（1895—1918）》，学林出版社 2003 年版，第 10 页。

美国船舰提供煤炭、淡水、粮食及其他所需物资；日本同意在18 个月内美国外交官进驻下田，设置领事等，同时规定日本给予美国最惠国待遇。

1856 年 8 月，美国派遣 T. 哈里斯①抵达日本下田，逼迫江户幕府同意开设由他担任总领事的美国驻日总领事馆。1857 年10 月，幕府又被迫同意哈里斯前往江户晋见将军。哈里斯用武力恫吓迫使日本于 1858 年 7 月 29 日签订了《日本国美利坚合众国修好通商条约》十四条和贸易章程六款。同年 8—10 月，日本又先后与荷、俄、英、法签订了内容类似的条约和章程。这五个条约均签订于安政五年，故称"安政五国条约"。

条约的主要内容包括：①除已开放的下田、箱馆两港外，增开神奈川、长崎、新潟、兵库四港及江户、大阪两市；②相互在首都派驻外交代表，在开放港口派驻领事；③外国人可以和日本人在上述地区不受限制地自由贸易；④内外货币同种等量交换；⑤外国人有在开放港口城市设租界一类居留地的特权；⑥外国人享有领事裁判权；⑦缔约的外国享有片面的最惠国待遇；⑧实行议定关税税率，完全剥夺了日本关税自主权。

1858 年"安政五国条约"的签订标志着日本正式被纳入资本主义自由贸易体系。

---

① T. 哈里斯（Townsend Harris，1804—1878），汉名为虾厘士，是一位纽约商人，曾担任纽约教育委员会会长。1848 年哈里斯前往加利福尼亚，并在接下来的六年间远航贸易到中国、荷兰、英国、印度之间，使他十分熟悉东方的社会状况。曾经代理美国驻宁波领事一段时间，也是美国首任驻日公使。1856 年 7 月，美国总统富兰克林·皮尔斯任命哈里斯为第一任驻日本公使，哈里斯在日本静冈县下田市的玉泉寺被当成了美国在日本的第一间领事馆。在他任公使期间，与日本德川幕府签订《安政条约》及《日本国美利坚合众国修好通商条约》。

二　日本近代外交机构的建立

随着西方势力的不断介入，外交事务的日益增加，1858 年 8 月 16 日，幕府撤销了海防挂，新设"外国奉行"官制，其地位在京都町奉行、大阪町奉行之上，并任命水野忠德、永井尚志等开明派人士担任此职，这意味着江户幕府时期一向混在一起的海防和外交，从此正式分离为两种职能，于是专管外事的机构便由此建立起来了。

1867 年 7 月 6 日，幕府任命小笠原长行为外国事务总裁。明治以后，新政府基本上承袭了幕府的外交体制，1868 年 2 月 2 日，天皇分别任命二品嘉彰亲王为外国事务总裁，三条实美、伊达宗城、东久世通禧、岩下方平、后藤象二郎等为外国事务取调挂，这是明治新政府首次正式任命专管外交事务的官员。[①]

1968 年 2 月 8 日，新政府发布了《外交布告书》："外国之仪，先帝多年之忧虑。幕府之过失造成今日之因循，现世态已大变，大势所趋。朝议之上断然同意缔结和亲条约。对此上下一致，疑惑不生，大力充实兵备，光耀国威于海外万国，以对答祖宗先帝之神灵。"而对于幕府先前缔结的诸项条约则指出，"迄今幕府缔结条约之中弊害有之，当在公议种种利害之上加以改革。但外国交际之事，当以宇内公法待之，此应须知。"这可能是明治政府成立后发布的第一份外交文书。[②] 同日，新政府派遣主管外交事务的东久世通禧，在兵库会见了英国、法国、荷兰、意大利、美国和普鲁士等国驻日公使，并递交了国书，内称：

---

①　［日］外务省百年编纂委员会编：《外务省百年》上卷，原书房 1969 年版，第 6 页。

②　［日］外务省编纂：《日本外交文书》第 1 卷第 1 册，日本外交文书刊行会 1964 年版，第 227 页。

"今后天皇将内外政事亲裁之，从前之条约用大君名称，今后换以天皇名称。各国交际之职，专命有司。"① 这标志着大君的外交权力已经转到天皇新政权。

2 月 10 日，政府颁布"三职七科"② 官制，在太政官下设外国事务科，外国事务总裁改称外国事务总督，主要职责是"外国交际、条约、贸易、拓地、育民之事"，任命晃亲王为外国事务总督，三条、伊达、东久世等为总督辅佐。2 月 25 日，政府再次改订官制为"三职八局"③，设置外国事务局，设置了督、辅、权辅、判事等职官。

1868 年 6 月 11 日，政府颁布《政体书》对官制再次进行调整，中央设太政官，其下设行政、神祇、会计、军务、外国五种官职负责行政，设置外国官，此为外务省之直接前身，长官称知事，伊达宗城任知事，东久世通禧任副知事。职责是"掌管外国交际、监督贸易、开拓疆土"。④ 非常明显，由于幕末明治初年政局混乱，这些外交机构多是为应对外部压力而仓促设置的，外交事务主管官员也大多是兼职的，制度非常不完善，基本上是作为行政附属存在，并没有形成一个独立的外交系统。

1869 年 7 月 29 日，天皇批准各藩版籍奉还，中央政权得到

---

① 　[日] 外务省编纂：《日本外交文书》第 1 卷第 1 册，日本外交文书刊行会 1964 年版，第 236 页。

② 　三职七科：三职指中枢设总裁、议定、参与三种最高官职。三职以下分设神祇、内国、外国、海陆军、会计、刑法、制度等七科，由议定分任各科总督，参与分掌各科事务。

③ 　三职八局：三职同上。八局指总裁局及其神祇、内国、外国、军防、会计、刑法、制度等八局。

④ 　[日] 佐藤元英：《明治期外务省制度组织的变迁与通商贸易情报的收集活动》，三上昭美先生古稀记念论文集刊行会编《近代日本的政治与社会》，2001 年 5 月，第 316 页。

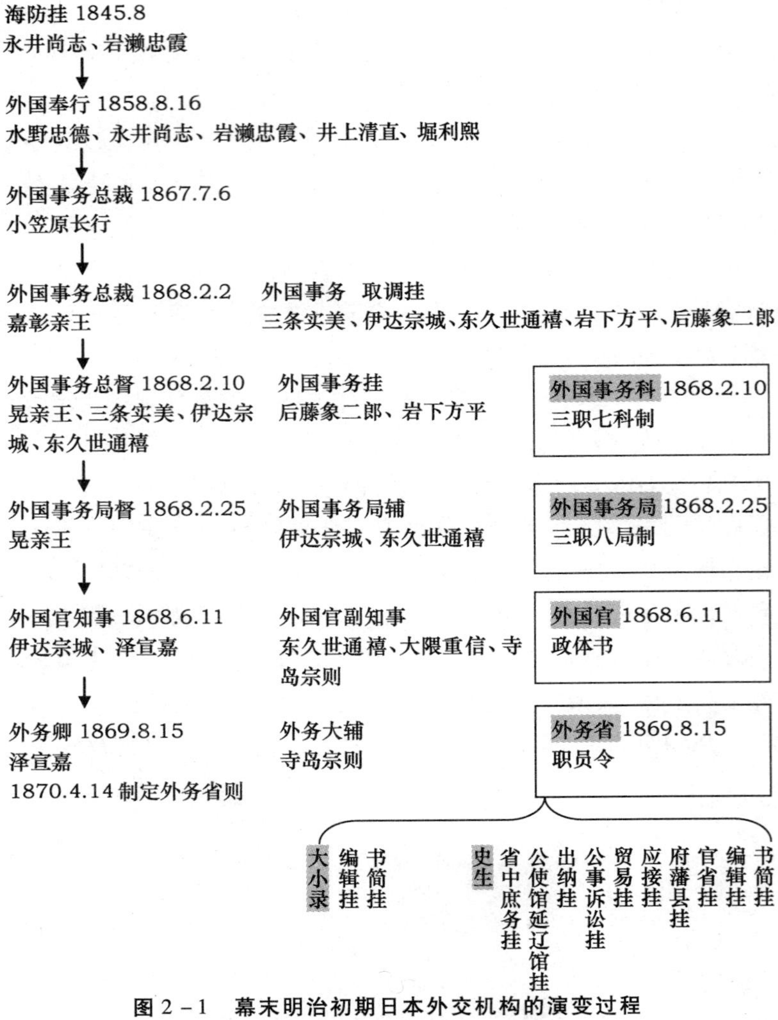

海防挂 1845.8
永井尚志、岩濑忠霞

↓

外国奉行 1858.8.16
水野忠德、永井尚志、岩濑忠霞、井上清直、堀利熙

↓

外国事务总裁 1867.7.6
小笠原长行

↓

外国事务总裁 1868.2.2　　外国事务　取调挂
嘉彰亲王　　　　　　　　　三条实美、伊达宗城、东久世通禧、岩下方平、后藤象二郎

外国事务总督 1868.2.10　　外国事务挂　　　　　┌─────────────────┐
晃亲王、三条实美、伊达宗　　后藤象二郎、岩下方平　│ **外国事务科** 1868.2.10 │
城、东久世通禧　　　　　　　　　　　　　　　　│ 三职七科制 │
　　　　　　　　　　　　　　　　　　　　　　└─────────────────┘

↓

外国事务局督 1868.2.25　　外国事务局辅　　　　┌─────────────────┐
晃亲王　　　　　　　　　　伊达宗城、东久世通禧　│ **外国事务局** 1868.2.25 │
　　　　　　　　　　　　　　　　　　　　　　│ 三职八局制 │
　　　　　　　　　　　　　　　　　　　　　　└─────────────────┘

↓

外国官知事 1868.6.11　　外国官副知事　　　　　┌─────────────────┐
伊达宗城、泽宣嘉　　　　　东久世通禧、大隈重信、寺│ **外国官** 1868.6.11 │
　　　　　　　　　　　　　岛宗则　　　　　　　│ 政体书 │
　　　　　　　　　　　　　　　　　　　　　　└─────────────────┘

↓

外务卿 1869.8.15　　　外务大辅　　　　　　　┌─────────────────┐
泽宣嘉　　　　　　　　　寺岛宗则　　　　　　　│ **外务省** 1869.8.15 │
1870.4.14 制定外务省则　　　　　　　　　　　│ 职员令 │
　　　　　　　　　　　　　　　　　　　　　　└─────────────────┘

大小录　编辑挂　书简挂　　　　　史生　省中庶务挂　公使馆延辽馆挂　出纳挂　公事诉讼挂　贸易挂　应接挂　府藩县挂　官省挂　编辑挂　书简挂

图 2 - 1　幕末明治初期日本外交机构的演变过程

　　资料来源：［日］佐藤元英：《明治期外务省制度组织的变迁与通商贸易情报的收集活动》，三上昭美先生古稀纪念论文集刊行会编《近代日本的政治与社会》，2001 年 5 月，第 335 页。

进一步强化。8 月 15 日，政府颁布《职员令》，对中央机构进行了大范围的调整，依据《职员令》在百官之上设置神祇官，此外设置总揽大政的太政官，在太政官之下设民部、大藏、兵部、刑部、宫内、外务六省，这样外务省首次作为一个独立的政府机构出现，长官称外务卿，泽宣嘉就任首任外务卿，寺岛出任外务大辅，外务卿的职责是"掌管外国交际、监督贸易"，卿以下设大小录、史生，大小录下设书简挂、编辑挂，史生下设书简挂、编辑挂、官省挂、府藩县挂、应接挂、贸易挂、公事诉讼挂、出纳挂、公使馆延辽挂、省中庶务挂等部门。①

外务省的设置是日本向近代外交迈出的重要一步，但是，在"王政复古"大旗下建立起来的明治政权，并不真正理解西方外交理念的精髓，在机构设置上基本还是延续了日本古代的官制，这种状况一直要到 1871 年副岛种臣出任外务卿之后才有所改观。副岛外务卿为了使外务省的机构更趋合理化和效率化，对外务省的机构设置进行了近代化改革，引入了局、课制。下设办事局、左局、右局、考法局、庶务局、翻译局六局，办事局下设官记课、接待课、编辑课，另设秘书史。② 这次改革使得外务省的机构框架得以基本确立，符合国际外交惯例的近代日本外交体制也逐步形成（见图 2 - 1）。

三　日本对领事制度的认识过程

1854 年 3 月，日美两国政府签订了《日美亲善条约》，日本在条约中同意美国向日本派遣领事，并设置领事馆等事宜。1856

---

① ［日］信夫清三郎编：《日本外交史》上册，商务印书馆 1980 年版，第 118—123 页。

② ［日］外务省记录局编：《外务省沿革略志》，1889 年版，第 191 页。

年 8 月 21 日，美国派遣 T. 哈里斯抵日本下田，逼迫江户幕府同意开设由他担任总领事的美国驻日总领事馆，对幕府官员来说这恐怕是第一次听说或者是接触到西方的领事制度。

在下田奉行所哈里斯与幕府官员的会见中，哈里斯对领事的任务作了如下说明：管理在日本的亚美利加人民，对进入日本各港口的亚美利加国船舶检验证照，救助漂流到日本的亚美利加人，在任何国家对亚美利加开放的港口设置领事，当时在世界各地已经设立了 250 余处领事馆。1857 年 6 月 17 日签订的条约中，欧美列强获得了领事裁判权，并先后向日本派出了领事。对日本来说，当时对领事的理解恐怕只是欧美国家管理本国人民的事情而已，与日本并没有多大的关系。

1866 年 6 月，《改税约书》颁布，日本人的海外渡航活动正式得到认可，幕府和各藩也陆续向欧美国家派出了不少留学生。随着外出考察、谋生、留学的日本人不断增多，幕府才逐步意识到在海外设置日本领事的必要性。

1867 年 5 月，幕府派遣德川昭武参加在法国巴黎举办的万国博览会，其间得到了法国人海拉德（Fulry Herard）的大力帮助，幕府曾经给予海拉德领事的头衔以便于活动，这可能是幕府最早授予的外国人领事。除法国人海拉德之外，美国人布鲁克斯（Charles Wolcott Brooks）也曾经得到过领事的头衔。布鲁克斯是旧金山亲日商人，1860 年，交换日美修好通商条约批准书的遣美日本使节团乘坐咸临丸渡美之际，曾得到其多方照顾，自此便经常以"日本领事"自居。1867 年 8 月，美国公使曾向幕府推荐由其担任在美国的日本领事，9 月，幕府外国事务总裁通过美国公使正式向布鲁克斯下发了任命书，没有薪金，通过其购买货物之际可以提取 5% 的手续费。但是，随后成立的明治新政府似乎遗忘了他的存在，直到 1870 年 3 月赴美考察的上野景范回国向明治政府汇报了此事，1870 年 5 月 2 日，外务省任命由其继续担任日本领事，每年 1000 美元薪金。另外，幕末明治初期 Consuls 一词最初被音译为"冈士"，并被较多使用，而"领事"一词的普遍使用是在日本人领事派遣之后的事了。①

海拉德和布鲁克斯虽然是幕府和明治政府任命的外国人领事，但由于当时日本国内正处于动荡期，对领事的职责也缺乏理解，因此，他们并不是真正意义上的日本驻外领事。

四　日本驻外使领人员的派遣

1858 年，"安政五国条约"签订之后，西方国家纷纷向日本任命和派遣来了外交官和领事官。哈里斯晋升为代理公使，把江户麻布的普照寺作为临时公使馆，在神奈川本觉寺设立了领事馆。1859 年 5 月，英国任命阿礼国（Rutherford Alcock）② 为驻日总领事兼外交代表，在江户上高轮的东禅寺设立了临时公使馆；8 月，法国任命贝林特（Du Chesne De Bellecourt）为驻日总领事，于 9 月进入江户麻布的济海寺；1862 年 11 月，德国任命帕金特（Hon. Francis Richard Plunkett）为驻日特命全权公使；1863 年 9 月，荷兰任命帕斯布克（D. De Graeff Van Polsbroek）为驻日代理公使，在江户芝区的长应寺设置了临时公使馆；1866 年 7 月，葡萄牙任命阿玛莱（Jose Rodriques Coelho Do Amaral）为驻日特命全权公使；1867 年 5 月，意大利任命达特罗（Conte

①　［日］古屋哲夫：《形成期的领事制度和领事报告》，角山荣编著《日本领事报告的研究》，同文馆 1986 年版，第 47 页。

②　汉译为阿礼国（Sir Rutherford Alcock，1809 年—1897 年 11 月 2 日），是 19 世纪英国驻中国、日本领事。1844 年为福州领事，1846 年接替巴富尔晋升为上海领事。1858 至 1864 年派驻为英国首任驻日本公使，1865 至 1869 年回到中国，驻北京，从事外交工作。

De Da Tour）为驻日特命全权公使；1869 年 9 月，奥匈国任命卡
里斯（Henri Calice）为驻日代理公使；1870 年 1 月，西班牙任
命玛佐（Jiburcio Rodriguez Y Muzoz）为驻日代理公使；5 月，丹
麦任命西克（Julius De Sick）为驻日特命全权公使；10 月，比
利时任命罗德本克（Kint De Roodenbeck）为驻日特命全权公使；
1872 年 4 月，俄国任命巴特沃（E. K. Butzow）为驻日代理公
使。① 到 1872 年年底，西方主要资本主义国家均已经向日本派
驻了外交官。

　　在幕末明治初年与西方国家打交道的过程中，日本也逐步学
习和制定了驻外使节制度。1870 年，日本外务省也正式向海外
各国派遣使节，从时间上来看，日本从接触到西方领事制度到建
立自己的领事制度，前后经历了 16 年的时间。

　　1870 年 11 月 2 日，外务省宣布设置大中少务使及正权大少
记官职，负责对各国的交际事务，管理日本在该国的侨民，并任
命外务大丞鲛岛尚信为少办务使，权大臣盐田笃信为权大记、权
大录后藤常为权少记，派往英国、法国和普鲁士（驻在法国），
3 日，任命森有礼为少办务使驻扎美国，1872 年 4 月 25 日，任
命寺岛宗则为驻英国的大办务使。鲛岛尚信、森有礼、寺岛宗则
都是幕末时期萨摩藩送往欧洲的留学生。

　　1872 年 10 月 14 日，日本外务省废止了大中少办务使及大
少记的称呼，改称特命全权大臣、特命全权公使（旧大办务
使）、办理公使（旧中办务使）、代理公使（旧少办务使）一等
书记官、二等书记官（旧大记）、三等书记官（旧少记）。10 月
20 日，在公使馆和领事馆内设置书记生，隶属于公使和领事
管辖。

---

　　① ［日］外务省记录局编：《外务省沿革略志》，1889 年版，第 211—214 页。

　　1873 年 1 月 31 日，日本在意大利罗马和奥地利维也纳设置公使馆，任命佐野常民为办理公使，常驻奥地利，兼辖意大利。9 月 30 日，在荷兰和比利时设置公使馆，任命柳原前光为代理公使（未赴任），常驻荷兰，兼辖比利时。11 月 24 日，在北京设置公使馆，任命山田显义为特命全权公使（未赴任）。1874 年 8 月 17 日，任命青田周藏为驻德国代理公使，9 月 3 日，升任驻德国特命全权公使，兼辖奥地利和荷兰。

　　同时，日本外务省也开始着手向海外各国派遣领事官员，1870 年 10 月，在中日建交交涉的同时，日本在征得上海道台的同意之后，在上海设立了临时日本领事馆，1872 年 1 月，升格成为正式领事馆。此后的 1872 年 10 月日本又在香港、厦门、威尼斯，1873 年 2 月在纽约，1873 年 12 月在旧金山设置了领事馆（表 2－1 是明治初期日本驻外领事馆设置情况一览表）。①

表 2－1　　　　明治初期日本驻外领事馆设置情况一览表

国名	地名	设置年月	国名	地名	设置年月
中国	上海	1870 年 10 月	意大利	○威尼斯	1872 年 10 月
	福州	1872 年 10 月		●罗马	1876 年 5 月
	厦门	1874 年 4 月		○米兰	1878 年 5 月
	天津	1875 年 8 月		○那不勒斯	1878 年 3 月
	○牛庄	1876 年 3 月		○墨西拿	1883 年 2 月
	○芝罘	1876 年 5 月	奥地利	○的里也斯德	1880 年 5 月
	汉口	1885 年 10 月	荷兰	●海牙	1874 年 3 月
	广东	1888 年 5 月	比利时	○布鲁塞尔	1877 年 1 月
美国	纽约	1873 年 2 月		○安特卫普	1879 年 11 月

---

　　① ［日］外务省记录局编：《外务省沿革略志》，1889 年版，第 188—192 页。

续表

国名	地名	设置年月	国名	地名	设置年月
	旧金山	1873 年 12 月		香港	1872 年 10 月
英国	伦敦	1876 年 4 月	英国殖民地	○墨尔本	1879 年 11 月
	○利物浦	1888 年 5 月		新加坡	1879 年 2 月
	○马赛	1874 年 3 月		霍巴特港	1885 年 10 月
法国	巴黎	1880 年 10 月	西班牙殖民地	马尼拉	1888 年 5 月
	里昂	1884 年 4 月	布哇国	檀香山	1875 年 10 月
	○柏林	1880 年 4 月		元山	1880 年 2 月
德国	○汉堡	1882 年 12 月		釜山	1880 年 2 月
	○不来梅	1888 年 5 月	朝鲜	仁川	1882 年 4 月
俄国	哥尔萨港	1876 年 4 月		京城	1884 年 10 月
	海参崴	1876 年 6 月			

资料来源：［日］外务省记录局编：《外务省沿革略志》，1889 年版，第 215 页。

说明：○名誉领事馆；●不久即撤销。

1873 年 11 月 4 日，副岛种臣外务卿向正院三条实美太政大臣提交了《置领事官之伺》，"近来与诸国交际日盛，先前已与清国订立条约，今后如不随机增派海外官员，贸易是势必会出现不便之处，参考各国官制，如添附文件，奉命调查官名、等级，以供评议之用。"① 5 日，申请马上获得批准，并下达了设置总领事、领事、副领事、领事代理等官职的命令。由此开始了日本外交新的正常秩序，海外领事馆开设数量不断增加。

从日本驻外公使馆和领事馆的设置情况，可以明显看出一个特征：即公使馆的设置先于欧美，而领事馆的设置先于东亚，这

---

① ［日］外务省百年编纂委员会编：《外务省百年》上卷，原书房 1969 年版，第 6 页。

主要是因为明治日本政府对欧美关系重于外交，对东亚关系重于贸易之缘故。

第二节　日本在中国领事馆的开设

一　日本对华外交的展开

近代以前维持东亚地区国际秩序的以中华帝国为中心的"华夷秩序"，虽然在 1840 年的鸦片战争以后，由于西方列强的不断入侵而受到了沉重的打击，但是在它走向彻底崩溃的过程中，软弱的清政府仍然维系着这个"华夷秩序"的存在，并继续充当了宗主国的地位；近代初期的朝鲜、琉球，仍在东亚世界的"华夷秩序"内，与清帝国维持一种独特的关系。长期游离于该秩序之外的日本，要想向外发展，无论是北进亚洲大陆或是南进海洋，均需首先解决与近邻的朝鲜、琉球的关系问题。而打开与中国的关系，又是其必需的前提。[1]

德川幕府时期日本虽然通过长崎一港与中国保持有限的贸易往来，但国家间的外交关系一直没有恢复。"安政五国条约"签订之后，幕府曾经试图与清政府签订通商条约，因此，中日建交交涉最早始于幕末。

1862 年，以勘定奉行小栗忠顺为首，计划首先从开港的上海为起点开展对清贸易。[2] 同年 6 月，长崎奉行派遣贸易官船"千岁丸"到达上海，要求与中国建立通商关系，并在上海设立日本领事馆管理在沪侨民，但遭到清政府通商大臣薛焕的拒绝。

---

①　臧运祜：《近代日本亚太政策的演变》，北京大学出版社 2009 年版。

②　宋志勇、田庆立：《日本近现代对华关系史》，世界知识出版社 2010 年版，第 31 页。

其后 1864 年、1868 年多次到上海以求通商建交事宜。通商建交虽然没有达成，但清政府在某种程度上默许了日本人在上海的经商活动。① "同治元年，长崎奉行乃遣人至上海，请设领事理其国商税事。通商大臣薛焕不许。三年，日本商船介英领事巴夏礼，以求通。七年，长崎奉行河津，又致书江海道应实时言，其国人往来欧洲时，附西舶经行海上，或赴内地传习学术经营商业，皆有本国符信，乞念邻谊保护，许之。"②

1868 年明治维新后，日本政府继续试图与中国进行外交接触。1870 年 6 月外务省制订的《外交急务四条》之中，就提出了向中国订约遣使的问题，认为"近来宇内形势一变，今非昔比，隔海咫尺之地，若无使节往返，实非经略之远图"。③ 在此背景下，1870 年 8 月，日本政府正式委派外务省大丞柳原前光、外务省少丞藤原义质、权少记郑永宁随行前往中国进行订约通商的谈判。

柳原一行于 1870 年 9 月 4 日抵达上海，9 月 12 日会晤了苏淞太道涂宗瀛，说明明治政府希望与清政府商谈订约之事。苏淞太道以天津教案为由劝阻柳原北上，但柳原不听，执意北上。9 月 27 日柳原一行抵达天津后，先后拜会了三口通商大臣成林和直隶总督李鸿章，递交了日本外务卿泽宣嘉致清国总理衙门的公函，"我邦近岁与泰西诸国互订盟约，共通有无。况邻近如中国，宜最先通情好，结和亲。而唯有商舶往来，未尝修交际之礼，不也一大缺点也乎？曩者我邦政治一新之始，即

---

① 冯天瑜：《"千岁丸"上海行》，武汉大学出版社 2006 年版，第 41 页。

② 赵尔巽、柯劭忞等撰：《清史稿》卷一五八，志一三三，邦交六，日本条，中华书局 1977 年版，第 4618 页。

③ ［日］外务省编：《日本外交文书》第 3 卷，日本外交文书刊行会 1964 年版，第 190 页。

欲遣钦差公使修盟约，因内地多事，迁延至今，深以为憾矣。兹经奏准，特遣从四位外务大臣柳原前光、正七位外务权少丞藤原义质、从七位文书权正郑永宁等于中国，预前商议通信事宜，以为他日公使与中国定和亲条约之地"[①]。要求与中国订约通商。

可是保守的总理衙门王公大臣们认为多一事不如少一事，便推托"中国与贵国久通和好，交际往来已非一日。缘贵国系近邻之邦，自必愈加亲厚。贵国既常来上海通商，嗣后仍即照前办理，彼此相信，似不必更立条约，古所谓大信不约也"。[②] 柳原前光又用中日通好可以同心合力抵抗西方列强来劝说李鸿章。李鸿章觉得如对日本"推诚相待，纵不能倚作外援，亦可以稍事联络"，因此他上书总理衙门，主张同意与日本订约，成林也表示赞成。于是总理衙门最终改变态度，让日本政府明年派全权大使来华商谈签约。

1871 年 6 月，日本政府正式任命大藏卿伊达宗城为全权钦差大臣赴中国议约，清政府也任命李鸿章为办理日本通商条约事务的全权大臣，7 月开始在天津会谈。虽然日方一心想仿效西方列强，以 1861 年中德（普鲁士）条约为蓝本拟订了条约草案，将各种特权订入中日条约，但中方则坚持与"西约断不能尽同"，特别是日方强调的"一体均沾"原则坚决排除在外。中方议案的中心内容有三点：即删去最惠国条款，防止日本与欧美国各国结盟；派遣外交官和领事官；禁止日本商人在中国内地进行

---

① 　东亚同文会编，胡锡年译：《对华回忆录》，商务印书馆 1959 年版，第 28 页。

② 　《同治朝筹办夷务始末》卷 77，第 37 页。

贸易。① 经过反复辩论，到 7 月底最后商定了《中日修好条规》18 条，《中日通商章程》33 条，于 1871 年 9 月 13 日，由双方全权大臣签字，从此中国与日本建立了正式外交关系。

关于互派公使和领事官员一事，《中日修好条规》第四条、第八条、第九条、第十六条中均有规定：两国均可派秉权大臣，并携带眷属随员，驻扎京师。或长行居住，或随时往来，经过内地各处，所有费用均系自备。其租赁地基房屋作为大臣等公馆，并行李往来及专差送文等事，均须妥为照料。两国指定各口，彼此均可设理事官，约束己国商民，凡交涉财产词讼案件，皆归审理，各按己国律例核办。若指定各口未设理事官，其贸易、人民均归地方官约束照料，如犯罪名，准一面查拿，一面将案情知照附近各口理事官，按律科断。两国理事官均不得兼作贸易，亦不准兼摄无约各国理事。如办事不合众心，确有实据，彼此均可行文知照秉权大臣，查明撤回，免因一人偾事致伤两国友谊。②

总体来说，《中日修好条规》是深受与欧美各国缔结不平等条约之苦的中日两国首次自主订立的第一个较为平等的邦交条约。中国学界有评价认为："中日修好条规，其体例虽大致仿照西约，但内容却基于平等地位，洵为中外条约，前所未有。"③日本学者也指出："该条约的谈判与表述方式，较之东亚传统邦交有甚大区别，可以将这一条约看成东亚国际关系进入近代标志

---

① ［日］藤原道生：《明治维新外交对旧国际关系的对策——以〈日清修好条规〉的成立为中心》，《名古屋大学文学部研究论集》第 41 号，1966 年，第 29 页。

② ［日］外务省编纂：《日本外交文书》第 4 卷，日本外交文书刊行会 1964 年版，第 207 页。

③ 王玺：《李鸿章与中日订约》，中研院近代史研究所专刊（42），台北，1981 年版，第 128 页。

的条约的嚆矢。"① 通过签订《中日修好条规》，日本第一次获得
了在亚太地区与中国的平等地位，并为打开与朝鲜、琉球的外交
关系，创造了重要的前提条件。

二　驻上海日本领事馆的设立

明治维新时期，日本效仿欧美国家的制度，在 1869 年 7 月
8 日成立了外务省，全面负责外交、通商、航海等涉外事务。②
同时为了便于与各国打交道，逐步开始在海外各地设立日本领事
馆并派遣领事官员。据目前资料表明：日本试图在中国设立领事
馆的交涉是始于中日建交交涉时期，驻上海日本领事馆是日本在
海外设立的第一个领事馆。

在中日正式建交之前，已经有不少日本人偷渡来华从事商业
及其他活动。据说幕末最早来华的日本人是画家安田老山，早年
在长崎拜铁翁为师学画，1864 年偷渡到上海。因为安田老山最
早到上海，常作为后来者的向导，1874 年日本出兵台湾时所使
用的军用地图，据称是在安田老山的协助下制成。1866 年，日
本政府颁布《改税约书》，日本人海外渡航活动才正式得到认
可，来中国的人渐次增多。1866 年，岸田吟香随同传教士平文
来到上海。1868 年 9 月，长崎人田代源平来华，在上海开设了
"田代屋"，经营陶瓷器等杂货，兼营以日本人为客源的旅馆，
这是日本人最早在上海开设的商店。③

1869 年，日本民部省以"上海表商法取扱向经验"的目的，

---

① ［日］藤原道生：《明治维新外交对旧国际关系的对策——以〈日清修好条
规〉的成立为中心》，《名古屋大学文学部研究论集》第 41 号，1966 年版，第 46
页。

② ［日］外务省记录局编：《外务省沿革略志》，1889 年版，第 3 页。

③ ［日］米泽秀夫编：《上海史话》，大空社 2002 年版，第 93 页。

派遣品川忠道、斋藤丽正、江岛廉藏、江口三郎助、城岛谦藏和田雄二郎等人来上海调查和学习商业、港口规则。

随着越来越多的日本人来上海谋生，日本政府考虑在上海建立它的官方办事机构。1870 年 7 月，日本民部省经外务省许可在上海田代屋附近设立了"开店社"。设置该社的目的起初是为了促进对华贸易，诸如商业贸易的考察，对来华日商的指导，以及与各国驻沪领事馆的联系与对西方文化的研究等，为此还专门发布了《开店社心得书》。① 首任官员是通商权大佑品川忠道、外务少录斋藤丽正、文书权少佑神代延长 3 人。事实上当时品川忠道肩负着"取缔且外御用"两项职责，"取缔"，即管理在上海 30 余名日本侨民；"外御用"，即秘密调查上海一地伪造日本纸币和拐卖日本小孩之事，同时为日本使节团来华做各项准备工作。②

1870 年 9 月，日本外交正使柳原前光、副使藤原义质率领一个官方代表团抵达上海，与上海道台涂宗瀛进行会谈。由于中日两国尚未建交，为保护在上海的日本侨民和处理中日间通商事宜，柳原前光在得到上海道台的允许后，10 月，日本外务省任命通商权大佑品川忠道，以外务大录兼通商权大佑的身份在上海开店社内开设了临时日本领事馆，行使临时领事之职责，斋藤丽正为辅佐、神代延长为翻译官。在日本政府下达的太政官令"清国上海在留邦人管理官吏任免之件"中，明确提到"领事"一词，并用日语片假名作了注音，"本次品川外务大录兼通商权大佑、斋藤外务权少录同时赴清国上海县出差，今后两国间通商

---

① ［日］外务省编纂：《日本外交文书》第 3 卷，日本外交文书刊行会 1964 年版，第 193 页。

② ［日］松本郁美：《关于初代上海领事品川忠道的考察》，《史窗》第 58 号，2001 年，第 282 页。

条约签订之前，设置领事（コンシュル）的职位管理当地商人。"①

1871 年 4 月，日本派遣大藏卿伊达宗成为全权大使，柳原前光、津田真超为副使，与清政府缔结友好条约，两国正式建立外交关系。柳原前光被任命为驻中国特命全权大臣，品川忠道作为随行人员赴天津全程参与了中日间的谈判，在此期间也为在上海筹建正式领事馆作了诸多工作，准备以两千两内外的价格在上海租借房屋以作领事馆之用。②

1871 年 11 月 5 日，日本政府下达大政官令正式批准在上海设置领事馆。1872 年 1 月 29 日，首个日本驻华领事馆——驻上海日本领事馆开设，同时撤销了 1870 年 10 月开设的临时日本领事馆。2 月 10 日，品川忠道出任代理领事，8 月 4 日，出任领事。10 月 15 日，上海领事馆作为本部兼辖镇江、汉口、九江、宁波四口的业务。③

随后日本政府出于侵略台湾的动机，任命陆军少将井田让担任日本驻上海总领事，其中有一段原委。1872 年 9 月 4 日，日本准备在福州开设领事馆，任命井田让为福州领事，兼辖厦门、台湾、淡水三口的业务。在当时驻外领事的地位是不高的，井田让由陆军少将转任驻外领事给人有降级之嫌，于是马上提出辞呈。事实上日本政府任命井田让担任福州领事是有为侵略台湾作各项调查准备的意图。在副岛种臣外务卿的挽留下，井田让收回了辞呈，1873 年 1 月 22 日，日本政府任命井田让担任上海总领

---

① ［日］外务省编纂：《日本外交文书》第 3 卷，日本外交文书刊行会 1964 年版，第 223 页。

② ［日］外务省编纂：《日本外交文书》第 4 卷，日本外交文书刊行会 1964 年版，第 160 页。

③ ［日］外务省记录局编：《外务省沿革略志》，1889 年版，第 190 页。

事，临行之时作为恩典赏赐金三百两，同时任命其为中国沿海15 个海港各领事之首，以提高地位。1873 年 5 月，领事馆升格为总领事馆，井上让担任总领事，同年 7 月 7 日领事馆迁至虹口闵行路 3 号新馆。但因"明治六年政变"，井田让在上海只担任了半年的总领事便归国。1875 年 10 月 31 日，品川忠道升任总领事。此后，由于厦门领事馆关闭，上海领事馆又兼辖厦门、淡水、台湾、福州四口，管辖区域非常广泛。1884 年 5 月，品川忠道归国担任农商务省通商局长，日本驻香港领事安藤太郎转任上海领事。①

此外，1870 年 9 月，日本外交正使柳原前光使节团抵达上海之时，曾经与上海道台涂宗瀛订立了中日官方邮局制度。同年，经上海道许可，日本官商购进虹口沿黄浦江边地建造日本邮局码头。1875 年 10 月，将原设在领事馆内的书信公署迁出，在今长治路与天潼路转角处建造日本邮局，由领事兼任局长。②

三　日本驻中国各地领事馆的开设过程

从 1871 年中日建交到 1945 年日本战败投降的 75 年间，是一部日本不断挑起和扩大对中国大陆侵略战争的历史。领事馆作为日本对华军事和经济侵略的重要辅助工具，每一次战争结束后，日本领事馆势力就会进一步渗透到中国的肌体内。尤其是在1931 年"九·一八"事变之后，由于中国领土完整性开始丧失，出现了数个在日本军国主义势力扶植下的傀儡政权，驻华日本领事馆的设置情况更趋复杂。总体而言，整个近代日本在中国设置

---

① 　［日］松本郁美：《关于初代上海领事品川忠道的考察》，《史窗》第 58 号，2001 年，第 283 页。

② 　陈祖恩：《明治时代的上海日本居留民》，张仲礼主编《中国近代城市企业·社会·空间》，上海社会科学院出版社 1998 年版，第 434 页。

领事馆的过程，大致可以分为两个时期、几个阶段。

（一）中日战争之前驻华日本领事馆的开设状况

1 第一阶段是从中日建交到甲午战争

在中日建交交涉过程中，日本已于 1870 年 10 月在上海建立了临时日本领事馆。1871 年 9 月 13 日，中日两国在天津签订了《中日修好条约》18 条、《中日通商章程》33 条。《中日通商章程》第一款规定：指定中日两国通商各口，以前日本只开放长崎一港，以维系中日间的通商关系，现根据新约，日本在长崎以外，又规定横滨、函馆、大阪、神户、新潟、夷港（佐渡）、筑地等处为新的通商口岸。中国方面准通商 15 口，分别是上海、镇江、宁波、九江、汉口、天津、牛庄、芝罘、广州、汕头、琼州、福州、厦门、台湾、淡水。①

根据《中日修好条约》和《中日通商章程》中的相关规定：1872 年 1 月 29 日，日本将驻上海临时日本领事馆升格为驻上海日本领事馆，这是日本在中国开设最早的日本领事馆，2 月 10 日，品川忠道出任代理领事，8 月 4 日，出任领事。10 月 15 日，上海领事馆作为本部兼辖镇江、汉口、九江、宁波四口的业务。

随后，日本在中国沿海开放口岸相继开设了一些日本领事馆。1872 年 9 月，日本在福州，10 月在香港，1874 年 4 月在厦门，1875 年 8 月在天津，1876 年 3 月在牛庄，5 月在芝罘，1885 年 5 月在汉口，1888 年 7 月在广东先后设置了日本领事馆。

日本在上述城市设置领事馆，一方面是由于上述城市是中国指定开放口岸，另一方面也反映了日本对中国军事侵略和经济扩张的图谋。天津、上海、香港分别是中国北部、东部、南部最重

---

① ［日］外务省编纂：《日本外交文书》第 4 卷，日本外交文书刊行会 1964 年版，第 210 页。

要的商业和航运中心，选择在这三个城市开设领事馆是毋庸置疑的，这三个领事馆开设后不久都很快升格为总领事馆，统辖一个地区的事务。同时，日本学者也认为：明治初期日本向中国扩张主要有三条线路，第一条：以天津、牛庄为中心的北方线路，第二条：以上海为中心沿长江进入中国腹地的线路，第三条：通过香港进入广东、广西的线路。① 可见，日本在选择领事馆设置场所方面显然是经过精心策划的，领事馆的设置与日本对华扩张路线完全一致。

19世纪70年代日本试图在福州、厦门开设领事馆，这显然与当时日本侵略琉球、台湾有密切关系。另外，牛庄、芝罘、汉口、广州都是中国重要商品集散地和输出港口，虽然日本较早地在这些城市建立了领事馆，但大都由于日本商人稀少，领事馆设置情况并不稳定。福州、厦门、汉口日本领事馆在开设不久后即关闭，当地业务移交上海日本领事馆兼理，广州日本领事馆同样在开设不久后即关闭，当地业务移交香港日本领事馆兼理，牛庄、芝罘的领事业务在初期一直由外国人担任名誉领事。这也充分暴露了明治初期日本有扩张中国市场的野心，但无此实力。

这些口岸基本上是欧美列强在历次战争中打开的沿海沿江港口，日本顺着欧美列强侵华的足迹侵入中国，沿着中国海岸线，北至牛庄、天津，南至香港、广东，从东面的上海沿长江上溯至汉口，构建起一个初级的领事馆网络。

2 第二阶段是从甲午战争到日俄战争

1895年4月17日，清政府和日本签署了《马关条约》，条约规定中国开放沙市、重庆、苏州、杭州为商埠，日本轮船可以

---

① ［日］角山荣：《日清战后围绕中国南部市场的日英通商竞争》，［日］中川敬一郎编《企业经营的历史研究》，岩波书店1990年11月版，第181页。

沿内河驶入以上各口；允许日本人在通商口岸设立领事馆和工厂及输入各种机器。

日本以此为依据，1896 年 2 月 12 日在苏州、杭州，22 日在沙市、重庆，几乎在同一时间在上述四个城市设置了领事馆，将触角由长江下游延伸至长江中上游地区。

3 第三阶段是从日俄战争到第一次世界大战

1896 年后的近十年内，日本没有在中国新增领事馆，但是，日俄战争的结果使这一相对平静的状态迅速被打破，日本在中国开设领事馆的速度明显加快，特别是在东北地区新设了大量领事馆。1905 年至 1914 年的十年间，日本在中国新增了11 个领事馆和 4 个领事馆分馆，在关内新增的领事馆只有 2个，分别是长沙和南京。在东北地区新增的领事馆为 9 个，分馆为 4 个，分别是安东、奉天、吉林、哈尔滨、长春、铁岭、辽阳、齐齐哈尔、间岛领事馆和新民府、局子街、头道沟、珲春分馆。由此，日俄战争后日本在中国东北地区的主要城市都建立了日本领事馆。

此外，日本还通过大量设立领事馆分馆的形式向中小城市进一步渗透，第一次世界大战后甚至还出现了领事馆出张所，这恐怕是日本在领事馆制度上的独创。日本不仅在中国建立了广阔的领事馆空间网络，同时也构建了"总领事馆→领事馆→分馆·出张所"严密的层级网络。

4 第四阶段是从第一次世界大战到"九·一八"事变

第一次世界大战期间，日本趁欧美列强无暇东顾之机，加紧向中国内陆腹地和地方二级城市全面扩张。先后在 1915 年 7 月同时在九江、济南设置了领事馆，1917 年 2 月在赤峰，1918 年6 月在成都和郑家屯，8 月在云南，1919 年 9 月在宜昌设置了领事馆。

　　根据 1921 年 2 月 10 日发布的日本在外公使馆调查显示：日本驻中国总领事馆有 12 个、总领事馆分馆 4 个，哈尔滨、吉林、间岛、头道沟分馆、局子街分馆、珲春分馆、奉天、新民府分馆、天津、济南、上海、汉口、成都、福州、广东、香港。领事馆 20 个、领事馆分馆 4 个，齐齐哈尔、长春、农安分馆、安东、通化分馆、铁岭、掏鹿分馆、海龙分馆、郑家屯、辽阳、牛庄、赤峰、芝罘、杭州、苏州、南京、九江、宜昌、沙市、长沙、重庆、厦门、汕头、云南。①

　　根据 1925 年的调查显示：日本驻中国总领事馆有 13 个、总领事馆分馆 6 个，领事馆 23 个、领事馆分馆 3 个。1922 年 1 月 19 日，日本在芜湖，3 月 14 日，日本在张家口，6 月 17 日，日本在满洲里增设了领事馆。同年 10 月 3 日，日本在间岛总领事馆下增设百草沟分馆，12 月 10 日，在青岛增设了总领事馆。②

　　根据 1928 年的调查显示：1927 年 6 月 23 日，日本在青岛总领事馆下又增设了坊子出张所，济南总领事馆下增设了博山、张店两个出张所。③ 此外，根据相关资料显示：1923 年 5 月，日本曾经试图在安东领事馆下面增设帽儿山分馆，但因遭到中国政府和民众的强烈反对而未成功。④

　　到 1931 年"九·一八"事变之前，日本领事馆不仅遍布于中国各主要沿海、沿江开港口岸，而且渗透到中小城市，甚至还深入四川、云南等内陆腹地，标志着日本在中国领事馆网络的布

---

　　① ［日］外务省通商局编：《通商公报》，第 805 号，第 12 页。

　　② 《维新后大年表》，有朋堂书店 1925 年版。

　　③ ［日］外务省通商局编：《周刊海外经济事情》第 15 号，1928 年 7 月 3 日。

　　④ ［日］外务省编纂：《日本外交文书》，昭和期 I，第 1 部第 1 卷，日本外交文书刊行会，第 81 页。

控基本完成。

明治时期主要驻华日本领事馆简介：

上海，1870 年 10 月，日本在上海设立了临时日本领事馆，品川忠道代理领事职务。1872 年 1 月 29 日，上海日本领事馆正式设立，5 月 8 日，品川忠道为首任领事，1875 年 11 月，品川忠道被任命为总领事。1891 年，上海日本领事馆升格为总领事馆，当时馆址在北扬子路 1 号。因甲午战争影响于 1894 年 8 月临时关闭，1895 年 6 月领事馆再开。此后，驻上海日本总领事馆一直没有关闭过，是日本在中国最重要的领事馆，也是日本对华经济的大本营。1934 年，馆址迁至黄浦路 25 号 A。1945 年 8 月 15 日，日本无条件投降，1946 年 4 月 4 日，总领馆被关闭。领事馆兼辖区域也几经变迁，设立之初由于在中国领事馆较少，兼辖范围非常广，包括镇江、汉口、九江、宁波。随着周边领事馆的新设，上海日本总领事馆的兼辖地逐渐缩小，1900 年 12 月 27 日颁布的《外务省令五号》中显示：管辖区域大致包括江苏省松江府、太仓州、通州、镇江府、淮安府、徐州府、海州、扬州府、江宁府、安徽省、浙江省宁波府、台州府、绍兴府、温州府、处州府。1909 年 3 月 6 日颁布的《外务省令一号》调整为江苏省松江府、太仓州、通州、浙江省宁波府、台州府、温州府、处州府。

福州，1872 年 10 月 15 日，日本在福州开设了领事馆。日本政府任命预备陆军少将井田让为福州领事，但事实上井田并未赴任，1873 年 5 月福州领事馆废止，在此期间的馆务移交上海日本领事馆兼管。直到 1887 年 3 月 24 日重设福州领事馆，任命上野专一为副领事代理。1891 年 7 月，福州领事馆再度关闭，馆务归属上海日本领事馆兼管，1899 年 5 月，再次开设福州领事馆，丰岛舍松出任事务代理。1919 年 5 月，福州领事馆升格为总领事馆，森浩出任总领事代理。1937 年 "七·七" 事变爆发，8 月 1 日福州总领事馆关闭，此后没有再恢复。福州领事馆最初设立之时兼辖厦门、台湾、淡水三口，经几度开设和关闭，1900 年和 1909 年时，福州日本总领事馆的管辖地均为福建省福州府、延平府、建宁府、邵武府、福宁府。1925 年，管辖地为福建省闽侯、连江、长乐、福清、罗源、古田、闽清、屏南、永泰、平漂、霞浦、福鼎、福安、宁德、寿宁、建瓯、建阳、崇安、蒲城、松溪、政和、南平、顺昌、将乐、沙、尤溪、永安、邵武、光泽、建宁、泰宁、莆田及仙游各县。

香港，1872 年 10 月 15 日，日本在香港开设了领事馆。1873 年 3 月 29 日，副领事林道三郎从日本出发，4 月 14 日才正式到任。1909 年 10 月，香港领事馆升格为总领事馆，当时的第一任总领事代理为船津辰一郎。1942 年 2 月 20 日，香港总领事馆关闭，此后没有再恢复。香港领事馆是日本设在华南最重要的领事馆，相比同时期设立的其他几处日本领事馆而言，领事馆设置非常稳定，管辖区域也较广。设馆之初兼辖广州、汕头、琼州三口，1900 年，管辖地包括香港、澳门、广东省中广州府、南雄州、诏州府、连州、肇庆府、罗定州、高州府、雷州府、廉州府，以及海南岛和广西省。1909 年，管辖地调整为香港、澳门、德占马里亚那群岛、塞班群岛、马绍尔群岛。1925 年，管辖地为香港政厅管辖地域和澳门政厅管辖地域。

厦门，1874 年 4 月 8 日，日本在厦门鼓浪屿开设了领事馆，首任领事是陆军少佐福岛九成，兼辖淡水、台湾二口。由于在留日本人较少，1880 年 7 月，领事馆关闭，相关业务移交由上海日本领事馆兼辖。1884 年 4 月，任命外籍人查莫理（S. Chomly）为名誉领事处理相关事宜。1887 年 3 月至 1896 年 3 月，领事馆再度关闭，由福州日本领事馆兼辖，直到 1896 年 3 月 7 日，上野专一转任厦门领事。此后，厦门领事馆地位比较稳固，并先后经历了芳泽谦吉、吉田美利、濑川浅之进、菊池义郎等领事，1936 年，厦门领事馆升格为总领事馆。1937 年日本发动了全面侵略中国的战争，厦门日本总领事馆关闭。1938 年 5 月厦门沦陷，厦门日本总领事馆重新开馆。直到 1945 年 8 月 15 日日本无条件投降，1946 年 2 月 8 日，驻厦门日本总领馆停止活动。1900 年，厦门日本总领事馆的管辖地为福建省兴化府、泉州府、永春州、汀州府、漳州府、龙严府、广东省中潮州府、嘉应州、惠州府、江西省中吉安府、南安府、赣州府、宁都州。1909 年管辖地为福建省兴化府、泉州府、永春州、汀州府、漳州府、龙严府。1925 年管辖地为福建省恩明、南安、晋江、同安、惠安、安溪、永春、大田、德化、漳浦、诏安、云霄、龙溪、南靖、海澄、平和、长泰、龙严、漳平宁洋及金门各县。

天津，1875 年 8 月 17 日，日本在天津设立了领事馆，任命池田宽治担任副领事，兼辖牛庄。最初设在美国侨民的一所住宅内，后来领事馆迁入利顺德饭店斜对面一所楼房里办公。甲午战争期间曾经临时关闭，1895 年 6 月 17 日领事馆再开。1902 年 1 月 10 日，日本将所驻天津领事馆升格为总领事馆，当时的第一任总领事为伊集院彦吉。1909 年，日本驻天津总领事馆由天津英租界迁入天津日租界荣街。1915 年，日本驻天津总领事馆又迁至宫岛街日本花园的南侧新建的馆址。天津总领事馆管辖青岛、济南、张家口、太原等地的领事馆，为日本控制华北的中枢。天津也是日本华北驻屯军司令部所在地，日本侵略华北的历次事件都与天津总领事馆有密切关系。历任天津领事都是经过精心挑选，如第三任领事原敬、第十五任总领事吉田茂此后都曾先后出任过日本首相；第十六任总领事有田八郎后来担任过日本驻华大使和外相，第二十一任总领事川越茂后来也升任驻华大使。
1945 年 8 月 15 日日本无条件投降，1946 年 5 月 16 日，驻天津
日本总领馆停止活动。1900 年，天津日本总领事馆管辖地为直
隶省、山西省。1909 年，管辖地为直隶省、山西省及内蒙一带
地区。1925 年，管辖地为直隶省（除口北道之外），山西省（除
雁门道之外）。

　　牛庄，1876 年 3 月 10 日，日本在牛庄设置了领事馆，由于
日本人不多，任命了外籍人美国领事法兰克斯（Francis Knight）
担任副领事，同年 7 月 3 日，任命了弗雷德里克（Frederick
Bandinel）担任领事代理。甲午战争时期领事馆关闭，直到 1897
年 6 月重新开设领事馆，田边雄三郎出任领事，1902 年 6 月濑
川浅之进继任。1904 年 3 月，因日俄战争领事馆再度关闭，同
年 8 月再开，驻天津总领事伊集院彦吉转任牛庄领事。1937 年，
日本在伪满搞了所谓的"治外法权撤废"，6 月 30 日营口日本领
事馆被撤销。1900 年，牛庄领事馆的管辖地包括盛京省、吉林
省、黑龙江省。1909 年，管辖地为奉天省营口厅、锦州厅、盖
平县、海城县及复州地区。

　　芝罘，日本驻芝罘领事馆始设于 1875 年 11 月，最初由日本
驻天津副领事兼理，次年，委托一英籍人梅林（George F. Mclean）
出任代理领事，1880 年 5 月又归天津总领馆兼管，直至 1883 年
11 月才正式委派东次郎为驻芝罘领事代理。1894 年 8 月，因甲
午战争一时关闭，次年 8 月重开领事馆，久永三郎出任领事。
1937 年"七・七"事变爆发，8 月 20 日停馆。1938 年 2 月，日
军占领烟台后复馆，同年在威海设立了领事馆分馆。1945 年 8
月 15 日日本无条件投降，芝罘领事馆关闭。芝罘是日本在山东
最早设立领事馆的城市，因此，在济南、青岛日本领事馆设立之
前，芝罘日本领事馆的管辖地主要就是山东省。1915 年和 1925

年的调查显示：管辖地是山东省福山、蓬莱、黄、栖霞、招远、牟平、莱阳、文登、荣成及海阳各县。

汉口，1885 年 12 月 16 日，日本驻汉口领事馆正式开馆，町田实一为首任领事。此后，伊藤佑德、成田五郎、桔口直右卫门先后担任过领事职务。但由于当时来汉口的日本人稀少，领事馆于 1891 年 9 月 28 日关闭，馆务移交上海总领事馆代管。1898 年 8 月，日本驻汉口领事馆重新开设，领事馆设在法租界大法总理克勒满沙街和德托美领事街交界的西南角，10 月 11 日，濑川浅之进任领事。1909 年 10 月，汉口日本领事馆升格为总领事馆，同年 10 月 1 日，高桥桔太郎升任总领事代理。1921 年，汉口总领事馆迁至汉口日本租界中街。1937 年"七·七"事变爆发，8 月 11 日，日本驻汉口总领事馆暂时关闭，翌年 10 月，日军攻占武汉，日本总领事馆随之重新开馆，花轮义敬为沦陷后的首任总领事。1944 年 11 月 23 日，日本驻汉口总领事馆关闭。汉口日本领事馆是日本在华中地区的重要领事馆之一，管辖区域较广。据 1900 年调查显示，管辖地包括湖北省汉阳府、武昌府、德安府、黄州府、河南省彰德府、卫辉府、开封府、陈州府、许州、归德府、南阳府、汝宁府、光州、江西省九江府、南昌府、饶州府、广信府、南康府、建昌府、抚州府、临江府、瑞州府、袁州府、湖南省岳州府、长沙府、宝庆府、衡州府、桂阳州、彬州、永州府。1909 年管辖地有所扩大，包括湖北省汉阳府、武昌府、德安府、黄州府、江西省（除袁州府）、河南省、陕西省、甘肃省、新疆省。1925 年管辖地包括湖北省武昌、鄂城、咸宁、通城、大冶、嘉鱼、蒲圻、崇阳、阳新、通山、夏口、汉川、黄陂、汉阳、孝感、沔阳、安陆、应城、应山、云梦、随、黄冈、靳水、麻城、广济、黄安、罗田、靳春及黄梅各县，河南省，陕西省，甘肃省，新疆省。

广东，1888 年 12 月 6 日，广东日本领事馆正式开设，坪野平太郎副领事来任领事，此前馆务一直由香港日本总领事馆兼管。1889 年 1 月，宫川久次郎副领事来继任领事。1890 年 1 月，广州领事馆关闭，宫川转任香港领事，同时兼管广州领事馆事务，此后，广州领事馆事务一直由香港日本总领事兼管。直到 1906 年 11 月 12 日，广州领事馆再开，上野专一来任领事，1908 年 5 月，濑川浅之进继任。1909 年 11 月，广州领事馆升格为总领事馆，濑川出任总领事代理。1921 年 1 月时，总领事馆位于沙面英租界 69 号。1937 年"七·七"事变爆发，8 月，日本关闭了总领事馆。1938 年 10 月，日军占领广州。30 日，日本重建总领事馆，冈崎胜男任总领事。此后经历了松平忠久、冈崎胜男、喜多长雄、高津富雄、大关英达等几位领事。1945 年 3 月 2 日，户根木长之助任总领事代理，同月 12 日，米垣兴业任总领事，1946 年 4 月 14 日总领事馆的关闭。1909 年，广东日本总领事馆管辖地包括广东省（除汕头日本领事馆管辖区域之外）、广西省、海南岛。

重庆，1896 年 2 月，日本驻上海总领事珍田舍已抵达重庆，中日双方依据《马关条约》，就日设立驻重庆领事馆等事项进行会谈，2 月 22 日，日本设立重庆领事馆。5 月，首任领事加藤义三抵达重庆，在重庆小梁子五公馆设立了日本驻重庆领事馆，后迁至临江门大井街、顺城街。1911 年 11 月，日本领事撤离重庆，次年返回。1927 年 3 月，重庆民众举行抗议英、美军舰炮击南京的示威集会，日本领事于 4 月 15 日离开重庆，10 月返回。1931 年"九·一八"事变爆发，10 月 22 日日本领事撤离，事务暂由驻汉口领事兼办。1933 年 11 月 19 日，新任领事蒲川昌义抵达重庆并开馆办公。1936 年 12 月，领事馆驻有领事糟谷廉二、副领事泽登誉。1937 年 7 月 7 日日本发动全面侵华战争。

8月1日，日本驻重庆领事馆关闭。重庆领事馆是日本在中国内陆腹地设立的第一个领事馆，最初管辖范围非常广，包括西北、西南诸省。1909 年管辖地包括四川省、陕西省、甘肃省、贵州省、云南省。随着成都、云南等地日本领事馆的设立，重庆日本总领事馆管辖范围大大缩小，而且陕西省、甘肃省也转由汉口日本总领事馆管辖。

　　奉天，1906 年 5 月 27 日，日本在沈阳小西门外设立了总领事馆，首任总领事为萩原守一。并在 1906 年 10 月又设立了驻新民府分馆，1917 年 2 月 28 日设立了通化分馆。1908 年 5 月 30 日，日本在商埠地二纬路设立日本总领事馆警察署，吉田茂、加藤本四郎、小池张造、落合谦太郎、船津辰一郎、林久治郎等先后担任总领事，驻奉天总领事馆成为日本外务省派驻中国东北地区的外交总办事机构。1937 年 11 月 5 日，日本与伪“满洲国”缔结的《关于撤消在满洲国的治外法权和转让南满铁路附属地行政权条约》，1939 年 2 月 28 日，驻奉天日本总领事馆关闭。据 1900 年调查显示：管辖地包括奉天省中安东、牛庄、长春、铁岭及辽阳驻在日本领事馆管辖区域之外地方。1925 年管辖地包括奉天省中沈阳，抚顺、本溪、新民、彰武、黑山、桓仁、通化及兴京各县。

　　吉林，1907 年 2 月初，日本外务省警部官宫田至诚率领一名翻译、三名警察，在吉林城“牛马行”（今青岛街）宝宣胡同同升客栈内设立了“奉天总领事馆吉林办事处”。1907 年 2 月 9 日，日本正式在吉林设置了领事馆，岛川毅三郎出任首任领事。1919 年 5 月，吉林日本领事馆升格为总领事馆，森田宽藏出任总领事，此后堺与三吉、大谷和三郎、川越茂、石射猪太郎、长冈半六、森冈正平、中野高一先后出任总领事职务。1936 年 3 月 31 日降格为领事馆。1937 年，日本在伪满搞了所谓的“治外法权撤废"，2 月 28 日吉林日本总领事馆亦随之撤销。1909 年管辖地包括吉林省哈尔滨、长春驻在日本领事馆管辖区域之以外地方。1925 年管辖地为吉林省吉林、磐石、濛江、桦甸、双阳、舒兰、敦化及额穆各县。

哈尔滨，1907 年 2 月 9 日，日本在哈尔滨设立总领事馆，首任领事川上俊彦。此后太田喜平、藤井实、大野守卫、本多熊太郎等先后出任过哈尔滨总领事职务。1929 年时位于新市义州街 27 号地，1942 年时位于新市车站街 68 号。1937 年日本在"伪满"搞了所谓的"治外法权撤废"，裁撤了大量领事馆，日本在东北地区剩下的总领事馆仅只有哈尔滨和新京，哈尔滨总领事馆地位上升，成为日本控制中国东北地区的重要领事馆之一。1945 年 8 月苏军攻入哈尔滨后，宫川船夫总领事着手处理保护日侨事宜。8 月 17 日，关东军参谋长秦彦三郎来哈尔滨与宫川会见了哈尔滨苏联总领事商议投降事宜。1946 年 8 月 25 日，日本驻哈尔滨总领事馆被关闭。1925 年，哈尔滨总领事馆的管辖地包括吉林省中新城府、依兰府、密山府、五常厅、双城厅、绥芬厅、宾州厅、榆树县及长寿县、黑龙江省中自嫩江与陶儿河交汇点经拜泉县到黑龙江与布莱亚河交汇点的以东地方。

间岛，1907 年，日本以"保护朝鲜人生命财产"为名派兵进驻龙井村，设立了"统监府间岛派出所"。1909 年 9 月，日本胁迫清政府签订了《间岛协约》。据此日本于同年 11 月 1 日撤销了"统监府间岛派出所"，11 月 2 日设立了驻间岛日本总领事馆，永泷久吉担任总领事，此后大贺龟吉、速水一孔、堺与三吉、铃木要太郎等先后出任过间岛总领事职务。间岛日本总领事馆下设局子街、头道沟、珲春、百草沟四个分馆，是日本在东北地区的重要领事馆之一，也是日本掠夺延边地区经济资源的大本营。1937 年日本在伪满搞了所谓的"治外法权撤废"，于同年

12月关闭间岛总领事馆及其四个分馆。1925年，间岛总领事馆的管辖地包括吉林省延吉、和龙、汪清及珲春各县，奉天省中抚松及安图各县。

济南，1915年7月14日，日本最初在济南商埠三马路纬七路设立领事馆，首任领事为林久治郎。1927年，济南领事馆升格为总领事馆，西田井一任总领事，兼理博山、坊子、张店领事业务。1937年"七·七"事变爆发，8月19日日本领事撤离济南。1938年1月14日，总领事馆人员又返回济南。此后，馆内机构扩大，并兼理枣庄、济宁、兖州、德州、博山、张店、坊子领事业务。1945年8月15日日本投降，11月21日，日本驻济南总领事馆关闭，1946年3月19日，总领事馆人员回国。1925年，济南总领事馆管辖范围为青岛、芝罘驻在领事官管辖地域以外的山东省全境。

青岛，1922年12月10日，日本在青岛设立总领事馆，首任总领事为森安三郎。崛内谦介、八木元八、江户千太郎、矢田部保吉、高濑真一、藤田荣介等先后出任总领事职务。1922年12月10日，最初建馆于太平路4号。1928年，日军在济南制造了"五三"惨案，青岛市各界群众举行游行，并将该馆捣毁。1935年该馆迁至太平路27号，不久又迁至太平路25号。1937年9月4日，青岛局势紧张，领事馆关闭。1938年1月，日本再次侵占青岛，该馆重新恢复。日本政府无条件投降后，青岛市政府奉南京国民政府命，于1946年3月28日至4月11日，对其进行接收，18日关闭。1925年，青岛日本总领事馆管辖范围为山东省掖、平度、潍、昌邑、膠、高密、即墨、寿光、昌乐、安丘、诸城及日照各县，江苏省中东海、灌云及赣榆各县。

以上的情况可以从表2-2看出。

表 2 - 2　　1870—1922 年日本在中国设置领事馆情况一览表

	领事馆·设置日期	首任领事		领事馆·设置日期	首任领事
1	上海（1870. 10 临时） （1872. 1 正式）	品川忠道	19	汕头（1907. 9. 3）	德丸作藏
2	福州（1872. 9. 4）	井田让	20	长春（1907. 9. 3） 农安分馆（1916. 8. 28）	松村贞雄 佐佐木 静吾
3	香港（1872. 10. 2）	林道三郎	21	南京（1907. 9. 14）	船津辰一郎
4	厦门（1874. 4. 8）	福岛九成	22	铁岭（1908. 4. 28） 海龙分馆（1916. 10. 4） 掏鹿分馆（1916. 10. 11）	村山正隆 吉泽幸吉 吉原大藏
5	天津（1875. 8. 17）	池田宽治	23	辽阳（1908. 8. 21）	铃木 要太郎
6	牛庄（1876. 3. 10）	Francis Knight	24	齐齐哈尔（1908. 10. 1）	堺与三吉
7	芝罘（1876. 5. 15）	GeorgeF. Mclean	25	间岛（1909. 10. 11） 局子街分馆（1909. 1. 2） 头道沟分馆（1909. 2. 9） 珲春分馆（1910. 12. 11） 百草沟分馆（1922. 10. 3）	永龙久吉 吉冈彦一 近藤龟吉 大贺龟吉 吉井秀男
8	汉口（1885. 5. 18）	南贞助	26	九江（1915. 7. 14）	大和久义郎
9	广东（1888. 7. 5）	坪井平太郎	27	济南（1915. 7. 14）	林久治郎
10	苏州（1896. 2. 17）	荒川巳次	28	赤峰（1917. 2. 27）	北条太洋
11	杭州（1896. 2. 17）	小田切万 寿之助	29	成都（1918. 6. 13）	草政吉
12	沙市（1896. 2. 22）	永龙久吉	30	郑家屯（1918. 6. 14）	岩村成允
13	重庆（1896. 2. 22）	加藤义三	31	云南（1918. 8. 12）	二瓶兵二
14	长沙（1905. 4. 1）	井原真澄	32	宜昌（1919. 9. 7）	草政吉
15	安东（1906. 4. 23）	冈部三郎	33	芜湖（1922. 1. 14）	草政吉
16	奉天（1906. 5. 26） 新民府分馆（1906. 9. 26） 通化分馆（1917. 2. 28）	萩原守一 新国 千代枯 市川季作	34	张家口（1922. 3. 14）	荒井金造

	领事馆·设置日期	首任领事		领事馆·设置日期	首任领事
17	吉林（1907. 2. 9）	岛川 毅三郎	35	满洲里（1922. 6. 17）	田中文一郎
18	哈尔滨（1907. 2. 9）	川上俊彦	36	青岛（1922. 12. 10）	森安三郎

资料来源：明治期外交资料研究会编：《外务省年鉴》明治四十一——四十五年版；《外务省制度·组织·人事关系调书集》，1995 年 10 月。外务大臣官房人事课编：《外务省年鉴》大正一年—十五年，1999 年 11 月。［日］角山荣编著：《日本领事报告的研究》资料编"领事·领事馆"。

（二）中日战争之后驻华日本领事馆的开设状况

1 第五阶段是从"九·一八"事变到"七·七"事变

1931 年，日本发动"九·一八"事变侵略中国东北地区。1932 年 3 月，在日本军国主义势力扶植下的伪"满洲国"成立。伪"满洲国"在其所谓执政期间，对其统治辖内的地方行政区划进行了重新调整，地方行政区划基本上实行省（特别市）、县（旗、普通市）两级。1934 年 10 月 1 日颁布"省官制"令，12月 1 日实施"新行政区划"，把原来沿袭民国的辽吉黑热四省改为吉林、龙江、黑河、三江、滨江、间岛、安东、奉天、锦州、热河、兴安西、南、东、北十四省，将新京市改为新京特别市。此后，日本在伪"满洲国"进一步实行分治政策，相继于 1937年 7 月又增设牡丹江省和通化省，1939 年 4 月 18 日增设北安省和东安省，1941 年 7 月 1 日增设四平省。

为配合伪"满洲国"行政区划调整，同时为了进一步加强对伪满政权的控制，该阶段日本在伪"满洲国"大幅增设领事馆，并在布局方面作了一些调整。

1932 年 7 月 27 日，日本将长春领事馆升格为总领事馆，并新设锦州领事馆。1933 年 9 月 21 日，新设敦化分馆。10 月 10

日，新设海拉尔领事馆。1934 年 8 月 10 日，新设图们分馆。10 月 1 日，新设绥芬河领事馆。1936 年 1 月 1 日，新设黑河分馆、山城分馆。1 月 10 日，新增白城子分馆、扶余分馆。11 月 1 日，新增牡丹江分馆、佳木斯分馆。在新增大量分馆的同时，又关闭了一些分馆。1935 年 12 月 31 日，关闭海龙分馆，1936 年 1 月 9 日关闭农安分馆，10 月 31 日，关闭新民府分馆、掏鹿分馆。①

经过几年的增设，1936 年是日本在伪"满洲国"开设领事馆达到最高峰之年。据统计显示：该年日本在伪"满洲国"总共拥有 6 个总领事馆、12 个总领事馆分馆，9 个领事馆、1 个领事馆分馆。总领事馆分别是间岛、奉天、新京、吉林、哈尔滨、齐齐哈尔，总领事馆分馆是延吉、图们、头道沟、珲春、百草沟、通化、山城、扶余、敦化、牡丹江、佳木斯、黑河。领事馆分别是安东、锦州、营口、郑家屯、绥芬河、海拉尔、满洲里、赤峰、承德，领事馆分馆是白城子。② 而这一数字要远远超过其他国家设在伪"满洲国"的领事馆，例如：1936 年苏联在伪"满洲国"的哈尔滨、满洲里、绥芬河、黑河设置了 4 个领事馆，而英国、美国、法国、意大利、德国等欧美国家都仅在奉天、哈尔滨两地开设了领事馆而已。③

"九·一八"事变后，由于国民政府并没有对日本宣战，因此日本驻关内地区领事馆数量并没有发生太大变化。1931 年 2 月 3 日，日本在郑州新设了领事馆（当年 10 月即撤废，1933 年又恢复，次年撤废，1936 年又恢复，1937 年 8 月 9 日撤废）。1936 年 11 月 1 日，日本在山海关新设了领事馆。

---

①　[日] 外务省外交史料馆、外务省东亚局编：《昭和 11 年度执务报告》第 2 册，1936 年 12 月版，第 619 页。日本亚洲历史资料中心档案：B02130116100。

②　同上书，第 620—627 页。日本亚洲历史资料中心档案：B02130116100。

③　同上书，第 617 页。日本亚洲历史资料中心档案：B02130116100。

根据 1937 年 4 月 5 日的统计：日本在中国关内的总领事馆分别是天津、山海关分馆、青岛、坊子出张所、济南、张店出张所、博山出张所、上海、南京、汉口、福州、广东、厦门、香港；领事馆分别是张家口、芝罘、杭州、苏州、芜湖、九江、郑州、宜昌、沙市、长沙、重庆、汕头、云南。[①]

根据上述统计资料可以清晰地看出，1936 年是日本在中国开设领事馆数量最多的一年，在整个中国的版图上（包括伪“满洲国”）日本开设了 16 个总领事馆，16 个总领事馆分馆，22 个领事馆，1 个领事馆分馆，领事馆数量总计达到 55 个之多（不考虑总领事馆、领事馆、分馆、出张所的区别）。而且，这些领事馆都是日本政府派出日本人担任领事，实际运作的职业领事馆，并非名誉领事馆，这在世界外交史上都恐怕是绝无仅有的。

2 第六阶段是“七·七”事变之后

1937 年 7 月 7 日，日本发动全面侵华战争，国民政府退守大西南地区，东部沿海省份相继沦陷，日本在占领地先后扶植了多个傀儡政权，1940 年 3 月，汪伪政权建立，中日之间的领事关系呈现了非常复杂的局面。日蒋领事关系从 1931 年维持到 1938 年 6 月驻日大使馆关闭；日满领事关系从 1931 年开始到 1945 年日本战败投降；日汪领事关系从 1940 年 3 月汪伪政权建立到 1945 年日本战败投降；伪满与汪伪政权领事关系从 1940 年开始至 1945 年结束。[②]

“七·七”事变之后，随着战事的升级，日本外务省陆续向

---

① 大阪市产业部贸易课编：《海外商工人名录》，1937 年版，附录第 3 页。

② 曹大臣：《近代日本在华领事制度——以华中地区为中心》，社会科学文献出版社 2009 年版，第 169 页。

驻中国各地领事馆发出了撤退的指示。7月11日，向郑州、太原领事馆发出撤退指示；20日，向福州、广东、汕头、云南领事馆发出撤退指示；27日，向重庆、长沙、沙市宜昌领事馆发出撤退指示；并指示汉口、青岛、南京等重要城市及其他领事馆见机行事。因各地战事进程的差异，驻华日本领事馆及日本侨民最后撤退时间如下：太原（7月29日）、重庆、宜昌、沙市（8月1日）、张家口（8月2日）、云南、长沙（8月4日）、九江（8月7日）、芜湖、杭州（8月8日）、郑州（8月9日）、汉口（8月11日）、苏州、汕头（8月12日）、坊子（8月15日）、南京（8月16日）、济南、张店、博山、广东（8月17日）、芝罘、福州（8月20日）、厦门（8月28日）、青岛（9月4日），领事馆工作人员就近撤入北京、天津、上海、香港日本领事馆。①

　　随着日本在中国占领地的不断扩大，部分临时关闭的日本领事馆，例如：青岛1938年1月13日，济南14日，芝罘2月，南京3月6日，厦门5月27日，汉口10月27日，广东10月30日又陆续恢复。

　　根据1938年10月10日的统计：总领事馆分别是哈尔滨、牡丹江分馆、佳木斯分馆、同江出张所、新京、奉天、安东分馆、齐齐哈尔、黑河、白城子、北京、天津、塘沽出张所、唐山分馆、山海关分馆、青岛、坊子分馆、威海卫分馆、张家口、厚和出张所、大同出张所、济南、张店出张所、博山出张所、上海、苏州分馆、南京、芜湖分馆、汉口（关闭）、成都（关闭）、福州（关闭）、广东（关闭）、厦门、香港；领事馆分别是绥芬

---

① ［日］外务省外交史料馆、外务省东亚局编：《昭和12年度执务报告》第1册，1937年12月版，第53页。日本亚洲历史资料中心档案：B02130113200。

河、东宁出张所、窑山、虎林出张所、满洲里、海拉尔、阿尔山出张所、吉林、延吉、珲春分馆、锦州、赤峰、承德、石家庄、芝罘、杭州、九江（关闭）、郑州（关闭）、宜昌（关闭）、沙市（关闭）、长沙（关闭）、重庆（关闭）、汕头（关闭）、云南（关闭）。

同时，这一阶段日本对设在伪"满洲国"的领事馆作了大幅裁撤。由于伪满已成了日本的囊中之物，所以 1937 年 11 月 5 日日本与伪"满洲国"缔结的《关于撤消在满洲国的治外法权和转让南满铁路附属地行政权条约》，在伪满搞了所谓的"治外法权撤废"，并开始大量裁撤领事机构。1937 年 6 月 30 日，日本关闭了营口领事馆、郑家屯领事馆、百草沟分馆、头道沟分馆，11 月 3 日，关闭了扶余分馆。[①] 1939 年 2 月 28 日，关闭了奉天总领事馆、安东分馆、齐齐哈尔总领事馆、白城子分馆、锦州领事馆、赤峰领事馆、承德领事馆、吉林领事馆、延吉领事馆。[②] 1940 年，关闭了珲春领事馆、海拉尔领事馆、同江出张所、虎林出张所、佳木斯分馆。1941 年 2 月 28 日，关闭了东安领事馆、绥芬河领事馆。至 1942 年，日本在伪"满洲国"境内只剩下 5 个领事馆，分别是哈尔滨、新京 2 个总领事馆，黑河、牡丹江、满洲里 3 个领事馆。[③]

现列表 2 - 3，来进行表述。

---

① ［日］外务省外交史料馆：外务省东亚局编：《昭和 12 年度执务报告》第 2 册，1937 年 12 月版，第 794 页。日本亚洲历史资料中心档案：B02130116100。

② ［日］外务省外交史料馆：外务省东亚局编：《昭和 14 年度执务报告》第 2 册，1939 年 12 月版，第 75 页。日本亚洲历史资料中心档案：B02130128900。

③ ［日］外务大臣官房人事课编纂：《外务省年鉴》，1942 年 2 月版，第 27 页。

表 2 - 3 　　　　　日本驻伪"满洲国"使领馆统计表

年	大使馆	总领事馆	领事馆	分馆	出张所	合计
1936	1	6	9	13	—	29
1937	1	6	7	10	—	24
1938	1	4	9	6	4	24
1939	1	2	6	2	3	14
1940	1	2	7	1	3	14

资料来源：外务省东亚局编：《昭和 11 年度执务报告》、《昭和 12 年度执务报告》、《昭和 13 年度执务报告》、《昭和 14 年度执务报告》、《昭和 15 年度执务报告》各版。

因此，在中日战争期间由于占领地的伸缩，对华军事侵略的需要，日本在中国领事馆设置状况异常复杂，领事馆的开馆、闭馆、升格、降格始终处于一种动态过程，有的领事馆存在时间又极短。下面只能依据相关资料作简要说明。

1938 年 5 月 1 日，日本在北京开设了总领事馆，7 月 15 日，在石门（石家庄）开设了总领事馆，1939 年 2 月 20 日，在太原开设了领事馆。1940 年 1 月，日本在厚和开设了总领事馆，在唐山、威海卫、包头开设了领事馆分馆，在大同、塘沽开设了出张所。同年 10 月，开设了海口总领事馆。1941 年 4 月，开设了徐州总领事馆，山海关分馆，同年 10 月，开设了海州分馆。1942 年 7 月，开设了大冶分馆。1942 年，关闭香港总领事馆，新设澳门领事馆。1943 年 7 月，开设了蚌埠总领事馆。[①]

截止到 1942 年 6 月 1 日的统计：日本在中华民国南京、北

---

① ［日］副岛昭一：《关于中国的日本领事馆警察》，《和歌山大学教育学部纪要》第 39 号，1990 年，第 68 页。

京、上海三地以及伪"满洲国"新京设有大使馆，总领事馆分别是哈尔滨、新京、北京、天津、塘沽出张所、唐山分馆、石门、太原、青岛、坊子出张所、张家口、大同出张所、厚和、包头分馆、济南、张店出张所、博山出张所、上海、南京、汉口、大冶分馆、广东、海口、厦门；领事馆分别是山海关、牡丹江、满洲里、黑河、徐州、海州分馆、芝罘、威海卫分馆、苏州、杭州、芜湖、九江、汕头、澳门。①

截止到 1943 年 5 月 15 日的统计：日本在中华民国南京、北京、上海、张家口四地以及伪"满洲国"新京设有大使馆；总领事馆分别是哈尔滨、新京、北京、天津、塘沽出张所、石门、太原、青岛、坊子出张所、张家口、厚和、包头分馆、济南、张店出张所、博山出张所、山海关、南京、汉口、广东、海口、厦门；领事馆分别是唐山、山海关、开封、牡丹江、满洲里、黑河、徐州、大同、海州分馆、芝罘、威海卫分馆、苏州、杭州、芜湖、九江、汕头、澳门。②

四　驻华日本领事馆在日本海外领事馆中的地位

以上对日本在中国的领事馆设置情况作了整体介绍，下面来看一下日本在世界其他地区领事馆的设置情况，这将有助于理解日本对华扩张和对中国市场的重视程度。

1870 年 10 月，在中日建交交涉的同时，日本在上海设立了临时领事馆，1872 年 1 月，升格为正式领事馆。此后的 1872 年 10 月日本又在香港、厦门、威尼斯，1873 年 2 月在纽约，1873

①　[日] 外务省通商局编：《外务省通商局日报》1942 年 7 月 2 日，第 147 号。

②　[日] 外务省通商局编：《外务省通商局日报》1943 年 6 月 12 日，第 133号。

年 12 月在旧金山设置了领事馆。① 此后，日本政府按照海外贸易需要在世界各地区陆续增设了不少日本领事馆。具体设置时间和地区见表 2 - 4。从中可以看出三个特征。

首先，从总体来看，1879 年海外的日本领事馆只有 21 个，1884 年为 28 个，1890 年为 35 个，基本上呈平衡增长态势。此后，随着日本对外扩张步伐加快，领事馆数量急剧上升。甲午战争后的 1900 年增至 59 个，日俄战争后的 1911 年上升至 92 个，第一次世界大战中略有下降，但战后的 1928 年猛增至 140 个。

其次，从地域分布来看，中国和欧美地区是日本开设领事馆的重点区域，占到全体的一半以上，特别是中国几乎占到日本海外领事馆的三分之一，其他地区日本领事馆数量相对较少。

最后，从领事馆重要性来看，欧洲虽然日本领事馆数量较多，但绝大多数只是名誉领事馆，有相当部分事实上处于休眠状态。而 1890 年以后在中国开设的领事馆都是真正派出了日本领事，实际开展调查活动的领事馆。②

现列表 2 - 4，来进行说明。

表 2 - 4　　　　　海外各地日本领事馆的设置状况

	1879 年	1884 年	1890 年	1900 年	1903 年	1911 年	1916 年	1928 年
中国	6〔2〕	6〔2〕	7	11	12	25	27	39
朝鲜		4	4	7	7			
东南亚	1		2	2	3	5〔1〕	4〔1〕	8
欧洲	9〔6〕	11〔9〕	15〔13〕	20〔17〕	24〔21〕	31〔27〕	25〔23〕	41〔33〕
北美	2	2	3	8〔3〕	9〔3〕	14〔7〕	13〔7〕	16〔7〕

---

① ［日］外务省记录局编：《外务省沿革略志》，1889 年版，第 188—192 页。
② ［日］高岛雅明：《领事报告制度的发展与领事报告的刊行》，角山荣编著《日本领事报告的研究》，同文馆 1986 年版，第 86 页。

续表

	1879 年	1884 年	1890 年	1900 年	1903 年	1911 年	1916 年	1928 年
中南美				1〔1〕	5〔3〕	4〔2〕	4〔2〕	15〔6〕
俄罗斯	2	2	2	3〔1〕	4〔1〕	3	3	6
非洲、中近东						1〔1〕	1〔1〕	7〔4〕
印度				2〔1〕	2〔1〕	3〔1〕	3〔1〕	2
澳洲及其他	1〔1〕	3〔2〕	2〔1〕	5〔2〕	5〔3〕	6〔3〕	5〔3〕	6〔4〕
合计	21〔9〕	28〔13〕	35〔14〕	59〔25〕	71〔32〕	92〔42〕	85〔38〕	140〔54〕

资料来源：〔日〕高岛雅明：《领事报告制度的发展与领事报告的刊行》，角山荣编著《日本领事贸易报告的研究》第 82 页表 2 - 2、85 页表 2 - 3 整理而成。

说明：〔　〕内为名誉领事数。

此外，从各国在近代中国领事馆设置情况也可以看出列强对中国市场的关注程度。

日本曾经在 1936 年 6 月对在中国的外国领事馆（除日本）情况作过一个详细调查，英国、美国、法国、德国、奥地利、比利时、巴西、丹麦、西班牙、芬兰、希腊、危地马拉、伊朗、意大利、墨西哥、挪威、荷兰、波兰、葡萄牙、瑞典、瑞士、捷克、苏联都在中国设置了领事馆。

英、美、法、德在中国设置的领事馆数量最多，其中英国在中国 18 个城市设置了领事馆，分别是上海、天津、青岛、济南、汉口、福州、广东、芝罘、威海、南京、宜昌、长沙、重庆、厦门、汕头、云南、腾冲、澳门；美国在中国 15 个城市设置了领事馆，分别是上海、天津、青岛、济南、汉口、福州、广东、芝罘、重庆、厦门、汕头、云南、蒙自、河口、香港；法国在中国 15 个城市设置了领事馆，分别是上海、天津、青岛、汉口、成都、福州、广东、广东北海、广西龙州、南京、重庆、厦门、汕头、云南、香港；德国在中国 8 个城市设置了领事馆，分别是上海、天津、青岛、济南、汉口、广东、重庆、香港。① 而该年日本在中国开设的领事馆（含分馆、出张所）多达55个（详细见前文）。②

从上述调查结果可以看出，日本在中国的领事馆数量要远远多于欧美主要资本主义国家，显然日本的对外经济扩张和关注重点在于中国。

---

① ［日］外务省编纂：《在支外国领事馆调》，1936年版，第1—13页。
② 大阪市产业部贸易课编：《海外商工人名录》，1937年版，附录第3页。

第三章

日本领事贸易报告制度的形成和发展

第一节 明治前期日本领事贸易报告制度的形成

1853 年，美国培理舰队开进江户湾，强硬要求日本开国。1854 年，日本被迫与美国签订了《日美亲善条约》，结束了持续 200 余年的锁国体制。由于受到不平等条约的束缚，日本经济陷入近乎半殖民地的境况。欧美商人凭借资金、航运、信息等方面的优势，完全控制了日本的海外贸易，直到 1874 年，外国商人依然垄断着日本商品输出额的 97.3%，输入额的 94.3%。① 为了突破外商垄断和连年贸易入超的被动局面，首要问题就是要夺回对外贸易的自主权，由本国商人直接从事进出口贸易。

但是，由于长时期的闭关锁国，日本国内有关海外世界的信息非常闭塞，日本商人要到哪里去从事贸易？日本商品销售到哪里去？哪些商品适合输出？等等基本问题都知之甚少。因此，海外市场调查成为幕末明治初期政府开展自主贸易，振兴经济的当务之急和首要任务。

外务省设立后，借鉴了西方近代外交制度，逐步开始在海外

---

① ［日］松井清：《近代日本贸易史》第一卷，有斐阁 1959 年版，第 58 页。

各国设立日本领事馆并派遣领事官员。在交通和通信并不发达的19世纪中后期，驻外领事成为外务省收集海外商业情报的桥头堡。在品川忠道出任驻上海日本领事馆代理领事之际，明治新政府就对其工作要点提出三项要求，"管理在上海日本人民事宜，监督中国与日本贸易事务，与中国官员和欧罗巴同盟各国官吏保持亲善"①。可见，处理中日间贸易事务是日本领事的重要职责之一。

日本在中国各地不断增设领事馆的同时，还不断强化领事调查报告制度建设。1870年，日本政府在发给驻上海临时领事品川忠道的训令中，对领事馆的调查内容做出如下要求，"吾国商民输出入品的数量、品种调查，每月上报一次"②。这也是外务省对驻外领事馆应提交领事报告所做出的最初要求。

1871年9月13日，中日建交并签订《中日通商条规和通商章程》，次年1月29日，首个驻华日本领事馆——上海日本领事馆正式设立，9月6日，正式任命品川忠道为驻上海领事馆领事。1873年2月23日，外务大臣福岛种臣任命品川忠道升格为驻上海领事馆总领事，在"品川领事清国在勤御委任状"中称："今吾国臣民与清国皇帝臣民之间保持友好亲善，深感清国在留我国民商业繁盛之必要，品川忠道才敏笃实，提举为领事驻留清国上海，兼辖镇江、汉口、九江、宁波四口，因遵照两国条约，对当地在留以经商为业之我国商民的船货、贸易给予充分保护，尽量提供便利，其间国民如遭遇诉讼，因依照我国法律予以判

---

　　①　［日］外务省编纂：《日本外交文书》第3卷，日本外交文书刊行会1964年版，第226页。
　　②　同上书，第228页。

决。"① 从外务省下达的委任状可以看出，虽然没有明确提到领事贸易报告的问题，但是，基本上沿袭了 1870 年的训令，即领事职责主要是保护在留日本人的贸易，管理在留日本人等。

1874 年 12 月 9 日，为了及时把握与海外各国贸易状况，便于海关管理，太政大臣三条实美向外务省下达指令，"日本出口物品并由外国进口物品的数量、价格，日本商人从事贸易的类别，各地贸易盛衰，海关管理办法等相关调查。各国派出领事对在留各国商埠进行评价、调查，每一年、半年或经常向大藏省提交报告"②。

这份太政官令被称为《明治七年布达》，对驻外领事调查报告的内容和形式作了进一步规范，其中有三层含义值得注意：第一，日本政府命令外务省及驻外领事馆调查海外商情，并汇报给大藏省，这说明明治初期的海外贸易主导权掌握在大藏省手中；第二，日本政府对领事贸易报告所涉及的内容作了初步规范，包括进出口商品的数量、价格，以及相关贸易信息；第三，领事报告的提交时间分为一年、半年和经常，说明报告已经初步具备年报、半年报、临时报告三种基本形式。太政官命令文字虽然比较简洁，但对领事报告的提交时间、提交部门、报告内容、报告形式等几项关键点都有了界定。

在下达《明治七年布达》的同时，有关具体事务处置规范，太政官向大藏省下发询问函，经大藏省充分论证，1875 年 5 月 17 日，日本政府颁布了《领事官贸易报状规则》，这也是最早的驻外领事贸易报告规则。全文共分三条：

---

① 《公文录》明治六年·第九十一卷·明治六年一月—二月·外务省伺录（一月·二月）。

② ［日］角山荣编著：《日本领事贸易报告的研究》，同文馆 1986 年版，资料篇，第 460 页。

第一条主要是对领事报告所涉及内容作了非常细致、详细的规定。包括驻在地政府对贸易制度、港口规则、商品税则的修订、临时变更，日本人在海外经营状况，以及商业、农业、矿业等紧要事件。并且对输出入货物的品种、数量增减、外国船舶输入货物、吨位、日本船只、商民输入当地货物的统计等制成了统一表格，规范了各类统计报表的格式。另外，领事贸易报告提交部门除了大藏省之外，新增了内务省。内务省成立于 1873 年 11 月 10 日，大久保利通担任首任内务卿，主管殖产兴业和铁路、通信等部门，管辖事业涉及除大藏省、司法省、文部省之外的所有领域，是明治初期的实权部门。

第二条主要对年报的内容、形式、提出时间作了详细规定。提交的年报中应该包括以下内容：输出入货物的品种，以及货物的输入国名、输出国名、输出入货物的数量增减比较，数量增减以当地著名物产市场的平均价格为参考基准，对统计报表制作了统一的表格模板，同时规定年报必须在第二年一至三月间提交。

第三条主要对临时报告的内容、形式作了详细规定。临时报告涉及范围非常广泛，包括当地输入品的禁令、输入限制、海关课税情况、港口规则、贸易章程变更、流行病预防、在留日本人生产经营状况、输入日本商品及与第三国输入商品比较等，同样对统计报表制作了统一的表格模板。

领事官贸易报告规则

第一条：领事官贸易报告按以下条件汇总后向内务、大藏两省提出报告。

领事官将驻在地政府对有关贸易制度的修订，即其修订的公文刊行之际，必须及时提交报告。诸如贸易条例、贸易章程、灯塔规则、布告书、诸种税法、仓库规则、重量税、港口诸税、输出入物品税目，其税种的临时变更，商业、农业、矿业等紧要事件。另外关系吾国利益得失的重要告令、公告书。以及上述诸规则的抄书应及时送交。

第二条：领事官驻在地的一整年贸易报告必须在翌年一至三月间提交。

其贸易报告详细记载事项如下所示：其当地输出入货物的品种、以及货物的输入国名、输出国名、参用下面第一号表格（限于篇幅表格省略，下同）。其输出入货物的数量增减比较，参用下面第二号表格。其数量增减以当地著名物产市场的平均价格为参考基准，参用下面第三号表格。

第三条：领事官驻在地，如果有输入品的禁令，从物品的出产地禁止直接输入，或者禁止从其它场所输入，其禁令输入品应逐项记载并上报。

在贸易报告送达之后，如果当地贸易章程及其它重要事项发生了变更，应提交详细的报告。

如果当地输入商品需要特别许可证，或者是输入限制，何种船舶所需许可证限制等，都应详细上报。

领事官驻在地，其它国家的船舶输入货物，与本国船舶输入货物的课税差额，其它流行病的预防方法，及进出港规则，或者如果有其规则的临时变更等情况应详细抄报。

领事官驻在地移居营业的吾国人民，其财物如何使用，或用于制造业，或用于农业，或用于商业等，详细搜集此类信息汇总上报。

领事官驻在地的人民对吾日本国的日常需求用品，或者是对其它国家的日常需求用品，需求货物及日本船只输入当地诸货物的统计，或者是日本商民输入当地货物的统计，以及各外国船舶输入货物，各外国船舶的吨位，详细制成表格上报。参用第四号表格。①

外务省对驻外领事发回报告中有关通商贸易的报告作了较详细规定，但是，对通商贸易报告之外的领事报告，并没有作出特别规定，驻外领事按照各自情况向外务省发回报告，其中问题较多。

1876 年 12 月，外务省制定了《日本领事官意得书案》，其后内务省、大藏省、司法省都对外务省制订的方案进行了修改和补充。1878 年 10 月 8 日，外务省汇集各方修改意见制定了《日本领事官训令》，各方又对其中领事与公使关系等条款进行了增补，1879 年 11 月 8 日，井上馨外务卿向海外各领事下发了《日本领事官训令》。

日本领事官训令

在海外设置领事官的目的是为了保护和扩张日本人民在海外航海、贸易、工业方面的诸项权益，领事官应将驻在地法律、条约、特别是地方商法、惯例等详细上报。

向外务省报告之规定

·领事官应充分掌握驻在地贸易情况、并详细上报。

·领事官应将驻在地贸易方法的改革、贸易条例用规则、灯塔、浮标、征税办法、仓库规则、重量税、邮政税等诸项规则，以及此类规则的变更，总之布告公告之类凡是与吾国的贸易、工业、农业、矿业等有利害关系的事项，都应尽快上报。

---

① 〔日〕角山荣编著：《日本领事贸易报告的研究》，同文馆 1986 年版，资料篇，第 461 页。

·驻在地有关吾国物产消费量，外国船只输入吾国物产统计表，为呈报吾国海关，由驻在地向吾国输出货物的品种、物价表，为呈报吾国大藏省，驻在地外汇行情的明细表等，都应邮送至外务省。

·领事官应将有关农业、工业等诸机械、诸学问的新设想、改良，或者对吾国任何有益的种、果、草、木等应详细考察并报告。如果有机会也应将实物标本一并送上。另外，涉及外国一般统计的事项，其辖区内与吾国航海贸易有利害关系的事项，新工场的开设，及原有开业者的盛衰，对我国贸易情况的影响，并且如何消除妨碍进步的方法应尽量上报。

《日本领事官训令》除了要求上报与贸易相关的，诸如港口规则、贸易条例，以及与日本贸易、工业、农业、矿业等有利害关系的一般贸易信息之外，另外在三方面都作了进一步深化。

第一，提交部门更加明确：领事驻在地的日本商品消费量，外国船只输入日本商品的统计表上报至海关，由驻在地向日本输出货物的品种、物价表上报至大藏省，驻在地外汇行情的明细表上报至外务省。

第二，及时把握国外新技术、新品种变化：要求上报有关国外农业、工业等各种机械、知识的新发明和改良，或者对日本有有益的种、果、草、木等新品种，并要求提供相应实物标本。

第三，提交领事建议：外务省不仅要求驻外领事提交各地贸易统计和普通商业信息，而且对驻外领事提出进一步要求，希望驻外领事能够对与日本贸易经济相关的现象提出领事建议，为国内政府部门提供参考。

1884 年 6 月 30 日，日本外务省颁布了《贸易报告规则》，经过了近十年的贸易实践，该规则在各个方面均有明显进步，对领事贸易报告所涉及的几个要点作了非常清晰的界定。

第一，报告的主要内容：包括当地物产、制造方法、需求状况、风俗嗜好等，被界定在与贸易相关的事项，其他事宜尽量少录。

第二，报告的编制：以当地官衙门、著名商会、新闻社或者是商业会议所等正确的报告为基础，再经精密的调查采录而成。

第三，报告的区域：一般限于领事任地或兼任地的事项。

第四，撰写的顺序：报告中有与驻在国贸易关系的各国贸易情况的叙述顺序，首先是详细叙述驻在国与吾国的商况关系，然后再叙述各国的情况。

第五，临时报告：月报及年报之外特别提交的报告，包括驻在地的贸易规则、港口制度、农业、工业等新发明和改良、日本与各国贸易数量、价格、汇率波动等情况。

第六，月报：由一个月、两个月，乃至三个月左右的调查编制而成的报告，包括驻在港输出入物品的数量和价格等。

第七，年报：汇总并说明全年事项的报告，年报中应综述驻在地当年商业、工业、农业、矿业，以及其他相关的紧要事项。

贸易报告规则

第一条：报告的主要内容

报告的主要内容是任地的物产种类，其制造方法，需求多少，嗜好多少，嗜好的异同等，凡是有关贸易上的实际情况，可供本国政府和人民参考之用，彼我贸易上吾国商民对它国供给上提供便利的，因此，其报告尽可能限于贸易上的关系，其它事宜尽量少录，但作为商况参考记录些有关农工事项也无妨。

第二条：报告书的编制

按照第一条的宗旨，报告书编制时尽量以当地官衙门、著名商会、新闻社、或者是商业会议所等正确的报告为基础，再经精密的调查采录而成。

第三条：报告的区域

通常报告的区域是限于领事任地或兼任地的事项，但是，与任地和兼任地在贸易上有紧密关系，或者虽无紧密关系但商业繁盛的城市，或者是尚没有吾国领事馆的场所的相关事项，由临近的领事馆负责提交报告。

第四条：撰写的顺序

报告中有与驻在国贸易关系的各国贸易情况的叙述顺序，首先是详细叙述驻在国与吾国的商况关系，然后再叙述各国的情况。但是，为了编纂的方便，驻在国与各外国的关系放在别的报告中叙述也无妨。

第五条：临时报告

临时报告是月报及年报之外特别提交的报告，其条款如下：

·总领事驻在地的贸易规则，及港口制度，其它与贸易相关的诸法令等，之前尚没有送交吾国政府的务必尽快提交。之后新制定或修订的规则也应时常提交，并考察其规则变更对彼我贸易上所产生的利害关系，提交相应的意见书。

总领事应送交有关灯塔、浮标、水路，其它对航海有益的报告，但是，各地方的设施由驻在地领事上报。

·驻在地有关农业、工业等机械的新发明和改良的制造品可为吾国所利用，或者本国的制造品在驻在地如果有模仿或改良的情况，务必提交详细报告，并提供实物样品。

·从吾国输入驻在国的货物，及从驻在国输入吾国的货物的价格，或当地交易的价格，尽量精密的调查，按照规定表格的样式时常提交。需要提交两份表格，经外务省一份转递农商务省，一份转递大藏省。如果有驻在地定期刊行的价格表，或是商店用于广告的物价表之类的东西，务必提交。

·上面各条报告中，应时常注意价格的高低起伏，如有价格突然变动，应展开精密调查分析其原因，彼我贸易中的主要商品至少每月一次上报每项商品的商况。

·由驻在地向横滨、伦敦、巴黎、纽约各地间递送的外汇行情，如果有其国通用货币、金银货币的行情变动，应提交相关报告，如行情剧烈变动，应究其原因并提交报告。

第十二条：月报

月报是由一个月、二个月，乃至三个月左右的调查编制而成的报告，应从驻在地尽快发送，其条目如下：

·驻在港输入物品、输出物品表　另纸添附式样（省略）

第十三条：年报

年报是汇总并说明全年事项的报告，其提交时间是当年的年报在次年三月底之前寄到本国。报告中为了作参考，其统计资料与临时报告、月报略有重复也无妨，年报中应涉及项目及叙述顺序如下：

第一、综述当年商业情况，输出入物品及船舶进出港数量、吨位、货币流通、借贷利息的比例等其它紧要关系应详细记述。

第二、综述农业、矿业情况，统计物产的丰欠增减，其它相关的紧要事项。

第三、综述工业情况、制造业的盛衰，雇工费用的高低等其它紧密相关的事项。

以上诸项中，凡涉及统计的，作为参考尽量在报告中同时刊载上一年度的相关数据进行比较。另外，各国情况应该与吾国情况相区别，尤其是与各国无关的项目必须要加以区分。①

1890 年 7 月 1 日，日本外务省颁布《帝国公使报告规程》，对驻外公使所需要提交报告的相关事项作了规范。

首先，公使报告分为普通、机密两类，普通报告范围较广，包括驻在国政治、法律、外交、军务、时政、教育、民情、风俗、治安、工农业状况等，每月必须两次以上上报外务大臣。机密报告多是指与驻在国或日本有密切关系、不宜公开的事项，尽快上报至外务大臣。

其次，公使与驻在国政府之间的公文及相应回复，应尽快上报外务大臣。

最后，公使与驻在国官民之间的信函，至少每年一次制成报告，次年一月中旬之前送至外务大臣。

帝国公使报告规程

第一条：本规则用以规范驻外帝国公使应报告事项，及相关手续。本规则中的公使也包括公使代理。

第二条：帝国公使报告分为普通、机密两类，各类分别以不同编号以便于利用和阅览，编号每年起始编排。

第三条：普通报告分为驻在国的政治、法律、外交、军

---

① ［日］角山荣编著：《日本领事贸易报告的研究》，同文馆 1986 年版，资料篇，第 464 页。

务、时政、教育、民情、风俗等，驻在国治安状况，及农工商诸业的盛衰与原因，平时视察地的状况，每月必须两次以上上报外务大臣。

无论与吾国政府是否有利害关系的重大事件必须迅速上报，如果因为邮寄的方式会贻误时机，应先以电报形式将事件概要上报，然后将事件始末详细上报。

第四条：机密报告是与内外诸国有关的未发生事件的机密事件，及过去虽已经发生但与该国或它国政治策略、动向相关的其它诸种事项，公开上报多有不便的事项，都应尽早邮寄至外务大臣，如果邮寄可能会贻误时机，其上报方式同普通报告。机密报告及机密书信必须由公使本人书写并封装。

第五条：各缔约国中如有未开设帝国领事馆的，该国的相关事件及状况由其近邻，或与该国有紧密关系的国家中驻在公使予以关注并提交相应报告。

第六条：作为各类报告的补遗，在送交新闻报刊的剪报之时，在报告中简单介绍其主要内容。

第七条：帝国公使送交当地官衙的公文应分类编号整理，并作誊写备份，如有答复应附上复印件以最快的方式邮寄至外务大臣，公文编号每年起始。

第八条：帝国公使除本人的报告之外，与驻在国官民之间的各种制度、事业，如果认为能对帝国政府作必要参考的，参事官以下随员，至少每年一次制成报告，次年一月中旬之前送至外务大臣。①

---

① ［日］佐藤元英：《明治期公使领事报告规则与通商贸易关系情报的编纂公刊》，《外交史料馆报》第 3 号，第 95 页。

1890 年 7 月 9 日，外务省颁布《帝国领事报告规程》，从规程的全部条文来看，与 1884 年颁布的《贸易报告规则》相比没有特别大的变化，只是随着时间的推移，国内工商业者需求的变化，对某些内容作了进一步修订。比如：《帝国领事报告规程》中明确规定日本领事报告分为月报、年报和临时报告三类，并对各类报告的内容作了进一步说明，同时规定月报必须在次月中旬，年报必须在次年二月中旬之前发送。

帝国领事报告规程

第一条：本规程用以规范驻外帝国领事应报告事项，及其相关手续。

第二条：帝国领事报告分为月报、年报和临时报告三类。

第三条：月报是领事驻在地与本国相关的重要商品的数量、价格、嗜好、评价等，每月制成报告并上报。

第四条：年报是帝国领事驻在地、驻在国中市港一年内贸易状况的总揽，每年一次提出报告。

年报是领事驻在地摘录一年内输出入品的数量、价额、船舶出入等情况，及当地贸易盛衰相关原因及领事意见。

年报中特别要摘录领事驻在地与本邦间一年内贸易整体情况，并提出相关意见。

第五条：重要市港驻在帝国领事馆，在年报中必须反映驻在地、驻在国的全年整体商况。重要市港包括朝鲜国仁川港、清国上海、英国伦敦、法国里昂、德国柏林、美国纽约、英领北美殖民地温哥华。

在编制驻在国整体性年报时，可以通令该国内驻在帝国各领事馆提供各市港的商况概略。

第六条：临时报告是可迅速为帝国官民作参考，或引起相关注意而临时提交的报告，如有特别紧急的事项应以电报形式上报。

临时报告涉及事项如下：

·港则、税则、浮标、灯塔的建设和改定，以及其它一切可供航海者参考的事项。

·有关农工商的诸规则、法令及其习惯等，与本邦农工商有直接或间接影响的器械的发明及改良（尽量附上图样）。

·与本邦有关系的相关商品的状况，特别要引起从业者注意的诸事项。

·外国外汇行情及金银货币的剧烈变动，其原因、结果，以及其它理财上的重要问题。

第七条：尚无开设帝国领事馆的地区由临近帝国领事馆提交相关报告。

第八条：月报必须在次月中旬，年报必须在次年二月中旬之前发送。

第九条：报告书中作为参考附上外文资料时，应摘译相关要领并提出意见。

第十条：报告书以简明扼要为主旨，避免冗长。

第十一条：为编制报告书，尤其是到驻在地以外地区实地视察时，应对出差经费进行概算并上报外务大臣。①

---

① ［日］角山荣编著：《日本领事贸易报告的研究》，同文馆 1986 年版，资料篇，第 469 页。

从明治前期日本领事贸易报告制度的发展过程来看，其发展过程非常迅速。1870 年日本最初向上海派遣驻外领事时，只是对领事职责提出每月上报一次的要求。1874 年的《明治七年布达》中最早提到了驻外领事需要提交领事报告，并对领事报告的提交时间、提交部门、报告内容、报告形式等几项关键点都作了非常明确的界定。1875 年 5 月 17 日，《领事官贸易报状规则》颁布，这也是日本最早的驻外领事贸易报告规则，该制度沿用了近十年，对"殖产兴业"时期日本对外贸易发展产生了重要影响。1878 年，内务省劝商局编纂的《劝商杂报》（第 1—20 号，1878 年 4 月至 12 月），1879 年大藏省商务局编纂的《商务局杂报》（第 21 号—44 号，1879 年 1 月至 1881 年 6 月），1882 年 7 月外务省记录局编纂的《通商汇编》上刊登的驻外领事贸易报告基本上是按照上述规则编纂而成的。此后又经历了几次修订，到 1884 年外务省颁布《贸易报告规则》时，日本领事贸易报告制度已经基本确立，1890 年颁布的《帝国领事报告规程》，只是在此基础上的增补，整体内容没有明显改变。可以说，明治维新后日本用了不到 20 年的时间就建立了比较完备的领事报告制度，这种发展速度是其他国家无法比拟的。

第二节　明治后期、大正时期日本领事贸易报告制度的发展

一　日本领事贸易报告修订的主要类别

1884 年外务省颁布《贸易报告规则》，日本领事贸易报告制度基本定型，并不是说此后领事报告制度完全一成不变。事实上，在此后的相当长时间内，随着国际经济形势和国内外贸易的变化，日本领事贸易报告制度变化更快、更多、更灵活。虽然日

本领事贸易报告制度在整体框架没有发生太大的变化，也没有颁布新的《领事报告规则》之类的法规，但是通过外务大臣训令的方式，随时灵活地调节着各地领事馆的报告方式、报告内容、提交时间、提交部门。

据现存日本外务省档案资料显示：明治后期、大正时期（截止到1923年）日本外务省有关驻外领事报告制度修订的法令大致可以分为以下几大类：

第一类：书式及公文，主要规定驻外领事提交报告的规范和格式。例如：《报告材料出处明记之训令（1901.4.20）》、《新闻拔萃需对译之训令（1906.11.1）》、《致清国官宪公信日本文使用方法之训达（1907.8.31）》、《关于公信形式改正之通告（1908.11.3）》、《关于汉文翻译添附方法之通告（1913.6.20）》、《关于驻外公馆相互间公信发送处置之训达（1913.11.15）》、《关于事务简捷办法之通告（1913.7.3）》、《关于机密信件使用限制之内部通告（1914.11.19）》等，约40条左右外务大臣训令。

第二类：电信，主要规定电信电报的使用规范和注意点，防止情报外泄和暗号泄露。例如《驻外公馆关于电信使用限制心得之训令（1886.2.27）》、《有关电信暗号使用限制的注意点（1901.7.2）》、《电信副本邮送禁止之内部规定（1902.4.25）》等，约10条左右。

第三类：通商报告，主要规定有关通商贸易类报告提交的变动和要求。（详细见下文）

第四类：卫生报告，主要规定有关卫生防疫、传染病类报告的变动和要求。1886年、1904年、1909年、1910年、1918年、1923年，外务大臣多次向驻外各领事馆发布《传染病发生之时向内地官厅通报》的通告，要求驻外领事馆及时报告海外各国传染病发生情况。

第五类：其他报告，多数是有关海外移民、在留日本人的统计调查报告。例如：《本邦卖春妇的出入及状况等报告的通告（1897.3.4）》、《调查上报在外本邦人拥有商店、制造所，以及从事农业、渔业、畜牧者的通告（1903.10.10）》、《关于上报铁路关系法规及报告的通告（1908.9.22）》、《关于上报在满洲的本邦人及外国人人口统计表的通告（1911.12.27）》等，约10条左右。这些报告有助于日本政府及时把握日本人海外生产、经营情况。

通过这些外务大臣训令，外务省对驻外领事贸易报告的内容和形式不断进行调整和规范。

二　通商报告修订的主要内容

截止到1923年，有关通商报告的外务大臣训令共计45篇，有些是针对所有驻外领事馆，有些是专门指向某些领事馆或者是某个领事馆。据笔者粗略估计，与日本驻中国公使馆和领事馆相关的外务大臣训令共计32篇。从篇幅上来看，这些外务省训令篇幅长短不一，篇幅短的只有3—4行字，篇幅长的却多达4页以上。从内容上来看，突出体现了明治后期、大正时期日本领事贸易报告追求形式更加完善、内容更加细致、速度更加快捷的总体目标。

（一）日本领事贸易报告形式更加完善

明治后期、大正时期日本外务省根据经济形势和国际环境的变化，不断调整着领事贸易报告的形式，以便更好地为国内工商业者提供信息服务。此类外务大臣训令大体上可以分为两大类：

第一类是领事贸易报告整体形式的变化。例如：1900年4月17日，外务大臣致驻外帝国各领事、贸易事务官函《关于商况报告规程修订的通告》，对年报、月报、临时报告的形式进行了较大调整和重新规范，其中最大的变化就是废止月报改季报。

训令指出："以前领事的定期报告分为年报、月报两类。月报是每个月提交一次的报告，有时工商业事情在短短一个月内不会发生较大的变化，但仍然要求每月必须提交一份报告，未免会流于形式，从现在起拟考虑废除月报而改为将三个月事项汇总编制的季报。这试图矫正过去只注重数量而不重质量的弊端，从现在起可不必追求数量但务必注重实用。另外，年报从过去报告情况来看其内容寥寥，往往遗漏重要事项而深感遗憾，现在将年报报告事项作统一规定。年报内容应包括外国贸易额、国内贸易概况、出入船舶数量（外国贸易船舶数量、沿岸贸易船舶数量）、在留本邦人营业情况及其盛衰、本邦人所属船舶营业情况及其盛衰、本邦移民情况、驻在地与本邦间一年间整体贸易情况。临时报告不拘于具体形式，主要关注与本邦有直接或间接利害关系事项，当然其它重大事件发生时，也应该立即报告。其具体事项除报告规定中的例示之外，与诸外国之间的条约，交通机关的新设改废等都必须及时上报。过去的报告往往仅限于单纯的事实，却很少说明其具体理由，此真乃遗憾之事。今后报告中但凡事件原因、产生理由、及将来发展趋势等具体意见必须详细报告。"①

1909 年 4 月 14 日，外务大臣致驻汉口、安东、牛庄、南京、苏州、杭州、长沙、重庆、福州、沙市、厦门、汕头、广东、天津、上海、安特卫普、里昂帝国各总领事及领事函《关于季报废止的通告》，根据当时的经济形势，外务省又对领事贸易报告形式作了调整。"以往贵馆每三个月提交季报，现认为不是特别有必要。今后只需提交年报，季报废止，代替季报的是材

---

① ［日］外务省通商局编纂：《领事官执务参考书》，1916 年版，第 607 页。

料丰富，趣味较多，各方面事情均有涉及的临时报告，虽然简单，但不会丧失时机。"①

第二类是领事贸易报告局部形式的变化。此类外务大臣训令数量非常多，篇幅相对较短。例如：《关于通商报告开头处纲领摘要的通告（1906 年 10 月 11 日）》、《关于通商报告中统计编制的注意点的通告（1907 年 3 月 7 日）》、《商况报告中单位、准货等应引起特别注意的通告（1911 年 6 月 28 日）》、《编制通商报告中注意点的通告（1912 年 6 月 7 日）》、《关于通商及其他报告中重要事项开头编写摘要之训达（1912 年 10 月 5 日）》等。

（二）日本领事贸易报告内容更加细致

明治时期，日本外务省只是对驻外各领事馆提交的领事贸易报告内容有一个基本格式和要求，而大正时期日本外务省对领事贸易报告内容有了更加细致和明确的规范。

例如：有关贸易年报的格式和内容，在 1873 年和 1884 年的日本领事贸易报告规则中均有一定规定，1914 年 8 月 18 日外务省针对中国贸易年报提出了特别要求《关于在中国领事官贸易年报提出之训达》，开篇指出："掌握中国对外贸易的状况，对于日本经济发展日益重要，因此今后驻中国各地领事馆应尽可能快速地提交管辖区域内海关贸易年报，按照附件格式编写贸易年报。"附件《关于提交中国各港贸易年报的注意点》内容非常详细，篇幅长达到 4 页，共包括五大方面内容："第一条，报告时期应力求迅速；第二条，最重要贸易品需特别说明；第三条，输出入表的价格需明记；第四条，输出入明细表需明记；第五条，记载要点的注意点（内含九点：内地生产状况、贸易状况、物价及金融、运输状况、商业交易范围的消长、国别贸易状况、日

---

① ［日］外务省通商局编纂：《领事官执务参考书》，1916 年版，第 613 页。

中贸易状况、本邦人及诸外国人的增减、贸易品种的例示）。"
限于篇幅，仅就第一条内容作具体说明。"第一条，报告时期应
力求迅速。往年驻华各领事馆提交的中国各港贸易年报极少在七
月底前完成，一般在八月之后的十一、十二月寄达，甚至在翌年
三、四月寄达。而中国各海关一般在四月底前完成前一年度报告
的编制并送到上海海关，上海海关将各港报告汇编成册，于八月
中旬印刷，九月送到日本。因此各领事馆年报如上述所言延迟送
达，其价值大幅降低。各领事馆应尽可能于四至八月期间从各海
关获得报告资料并于八月底提交报告。"①

　　此外，有关中国大米市场的调查，在以往的领事贸易报告中
一般以月报的形式和内容出现，而在 1913 年 1 月 24 日，外务大
臣致驻加尔各答、曼谷、巴达维亚、奉天、牛庄、天津、上海、
南京、苏州、杭州、汉口、长沙、沙市、重庆、广东各领事官函
《关于米调查报告之训令》中，外务省分别对中国、英领印度、
泰国三地大米市场的调查方式和内容作了非常详细的规范。有关
中国的训令共分为四个方面："第一条，天津、上海、奉天、汉
口及广东等主要市场大米批发价格（月报）；第二条，大米主产
地的稻作状况；第三条，大米主产地稻作好坏预计及其与前年的
比较；第四条，上海、汉口等主要市场关于中国标准米月平均市
价，与前年同期比较米价涨跌趋势及大米交易状况，糙米、精米
价格分列统计。"另外，对上述内容作了补充说明。"第一点，
第一项内容每年一次汇总，翌年三月底前提交报告，除上述五个
主要市场之外，如认为有必要可自行追加；第二点，第二项和第
三项中主要米产地是指江苏省、浙江省、安徽省、江西省、湖北
省、湖南省、四川省，以及其他认为有必要的地方，细致地收集

---

　　①　［日］外务省通商局编纂：《领事官执务参考书》，1923 年版，第 657 页。

该区域内可信度高的情报，迅速汇编成报告并上报；第三点，第四项中每年二、四、六、八月的月均市价，其翌月米价突变之时，应随时上报，上海、汉口等主要市场之外，如认为有必要可自行追加。"①

（三）日本领事贸易报告速度更加快捷

追求领事贸易报告的快捷性是外务省一直以来的目标，1894年改版的《通商汇纂》最初为月刊，随后逐步加快发行速度。为了满足民间工商业者的日益增长的需求，更快刊登驻外领事发回的报告，1902年5月20日，外务大臣致函驻外各领事馆《通商汇纂改为周刊，各位应更加积极发出报告，并附上图案照片等的通告》，训令指出："如各位所知本省编纂的通商汇纂每月二次发行，在报道的快速性方面甚感遗憾。自七月一日起改为每周一次发行，同时广泛地分发给各相关团体。因此，与贸易相关的如重要输出品、工商业、航海业，以及能够促进国内外贸易、能够为国内从业者提供参考的相关事项应引起特别注意，希望各驻外领事馆更加积极地发回报告。"②

不仅如此，外务大臣还多次致函各地领事，要求加快发回各类商品的商况报告。这类外务大臣训令数量非常多，例如：1903年8月17日，外务大臣致函香港领事馆《关于绢织物商况每周邮报的通告》，要求香港领事每周邮报绢织物商况。③ 同日，致函汉口、福州领事馆《关于制茶商况隔周邮报之训达》，要求汉口、福州这两个中国最主要茶叶输出港驻扎日本领事能够隔周邮报茶叶商况。④ 同日，致函上海总领事馆《关于棉丝商况电报的

---

① ［日］外务省通商局编纂：《领事官执务参考书》，1916年版，第631页。
② 同上书，第620页。
③ ［日］外务省通商局编纂：《领事官执务参考书》，1910年版，第1152页。
④ 同上。

通告》，指出："深感有必要将当地有关本邦棉丝的诸种事项通告给国内从业者，今后有关本邦棉丝商况每周电报一次，如前后周商况无太大变动，省略也可。"① 11 月 9 日，外务大臣致函中国上海、香港和新加坡领事馆《煤炭商况月报之训达》，指出："此番福冈县若松町筑丰煤炭矿业组合事务所要求调查上述三地煤炭商况，今后，该商况调查每月一次由领事馆直接通报组合事务所，同时递交外务省复写件一份。"②

现列表 3 - 1 来说明。

表 3 - 1　1891—1923 年有关"通商报告"的日本外务大臣训令汇编

	时间	接收部门	训令题目
1	1891 年 2 月 23 日	在清帝国领事	商况报告中记载的商品名必须用本邦通俗字的通告
2	1893 年 2 月 2 日	在外各总领事、领事、代理	通商报告中谬误订正方法之通告
3	1900 年 4 月 17 日	驻外帝国各领事、贸易事务官	关于商况报告规程修订的通告
4	1902 年 5 月 11 日	在清韩帝国领事及海参崴贸易事务官	将来输入有望之本邦生产品，与现在输入本邦商品构成竞争的外国商品，提交相关报告书并附上商品样本的通告
5	1902 年 5 月 20 日	驻外各帝国总领事、领事、分馆主任	通商汇纂改为周刊，各位应更加积极发出报告，并附上图案照片等的通告

① ［日］外务省通商局编纂：《领事官执务参考书》，1910 年版，第 1151 页。
② 同上书，第 1157 页。

续表

	时间	接收部门	训令题目
6	1903 年 8 月 17 日	驻上海帝国总领事	关于棉丝商况电报的通告
7	1903 年 8 月 17 日	驻香港帝国领事	关于绢织物商况每周邮报的通告
8	1903 年 8 月 17 日	致驻汉口、福州帝国领事	关于制茶商况隔周邮报的通告
9	1906 年 3 月 9 日	驻新加坡及香港各领事官	关于米商况报告的通告
10	1906 年 8 月 23 日	驻外帝国总领事及代理	关于提交照片、地图等的通告
11	1906 年 10 月 11 日	致驻外帝国各公馆长	关于通商报告开头处纲领摘要的通告
12	1907 年 3 月 7 日	驻外帝国各公馆长	关于通商报告中统计编制的注意点的通告
13	1907 年 12 月 3 日	致驻外帝国各公馆长	关于海外矿产物供需状况报告的通告
14	1908 年 11 月 9 日	驻上海、香港、新加坡帝国各总领事及领事	关于煤炭商况月报的通告
15	1909 年 4 月 14 日	驻汉口、安东、牛庄、南京、苏州、杭州、长沙、重庆、福州、沙市、厦门、汕头、广东、天津、上海、安特卫普、里昂帝国各总领事及领事	关于季报废止的通告
16	1909 年 8 月 18 日	驻满洲帝国各总领事、领事及分馆主任	关于满洲工商业及经济的报告亦必须转送关东都督府的通告

	时间	接收部门	训令题目
17	1910 年 8 月 21 日	驻外各领事官	有关通商贸易的报告须转呈二份以上的通告
18	1911 年 6 月 28 日	驻外各领事官	商况报告中单位、准货等应引起特别注意的通告
19	1911 年 10 月 12 日	驻上海及孟买各领事官	关于棉花、棉丝商况报告的通告
20	1912 年 6 月 7 日	驻外各领事官	编制通商报告中注意点的通告
21	1912 年 10 月 5 日	驻外各领事官	关于通商及其他报告中重要事项开头编写摘要之训达
22	1913 年 1 月 24 日	驻加尔各答、曼谷、巴达维亚、奉天、牛庄、天津、上海、南京、苏州、杭州、汉口、长沙、沙市、重庆、广东各领事官	关于米调查报告之训令
23	1913 年 5 月 19 日	驻外各领事官	关于通商事务的一般训令
24	1914 年 8 月 18 日	驻中国各领事官	关于在中国领事官贸易年报提出之训达
25	1918 年 3 月 19 日	在广东、汕头、上海、南京、苏州、杭州、九江、长沙、汉口、沙市、重庆、芝罘、济南总领事、领事	关于中国蚕丝业状况调查之训达
26	1921 年 5 月 21 日	在非洲、南洋、澳洲、中国各总领事及领事	关于通商报告类提出应注意点之训达

	时间	接收部门	训令题目
27	1921 年 9 月 28 日	驻中国、香港各公馆长	关于商务官通商报告副本发送之训达
28	1921 年 10 月 11 日	驻外各公馆长	有关外国贸易事情的电报公布之通达
29	1921 年 10 月 28 日	各商务官及驻除华北之外各地总领事及领事	本邦经济时况通报之训达
30	1921 年 11 月 6 日	驻马赛、安东、成都、铁岭、哈尔滨、芝罘各总领事及领事官	关于本邦商品销路商况报告之训达
31	1921 年 11 月 8 日	各商务官及驻欧洲、北美、南洋各总领事及领事官	关于搜集因嗜好流行变迁产生新产品的目录、照片、说明书之训达
32	1922 年 1 月 11 日	驻外各公馆长	关于速报外国博览会、共进会、样本展示会等开展日期之训达

资料来源：［日］外务省通商局编纂：《领事官执务参考书》，1910 年版，第 1119—1166 页。《领事官执务参考书》，1916 年版，第 581—639 页。《领事官执务参考书》，1923 年版，第 621—676 页。

说明：本表只列举了与中国相关的部分外务大臣训令。

明治后期、大正时期日本外务省通过上述外务大臣训令的方式，对驻外领事贸易报告的形式和内容不断进行完善和规范。根据 1923 年日本外务省刊行的《领事官执务参考书》，外务省要求各驻外日本领事馆每年必需提交的定期报告就达 25 个项目，其中直接指名中国的定期报告竟有 5 项：《在中国领事官的贸易年报》、《关于中国蚕丝业状况调查》、《关于"满洲本邦人"及外国人人口统计表》、《中国雇聘日本人及外国人报告》、《在中国各银行营业报告》。可以判断与中国相关的定期报告有 13 项：

《商况报告年报》、《对日本重要输出入状况》、《关于海外矿产品需求状况报告》、《关于米的调查》、《贸易地图统计材料》、《火柴市况统计报告》、《棉绢布加工织物贸易统计》、《传染病报告》、《在外日本人商店制造所或农渔畜牧业从事者调查报告》、《海外在留日本人职业调查统计》、《各国贸易年表》、《关于外国领事馆》、《关于新闻出处业的调查》。

以上情况具体见表 3 - 2。

表 3 - 2　　　　　　领事官定期报告一览表（1923 年）

	报告书名	形式数量等	报告类型
1	商况报告年报	年报两份	通商报告
2	对本邦重要输出入状况	年报两份	通商报告
3	在中国领事官的贸易年报	年报两份	通商报告
4	关于海外矿产物供需状况报告	年报两份	通商报告
5	关于中国蚕丝业状况调查	年报两份	通商报告
6	关于米的调查	年报两份	通商报告
7	贸易地图统计材料	年报两份	通商报告
8	火柴市况定期报告	月报两份	通商报告
9	棉绢布加工织物贸易统计	月报及每四个月	通商报告
10	传染病报告	月报周报一份	卫生报告
11	在外本邦人拥有商店、制造所，以及从事农业、渔业、畜牧者的调查报告	年报两份，十二月末调查二月半提交	其他报告
12	海外在留帝国臣民职业别表	年报两份，六月末调查九月半提交	其他报告
13	关于满洲本邦人及外国人人口统计表	年报一份，一月末提交	其他报告
14	各国贸易年表	三份	其他报告

续表

	报告书名	形式数量等	报告类型
15	铁路关系的法规及报告	一份	其他报告
16	关于外国领事馆的报告	一份	其他报告
17	中国雇聘日本人及外国人报告	年报两份，十二月末调查一月末提交	其他报告
18	在中国各银行营业报告	一份，每一营业年度	产业报告
19	职员兵役关系者演习点名免除者报告	一份，每一营业年度	军事报告
20	驻外公馆员的兵役关系者及征集延期者报告	一份，三月末提交	军事报告
21	驻外公馆员考查表	一份，五月和十一月半提交	
22	留学生成绩报告	一份，每六个月	
23	领事裁判登记簿	一份，次年一月十日提交	领事裁判报告
24	电信符号保管证	年报	
25	关于新闻报刊的调查	年报	

资料来源：［日］外务省通商局编纂：《领事官执务参考书》，1923 年版，第693—694 页。

第四章

驻华日本领事贸易报告的
演变、形式和特点

第一节 日本领事贸易报告的演变

一 明治初期日本领事贸易报告刊行状况

日本领事贸易报告最早可以追溯到日本政府向外派出领事之际。驻各地日本领事到任后，陆续向本国政府发回了有关在任地的各种贸易报告。例如：驻上海日本领事品川忠道发回《戴角兽传染病的情况，来自上海领事的报告》（1972 年 4 月 24 日）、《在上海品川领事关于向当地输送煤炭的请示》（1874 年 3 月 14日）、《品川领事关于清国诸港税则并贸易情况调查的复函》（1874 年 12 月 3 日）、《上海港内规则》（1876 年 1 月 14 日）。驻香港日本领事安藤太郎发回《安藤领事去年二十五日附两国贸易预期的信函已收到，涉泽荣一要求领事调查港内税则的复函》（1874 年 12 月有 8 日）、《安藤领事输出入物品表交付之仪》（1874 年 12 月有 22 日）。由于明治初期客观条件的限制，驻外日本领事发回的报告和与外务省之间来往的书信并没有汇编出版，但是，这些资料目前大多完整地保留在日本外交史料馆。

日本领事贸易报告在明治初期虽然没有统一公开出版，但是，在海外商业信息非常匮乏的明治初期，日本政府已经意识到驻外领事报告的重要价值，通过在新闻媒体或由政府主办刊物转载的形式向社会间接传递驻外领事发回的海外商业信息。

较早的事例是 1873 年 7 月 19 日，驻威尼斯日本领事中山让治发回有关意大利米兰设立大规模蚕种纸制造工场的消息，这将对日本蚕种纸输出欧洲市场产生巨大影响，10 月 9 日，大藏省向各府县下发了该通告，同日，该通告也刊登在《东京日日新闻》上。此后，《东京日日新闻》的"江湖丛谈"和"外报"栏目中，不时会选登一些驻外领事发回的报告。

同时，在日本内务省劝商课公开发行的《劝商杂报》（1878年 4 月—12 月，第 1 号—20 号），《商务局杂报》（1879 年 1 月—1881 年 6 月，第 21 号—44 号），大藏省商务局发行的《输出入商况日报》（1878 年 1 月—1880 年 12 月）上都选登过领事报告的相关内容。①

《劝商杂报》第二号《上海领事馆报告摘录》之《羽毛之事》。

第七号《上海驻扎领事第二月报告摘录》之《当地输入本邦铜钱之件》、《开平矿山开凿之件》。

第十号《驻上海领事馆商情月报本年三月摘录》之《和歌山县织造法兰绒销售情况》、《五代友厚所制蓝靛的情况》。

第十六号《上海总领事报告书中冰制造之事》。

《商务局杂报》第二十二号《香港驻扎我领事馆报闻（明治十一年年报）》。

①　［日］高岛雅明：《领事报告制度的发展与领事报告的刊行》，角山荣编著《日本领事报告的研究》，同文馆 1986 年版，第 75 页。

二　定期出版物

日本领事报告的定期、系统发行是始于 1882 年 7 月由日本外务省记录局负责编纂的《通商汇编》（1882 年 7 月—1886 年 12 月）。此后，在不同的历史时期日本领事报告经历了《通商报告》（1886 年 12 月—1893 年 12 月）、《通商汇纂》（1894 年 2 月—1913 年 3 月）、《通商公报》（1913 年 4 月—1924 年 12 月）、《日刊海外商报》（1925 年 1 月—1928 年 3 月）、《周刊海外经济事情》（1928 年 4 月—1943 年 10 月）、《外务省通商日报》（1935 年 4 月—1943 年 10 月）的刊名变化。在出版体制、发行频度、揭载内容等方面也多有变化。

（一）《通商汇编》（1882 年 7 月—1886 年 12 月）

日本领事贸易报告的最早公开发行是始于 1882 年 7 月发行的《明治十四年通商汇编》。在创刊序言中写道："此编是我局摘录与驻外领事之间通信及报告书编纂而成，主要刊登与通商贸易相关的内容。因此，也不拘驻外公使及其他机构的通信，只要与通商贸易相关的内容均摘录并刊登，冀希社会公众了解我国货物的商况及对外贸易的概况。明治十五年七月，外务省记录局"。① 从中可知，外务省记录局每年一次摘录上一年度驻外领事、公使报告中与通商贸易相关的内容，经外务大臣查阅无误后，以《通商汇编》的方式公开刊行。

1882 年至 1886 年的 6 年间，《通商汇编》共计发行了 10 次，分别是《明治十四年通商汇编》、《明治十五年通商汇编》、《通商汇编明治十六年上半季》、《通商汇编明治十六年下半季》、《通商汇编明治十七年上半季》、《通商汇编明治十七年下半季》、

---

① 　［日］外务省记录局编：《明治十四年通商汇编》，序言。

《通商汇编明治十八年上半季》、《通商汇编明治十八年下半季》、《通商汇编明治十九年第一回》、《通商汇编明治十九年第二回》。共收录了来自日本驻中国各地领事馆报告168篇，年均28篇，分别是上海101篇、天津20篇、牛庄2篇、芝罘6篇、汉口7篇、香港32篇。

《通商汇编》最初两期为年刊，形式和内容均比较简单。《明治十四年通商汇编》卷首刊登了当年日本驻外领事地点及领事名单，日本在海外20个商业城市设置了领事官员。中国除芝罘之外，全部派遣了日本人担任领事，如驻上海领事品川忠道、驻天津领事竹添进一郎、驻香港（英领）领事安藤太郎。而美国、朝鲜、俄罗斯远东等重要地区日本政府也基本上派遣了日本人担任领事，如驻纽约领事颖川君平、旧金山领事柳谷镰太郎、朝鲜元山总领事前田献吉、釜山领事近藤真锄、俄罗斯远东哥尔萨港副领事小林端一、浦潮港贸易事务代理书记生寺见机一。但是，像荷兰海牙、德国柏林、澳洲布哇国（今夏威夷）、澳洲墨尔本、奥匈国的里也斯（今意大利的里雅斯特）、意大利那不勒斯、威尼斯、米兰、法国马赛、比利时安特卫普等欧洲、澳洲，由于在留日本人极少，则基本上选聘外国人担任名誉领事。

《通商汇编》的编纂方式以领事馆所在城市为排列顺序，刊登报告篇数各不相等。《明治十四年通商汇编》分别是罗马之部（4篇）、纽约之部（1篇）、香港之部（1篇）、柏林之部（2篇）、哥尔萨港之部（1篇）、浦潮港之部（3篇）、元山之部（4篇）、釜山之部（9篇）、天津之部（3篇）、旧金山之部（1篇）、上海之部（6篇）、墨尔本之部（2篇），共计37篇，有关中国的报告为10篇，占总量的27%左右。报告分别是香港领事馆的《明治十四年货物输出入表及报告》，天津领事馆的《草帽缏输出状况附甲乙丙丁报告》、《草帽缏样本已交付农商务省的答复》、《天津输入日本产物价格年表》、上海领事馆的《海员管理之事与德美领事订约的来报》、《管辖港巡回归任的报告》、《日本小银币伪造者查究之事来报》、《前件伪造者审讯情况附新闻摘要再报》、《天津上海间电线竣工开通之报》、《明治十四年本邦货物上海输入年报》。

《明治十五年通商汇编》刊登领事报告的情况如下：伦敦之部（2 篇）、纽约之部（13 篇）、香港之部（2 篇）、哥尔萨港之部（1 篇）、浦潮港之部（1 篇）、威尼斯之部（2 篇）、元山之部（6 篇）、釜山之部（5 篇）、天津之部（2 篇）、旧金山之部（3 篇）、上海之部（3 篇）、墨尔本之部（1 篇）、米兰之部（1 篇）、仁川之部（8 篇），共计 50 篇，有关中国的报告为 7 篇。

发行后各方对一年一期的发行体制颇感不满，无法适应瞬息万变的市场变化。"国内外贸易关系甚大，易丧失紧要时机。"①为此，自明治十六年开始，《通商汇编》分上半年和下半年，一年分两次发行，到 1886 年分数次发行。至 1886 年发行的《通商汇编》明治十九年第二回，共计发行了 10 号，每号 250—550 页左右（B6 纸）。

从 1885 年开始通过民间书店发售，并且领事报告的编排方式自该号开始也发生了较大变化。此前领事报告按领事馆顺序进行排列，该号起按报告内容进行分类，即分为蚕丝部、棉花部、织物部、制茶部、米谷部、海产部、货币及金银属部、杂货部、贸易统计表部等类别。这种排版方式也为后来多数领事贸易报告出版物所沿袭。

（二）《通商报告》（1886 年 12 月—1893 年 12 月）

为更加迅速地刊登来自各地的领事报告，1886 年 12 月，《通商

---

① ［日］外务省记录局编：《通商汇编》十六年上，序言。

汇编》改版成旬刊的《通商报告》继续发行。从 1886 年 12 月 18 日的第 1 号开始，至 1889 年 12 月 18 日的第 131 号为止。

《通商报告》扉页中写道："本书是在各国驻扎我公使馆、领事馆提交的报告中，摘录与通商相关的内容汇编而成，每月分两、三回发行。但是，遇到紧要报告之时，为了不丧失时机，不拘于发行次数，也会作临时发行。"① 从中可以看出，最初计划为旬刊，但实际的发行数量更多，每个月分 3—4 号的周刊形式发行，每号 20 页左右（A5 纸）。

1887 年 12 月 10 日第 45 号发行后，编纂部门由外务省记录局改为外务省通商局报告课。在发行的 1200 册内，其中 780 册寄赠给政府各部门、报社、杂志社、在外公使馆等，余额免费寄给读者（承担邮费）。

《通商报告》与《通商汇编》相比最大的变化有三个方面：

1 发行频率加快

《通商汇编》改版为《通商报告》的重要原因之一是情报量的急剧增加和国内工商业者对情报快速性要求的提高。《通商汇编》最初两期为年刊，后来调整为一年两期。即便如此，刊登的领事报告也给民众有一种"旧闻"的感觉，谈不上情报的速递性。

同时，外务省在出版驻外领事报告过程中，也倍感来自国内工商业主管部门农商务省的压力。1881 年农商务成立，为了推动对外贸易的发展，在快速获取海外情报方面做了大量工作，曾经要求外务省能够即日转发来自驻外领事的贸易报告。1886 年 7 月开始，农商务省将驻外领事报告汇编成《特别报告》下发至各府县，作为月刊的《特别报告》在利用价值和时效性方面显然要远

---

① ［日］外务省通商局编：《通商报告》第 1 号，扉页。

高于外务省编纂的半年刊《通商汇编》，导致《通商汇编》在民间的利用率大幅下降。不仅如此，农商务省还在 1885 年 3 月出版了《农商工公报》，大量转载驻外领事报告。① 农商务省的系列动作，极大地刺激了外务省的领事报告编纂工作，所以，从 1886 年 12 月开始，《通商报告》改版成旬刊的发行体制。

2 每期篇幅减少

由于发行频率加快，每期刊登领事报告篇数减少。总体而言，《通商报告》每号刊登大致 10 篇左右领事报告，约 20 页左右（A5 纸），与《通商汇编》每号刊登 40—50 篇，250—550 页的规模相比是明显缩小。例如：第 1 期共计 7 篇，其中中国 2 篇；第 30 期共计 8 篇，中国 4 篇；第 60 期共计 10 篇，中国 6 篇；第 95 期共计 14 篇，中国 6 篇；第 131 期共计 12 篇，中国 3 篇。

3 建立了官民情报互动机制

从《通商报告》发行开始，日本政府逐步建立起政府和民间工商业者之间的情报互动机制。一方面，政府可以通过《通商报告》向民间传递海外商业信息；另一方面，民间工商业者如果对《通商报告》中的内容有任何疑问，都可以向外务省通商局提出咨询；或者想就某一商品、某一地区市场展开进一步调查，都可以通过外务省通商局委托驻外领事进行调查。"如对此报告中刊登事件有疑问，或者需要进一步详细调查，或者是刊登报告之外与工、农、商业相关的海外各国状况，希望通过驻外领事详细了解，以书面形式写明要点，向外务省通商局提出申请或咨询。"② 这种制度的建立也是适应明治二十年代日本不断扩大

---

① ［日］角山荣：《领事报告资料解说》，角山荣、高岛雅明监修：《微缩胶片版日本领事报告资料收录目录》，雄松堂 1983 年版，第 8 页。

② ［日］内阁官报局编纂：《官报钞存通商报告》，1890 年 1 月，第 2 页。

的对外贸易。

1889 年 12 月 18 日《通商报告》第 131 号发行后，由于出版方面的问题停止发行，这给已经初步建立的海外情报体系带来了一些障碍，日本政府决定将领事报告的发行工作移至《官报》。自 1890 年 1 月，在《官报》中专门开辟《通商报告》栏目，1893 年 1 月以后改称《公使馆及领事馆报告》，集中刊登来自各地公使馆及领事馆的报告。从刊登情况来看，基本上每期都有，少则 2 篇，多则 5 篇，考虑到《官报》除节假日每日发行，因此，每月刊登领事报告的数量比《通商报告》时期要更多。同时，1890 年 1 月内阁官报局还将《官报》中《通商报告》栏目内容辑录出来，每月一次汇编成《官报钞存通商报告》向社会公开发售，各号 50—100 页，定价 6 钱。但由于销售状况不如预期，同年 10 月号出版后就废刊了。

有关《官报》与日本领事报告的渊源有必要在此作一介绍。《官报》中刊登领事报告的体制一直可以追溯到 1883 年 7 月《官报》创刊之际。当时的《官报》由日本太政官文书局主办，A4 纸面，每期 10—20 页左右，面向全社会公开发行的政府刊物，不仅仅刊登政府的法律、政令、条约、省令、告示，而且还辟有《卫生事项》、《学事》、《兵事》、《农工商事项》、《外报》、《气象》、《广告》等众多栏目，积极转载国内外各类信息。明治政府曾经与英国路透社合作，转载海外新闻，领事报告经常出现在《农工商事项》和《外报》等栏目中，这种状况一直得到比较良好的延续。1893 年 1 月至 1893 年 12 月，《通商报告》发行中断期间，开辟了《通商报告》和《公使馆及领事馆报告》，刊登来自各地公使馆及领事馆的报告。即使是 1894 年《通商汇纂》发行之后，《官报》也没有停止转载驻外领事发回的报告，1905 年 12 月以后，改称《在外公馆报告》，1910 年 11 月至

1914 年 1 月期间，改称《在外公馆及商务官报告》。①

据笔者的调查，1914 年以后，《官报》仍然辟有《在外公馆报告》栏目，继续转载驻外领事发回的报告。例如：1917 年 1 月 6 日第 1326 号《官报》刊登着《菲律宾群岛霍乱状况》1 篇领事报告；1920 年 1 月 10 日第 2228 号《官报》刊登着《印度政府禁输令改正》、《里昂生丝及羽毛市况》两篇驻外领事报告；1931 年 1 月 12 日第 1208 号《官报》刊登着《汉口畜产品检查开始》、《上海市况》、《关于包装古麻袋领事证明书》3 篇驻外领事报告；1940 年 7 月 18 号第 4059 号《官报》刊登着《中国各地及香港经济情况》1 篇驻外领事报告。根据日本学者的调查，在《官报》中转载驻外领事报告的体制一直延续到 1941 年 11 月 25 日为止。

（三）《通商汇纂》（1894 年 2 月—1913 年 3 月）

甲午战争爆发前夕，日本对华贸易急速扩大，领事报告数量也大幅增加，为此领事报告在编纂体制上发行了较大的变化。

首先在发行体制上，最初是每月发行一册的月刊，1894 年 12 月 9 日第 1 号发行，由外务省通商局第一课负责编纂和发行。1897 年 1 月 16 日第 2 号发行。1895 年 5 月开始每月 2 号，由外务省通商局编纂，免费下发到各府县、商业会议所，余额免费寄给读者（承担邮费）。

从 1897 年 6 月 5 日第 66 号开始每月 3 号，由于发行量大增，停止免费寄赠，改为委托民间出版机构向社会公开销售，外务省通商局只负责编纂，发行数量也由原来的 300 份增加到 1000 份左右，每份约 120 页（B5 纸），最初定价每份 7 钱，第

---

80 号开始上涨至每份 10 钱。

　　1900 年开始每月 4—6 号，还不时辅以"附录"、"临时增刊"等形式发行，到 1903 年 3 月 26 日共发行了 258 号。①

　　从 1903 年 4 月开始，《通商汇纂》发行工作由博文馆接手，为扩大销路，对刊物发行方式作了一些调整。第一，改变原来连续编号的方式。以日本天皇年号为基准排列，如 1903 年 4 月 3 日发行的《通商汇纂》第 1 号，卷数标号为明治 36 年第 1 号，以此类推。第二，整理发行制度。根据外务省告示第 2 号，从 1903 年 4 月开始《通商汇纂》基本确定了每月 6 次定期刊物，定期刊物之外每年 6 次（隔月）临时增刊，每份约 120 页，另外每年发行索引目录的出版体制，定期刊物每份约 50 页，临时增刊每份约 120 页。第三，降低售价，定期刊物每份定价为 9 钱。

　　定期刊物：每月 6 次，3 日、8 日、13 日、18 日、23 日、28 日发行；

　　临时增刊：每年 6 次，5 月、7 月、9 月、11 月、翌年 1 月、3 月发行；

　　索引目录：翌年 2 月发行；

　　定价：定期刊物 1 册 9 钱，临时增刊 18 钱，索引目录 30 钱。②

　　总之，从 1894 年开始，《通商汇纂》的发行频率不断加快，领事报告的数量也急剧增加，到 1903 年基本确定了比较固定的发行体制。

---

　　① ［日］高岛雅明：《关于领事报告制度和领事馆报告》，《经济理论》第 168 号，1979 年 3 月，第 78 页。

　　② ［日］外务省通商局编：《通商汇纂》1905 年 9 月 8 日，明治三十八年第 51 号，封底告示。

　　其次在领事报告分类形式上再次作了调整。将蚕丝、棉花、织物、制茶、米谷、水产等商品信息，贸易统计等内容，即定期报告内容全部归入商业栏目，另外陆续增设了货币、工业、农业、矿业、水产、交通、杂部等栏目。《通商汇纂》后期又逐年增加了关税、移民、附录、电报、时报、特报、企业、林业、畜牧、财政与经济、巡回报告、条约与诸法规、居留地与居留民、移民及劳动、各地事情、卫生及检疫、博览会及各种会议、海外贸易商介绍等栏目。报告内容的不断深化、报告领域不断拓展。尤其是在电报栏目上下了功夫，驻地的经济信息以最迅捷的形式反映给需求者。这种领事报告的形式和分类标准也为后面各个时期的日本领事报告所延续。

　　《通商汇纂》1913 年 3 月 22 日，大正二年第 17 号中《外务省告示》第 2 号："外务省编纂的通商汇纂自大正二年四月一日之后改称通商公报"，自此《通商汇纂》停止发行。①

　　（四）《通商公报》（1913 年 4 月—1924 年 12 月）

　　1913 年 4 月 4 日，《通商汇纂》改称《通商公报》继续刊行。每周两期（星期一、四）出版，每年约 105 期，由外务省通商局编纂，启成社发行，每期 40—50 页，售价每份 10 钱邮费 1 钱。《通商公报》每周 2 期发行之外，另发行临时增刊，实际每月 8—9 次。从 1920 年 10 月 4 日第 769 号开始，改由帝国地方行政学会发行，发行内容基本保持不变，只是售价涨至两倍，卷尾出现不少企业广告。1924 年 12 月第 1228 号出版后废刊。《通商公报》发行量约在 2100 份左右，其中 1300 份免费发送至各省厅、学校、商业会议所、同业组合、新闻媒体等，剩余 800

---

① ［日］外务省通商局编：《通商汇纂》1913 年 3 月 22 日，大正二年第 17 号。

份向社会公开发售。①

　　此时领事报告的编纂制度已相对完善，基本形式和栏目与《通商汇纂》相比总体上没有太大变化，主要栏目有时事、商业、农业、水产业、畜牧业、林业、工业、财政及经济、关税及法规、交通及通信、检疫及卫生、博览会及各种会议、移民及劳动、各地事情、贸易商介绍、杂报、居留民、产业机关等。

　　只是在数量和内容上得到了极大的充实，电报栏得到扩充，且增设了速报栏。其中，贸易、商品市况、商业等栏目占到绝对多数，交通、保险及港湾、关税、条约等内容也比较多；从领事馆情况来看，来自中国东北地区领事馆的贸易报告数量非常多，反映了该时期日本对中国东北市场的关注程度；另外，贸易商介绍栏目也非常详细，逐渐成为领事报告中的主要栏目之一，几乎每个领事馆都发回了当地各类行业输出入商人的情况，反映了第一次世界大战期间日本极力推动商品对外输出。

　　（五）《日刊海外商报》（1925 年 1 月—1928 年 3 月）

　　1925 年 1 月，《通商公报》与其他杂志《商报》合并为《日刊海外商报》，由外务省通商局编纂，帝国地方行政学会发行，刊物持续到 1928 年 3 月，历时 3 年零 3 个月。

　　根据 1 月 6 日第 1 号《改版启示》："一、为了能够迅速且广泛地发送来自在外各公馆报告中调查情报、电报，同时为了提供保存参考之便，过去《通商公报》和《商报》并扩版，刷新体裁，改版成日刊《海外商报》（除节日），周日号刊登各国一般经济及产业状况的调查报告；二、本刊在经费许可的范围内，今后日益改进内容、体裁，注意编纂方法，对于刊登诸资料如有一切疑问，或者对于通商贸易上有何委托调查之事，均可向本局

_____

　　①　［日］高岛雅明：《复刻版通商公报解说》，不二出版 1997 年版，第 6 页。

商务官提出申请。大正十四年，外务省通商局。"① 可见，海外各领事馆的调查报告、电报等能够像报纸一样每天送到读者手中，这也是《日刊海外商报》发行的一个重大突破。平时每号约 10—15 页，每份 10 钱邮费 5 厘，周日号约 70—80 页，每份20 钱，发行量约 1500—2000 份主要刊登各国一般经济和产业情况的调查报告。1926 年 4 月起，每期篇幅缩减至 4 页，周日扩版至 14 页，刊登各国的经济和产业概况。

《日刊海外商报》主要设有电报、贸易、商品、经济、海外贸易商介绍、附录、杂录等栏目，其中，商品栏目包括砂糖、木材、米、火柴、棉花、小麦等商品的输出入状况、市场行情等；经济栏目涵盖范围较广，包括工业、农业、交通、通信、矿业、林业、畜牧、水产业等；栏外栏目主要刊登各国政府、商业组织公告、决议、税则变化等。

《日刊海外商报》不仅内容丰富，而且情报网异常发达，日常提供报告的领事馆超过 100 个，占到当时 126 个驻外日本领事馆（1925 年 3 月）的 80% 以上，几乎网罗了世界主要商业城市的经济动态。

（六）《周刊海外经济事情》（1928 年 4 月—1943 年 10 月）

1928 年 4 月，《日刊海外商报》改名《周刊海外经济事情》发行，由外务省通商局编纂，三省堂书店、北隆馆负责发行。每周一出版，每号约 70 页，有时配有临时增刊，篇幅达到约 130页。1 份定价 25 钱（含邮费），临时增刊 30 钱，页尾也会刊登一些企业广告，收费标准是 1 页 50 日元，半页 30 日元。

《周刊海外经济事情》有电报、调查报告、其他杂报、统计、介绍等栏目。每期约 10 篇电报，20—30 篇调查报告。调查报告主

---

① ［日］外务省通商局编：《日刊海外商报》1925 年 1 月 6 日，第 1 号。

要包含贸易、商业经理、工业、农业、水产、畜产、林业、矿业、交通、关税、财政及经济、移民劳动及社会、外国法规、商品等类别，最后是附录，一般是贸易统计。调查报告按照国别顺序编排，一般顺序为东亚、南亚、东南亚、西亚、欧洲、北美、南美、非洲。具体国别和地区顺序依次为中国、伪"满洲国"、香港、俄罗斯远东、印度、英领马来、法领印度支那、菲律宾、泰国、荷领东印度、锡兰、彼斯①、叙利亚、巴勒斯坦、亚剌比亚②、英国、法国、德国、比利时、意大利、奥地利、瑞士、匈牙利、捷克、荷兰、瑞典、挪威、俄罗斯、波兰、西班牙、葡萄牙、土耳其、希腊、保加利亚、斯洛文尼亚、拉脱维亚、美国、加拿大、墨西哥、波多黎各、危地马拉、尼加拉瓜、萨尔瓦多、哥斯达黎加、巴拿马、秘鲁、智利、亚尔然丁③、伯剌西尔④、哥伦比亚、委内瑞拉、埃及、南非联邦、东非、西非、北非、马达加斯加、坦噶尼喀⑤、澳洲、新西兰、太平洋诸岛。

　　1931 年，日本发动对中国东北的侵略，进入战争状态，1934 年末被迫改为半月刊发行。据《周刊海外经济事情》1935 年第 3 号中告示："去年末《海外经济事情》与解题，改为月 2 次发行，另外发行新的日刊《外务省通商局日报》"，⑥ 被迫改为半月刊的《海外经济事情》主要刊登经济概况、产业事情、贸易报告等相关内容。每期 70 页左右，售价 50 钱。

　　随着太平洋战争的扩大，日本经济状况恶化，用纸紧张，

---

①　日本以前把波斯写成彼斯。
②　日本以前把阿拉伯写成亚剌比亚。
③　日本以前把阿根廷写成亚尔然丁。
④　日本以前把巴西写成伯剌西尔。
⑤　坦噶尼喀是非洲东部国家坦桑尼亚的大陆部分。
⑥　［日］外务省通商局编：《海外经济事情》1935 年第 3 号。

1943 年 1 月开始《海外经济事情》被迫改为月刊发行，每月 10 日出版，每期 75 钱，并且停止向社会公众发售。① 由于改为月刊，每期刊登领事报告数量明显增加，篇幅约 120 页左右，同时一年中的某一期最后附有上一年度各国对外贸易统计（由外务省通商局编纂），篇幅非常大，达到 400—500 页左右。但是，有关中国的领事报告几乎没有，有关伪"满洲国"的报告偶尔会有几篇。同年 10 月，外务省通商局撤废，《海外经济事情》停刊。

（七）《外务省通商局日报》（1935 年 1 月—1943 年 10 月）

1935 年 1 月 10 日，外务省通商局编纂出版的《外务省通商局日报》第 1 号开始发行（除周日、节日休刊），形式类似报纸，一般每期 8 页，售价 3 钱 5 厘，由国际经济研究所负责销售。主要刊登电报、报告、海外贸易商介绍等栏目。报告范围比较广泛，与贸易相关的商况、贸易、关税、金融等事项。由于采用日报体制，因此报告篇幅非常简短，类似电报篇幅，一般只有几行。从 1943 年开始几乎没有有关中国的领事报告。

1943 年 7 月 5 日第 152 号启示，"本刊由于用纸不足及其他因素，停止向社会读者发售，今后作为纯官厅出版物（非卖品）分发给有关官厅及其他部门，因此刊登内容多少有些变化，其他刊物（除官厅出版物）请勿转载。另外，印刷及发送事宜仍由中屋印刷株式会社负责，其他不明之处可致信外务省通商局第三课内通商局日报室。"② 可见，由于经济状况恶化，用纸紧张，从 1943 年 7 开始，停止向社会公开发售，并且每期篇幅缩减至 4 页。

---

① ［日］外务省通商局编：《海外经济事情》1943 年第 7 号。

② ［日］外务省通商局编：《外务省通商局日报》第 152 号，1943 年 7 月 5 日，第 494 页。

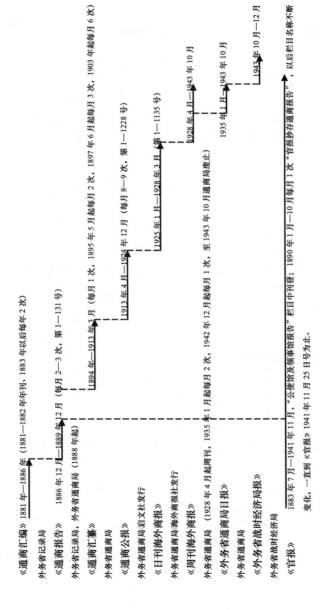

图4-1　日本领事贸易报告演变示意图

1943 年 10 月 29 日第 234 号启示，"因外务省通商局废止，由本局编纂发行的本刊以本号为最终号废刊。"① 1943 年 10 月，外务省通商局撤废，《外务省通商局日报》停刊，标志着持续了 60 多年的由外务省通商局负责编纂驻外领事报告的体制宣告结束。

1943 年 10 月，日本外务省在撤废通商局的同时又成立了战时经济局，从 10 月至 12 月期间，日本外务省战时经济局延续了通商局的相关工作，在短时期内发行过《外务省战时经济局报》，每逢周五发行。从报告内容来看具有两个特点：一是有关中国的报告极少，几乎看不到；二是刊登的报告主要是战时经济局通过各类海外新闻报刊编纂的，并非来自驻外领事，这当然与日本驻外领事馆大幅收缩，情报收集能力下降有直接关系。所以，《外务省战时经济局报》虽然在某种程度上延续了《外务省通商局日报》的功能，但是，从严格意义上讲并不属于日本领事贸易报告。

三　不定期出版物

除了上述定期出版物之外，日本外务省通商局还根据需要不定期出版大量领事调查报告的单行本。这类单行本的内容非常丰富，数量也特别庞大。根据日本国立情报研究所的藏书目录检索，由外务省通商局编写的领事调查报告单行本多达 350 册以上。

例如：《黑龙江沿岸地方输入外国品关税目》（1901 年）、《清国商况视察复命书》（1902 年）、《清国广东省汕头港并潮州

---

① ［日］外务省通商局编：《外务省通商局日报》第 234 号，1943 年 10 月 29 日。

港情况》、《北清地方巡回复命书、长江沿岸视察复命书、清国输入本邦货物的贩路并清国厘金事情》（1903 年）、《清国事情》（1907 年）、《铁岭事情：在奉天帝国总领事馆铁岭分馆调查》（1908 年）、《清国厘金税调查报告集：在清国帝国各领事馆调查》（1909 年）、《基于清国利权回收热各种企业保护政策的调查报告》、《清国开港市场经济的势力范围》、《满洲事情》（1911 年）、《天津贸易概况》（1913 年）、《关于上海日本及日本人的地位》、《在中国本邦人进势概览》、《江西省事情》、《汕头事情》（1915 年）、《海外日本实业者之调查》、《四川省贸易经济事情》、《在中国外国人经营公益设施之调查》、《福建事情》、《香港事情》（1917 年）、《日本的粮食问题与满洲的农业》（1919 年）、《苏杭事情》、《在赤峰日本领事馆管内状况》、《福建省事情》、《在芝罘日本领事馆管内状况》、《在重庆日本领事馆管内状况》、《在上海日本领事馆管内状况》（1921 年）等。

　　上述单行本有的是从定期出版物（日本领事贸易报告资料）中辑录出重要内容重新加以编排出版的，有日本未选入定期出版物的领事报告经整理加以出版的，有外务省通商局直接派人赴中国进行调查的。从内容和形式上来看，这些由日本外务省通商局汇编出版的调查报告大致可以分为以下几种类型。

　　（一）由同类调查报告汇编而成

　　这类出版物一般是日本外务省下达针对某一地、某一事项的调查指令，日本驻外领事馆根据调查要求完成并提交调查报告，日本外务省通商局再统一汇编出版。这类出版物数量最为众多，例如：《清国事情》、《清国厘金税调查报告集：在清国帝国各领事馆调查》、《清国开港市场经济的势力范围》、《满洲事情》、《云南事情》、《移民调查报告》、《海外各地在留本邦人职业别人口表》等都属于这一类型。

日本外务省通商局编纂出版此类调查报告的初衷，从《清国事情》的序言中可见一斑："奉外务大臣之命，本局（外务省通商局）将驻清国各领事馆及其分馆递交的管辖区域内地理、气候、卫生、风俗、外国贸易、工商、农业、金融、交通、劳动、赁金、物价等诸般事项的调查报告，汇总成册统一出版。"①该调查报告书汇集了来自天津、芝罘、上海、汉口、苏州、杭州、南京、长沙、沙市、福州、厦门、汕头、广东、重庆共计14份调查报告，对管辖区域内的自然状况、工农业生产、经济贸易、社会劳动等情况作了详尽的调查。

同样，近代中国的厘金是影响国内商业流通的重要因素，也是各国非常关注的问题之一。为了对中国的厘金问题有一个比较全面的了解，外务省通商局曾于1906年前后向驻安东、奉天、牛庄、吉林、哈尔滨、天津、芝罘、上海、南京、杭州、汉口、长沙、重庆、福州、厦门、汕头、广东等日本领事馆发出调查指令：

起厘及验厘的税率；

厘金征收是从价税还是从量税；

用于纳税的货币种类；

逃税时的制裁措施；

条约国公民货物输出入时厘金支付方法，比子口税或三联单税是否有利；

主要商品的厘金税率；

关于厘金的现行法规；②

---

① ［日］外务省通商局编：《清国事情》第一辑，1907年，序言，第1页。

② ［日］外务省通商局编：《清国厘金税调查报告集：在清国帝国各领事馆调查》，1909年，序言，第1页。

1907 年开始陆续收到来自上述 17 个领事馆的调查报告，1909 年外务省通商局将上述报告汇编成《清国厘金税调查报告集：在清国帝国各领事馆调查》。

此外，《清国开港市场经济的势力范围》一书也非常具有代表性。日本为了了解中国各开港市场的经济状况，特别是"近期清国铁道开通，并与水路相通，较大地促进了商业的发展，同时物资集散线路也随之发生变化。本书刊行创意之一在于揭示这种变化，为我国对清贸易业者提供参考。第一辑主要汇编满洲方面报告，以后随时追加刊行"。① 第一辑汇编了来自驻奉天、哈尔滨、长春、辽阳、牛庄、安东、珲春日本领事馆提交的调查报告，集中反映了由于中国交通运输的改善，导致地区商业线路、贸易网点、经济状况变化和区域市场竞争情况。

（二）领事的管内调查报告

日本外务省一般会不定期要求驻外领事馆提交管辖区内社会经济发展状况的调查报告，有点类似年报性质，但好像未必每年都有。这类调查报告的数量也比较多，而且篇幅较长，调查项目众多。从各地提交的调查报告来看，调查项目基本一致，估计外务省下发过统一的调查格式和要求。有些日本外务省通商局接到领事馆提交的调查报告之后会分几期刊登在领事贸易报告上，有些单独整理出版，有些则汇编出版，有些却没公开出版。

例如：1921 年 8 月单独整理出版的《在上海日本领事馆管内状况》，事实上是 1921 年 6 月 22 日驻上海日本总领事山崎馨一向外交大臣内田康哉提交的一份调查报告。该报告对上海的基本情况作了全面调查和翔实介绍，涉及到各个领域，内容非常丰

---

① ［日］外务省通商局编：《清国开港市场经济的势力范围》第一辑，1911年，序言，第 1 页。

富。包括上海总领事馆管辖区域内的地势、面积、人口及职业大要，管辖区内的特长，衣食住状态，气候及卫生，贸易，居留地内市场、交易所、商人、商品、交易习惯，工业及矿业、农业、林业及狩猎业，上海度量衡、通货及金融，交通及通信，居留地，公私设施，土地房屋的买卖及租赁价格，普通劳动者及仆人的工资，食料品、木材及日用杂货的行情，本邦人应着眼的事业等诸项调查。①

而像驻杭州日本领事馆提交的《在杭州帝国领事馆管辖区域内事情》，1907 年提交的调查报告汇编入《清国事情》，1921年提交的调查报告则汇编入《苏杭事情》。②

（三）外务系统的合作调查

而《基于清国利权回收热各种企业保护政策的调查报告》更可谓是驻华使领馆和外务省通力合作的代表。该书的序言中写道："中国被誉为东亚的世界市场，其产业变革对列国影响甚大，特别是对已占有优势地位的日本而言，其影响之大是毋庸置疑的。现在清国上下主张利权回收，其产业将发生重大变革。我国官民对此现象应引起充分注意，并加以深入调查研究。为此，特命驻清国公使馆对此次清国利权回收论对企业造成的影响展开调查，现收集各地报告，并在篇头附上本局第一课的调查报告汇编出版。"③ 可见，甲午战争后，日本在中国进行了较多的实业投资，中国市场已经成为日本主要海外市场之一。从 20 世纪 10

---

① 　［日］外务省通商局编：《在上海日本领事馆管内状况》，1921 年版，目录。

② 　日本驻杭州领事馆 1921 年提交的《在杭州帝国领事馆管辖区域内事情》已有中译本，可参考丁贤勇、陈浩译编《1921 年浙江社会经济调查》，北京图书馆出版社 2008 年版。

③ 　［日］外务省通商局编：《基于清国利权回收热各种企业保护政策的调查报告》第一辑、《明治后期产业发达史资料》龙溪书舍 1995 年版。

年代开始，中国各地兴起了利权回收运动，日本政府对此非常担心和戒备，外务省通商局通过驻华公使馆、领事馆对此番事件展开调查。

从调查过程和结果来看，日本政府几乎动用了所有的外交资源，包括日本外务省通商局、驻华日本公使馆和驻华各日本领事馆。调查报告《基于清国利权回收热各种企业保护政策的调查报告》（第一、二辑）全书共分三卷：

第一卷《关于清国利权回收热论和产业趋势》，由外务省通商局第一课一之宫嘱托员直接调查，主要内容包括："利权回收热兴起前的产业"、"利权回收运动的兴起"、"利权回收论发生后的产业"、"利权回收论与产业的将来"、"清国产业兴起对日本的影响"等；

第二卷《基于利权回收主义清国产业保护政策纪要》，1910年6月4日由日本驻中国公使馆西田翻译生完成调查，主要内容包括："清国产业保护政策"、"清国官民对利权回收的态度"等；

第三卷《在清国各领事馆报告》，则由驻中国的天津、福州、厦门、芜湖、南京、长春、湖南、汕头、沙市、北满洲、辽阳、苏州、齐齐哈尔、新民府、杭州、汉口、山东、奉天、广东、上海、吉林、铁岭、牛庄、间岛，共20多个领事馆提供调查报告。这些报告汇总至外务省后，由外务省通商局统稿并出版。

各驻华日本领事馆负责的区域调查，因地方产业发展和经济水平差异，在调查形式和内容上多少有些不同，但是，外务省在下达调查指令的同时下发了调查项目和内容范围的纲要：

中国政府与人民自办的工业和银行状况；

官民合办的企业及其受政府特别保护的中国人企业；

此等企业的成立时期、种类、企业产品的销路和成绩；

此等企业中有无外国资本的介入及其方式；

在中国内外人合办企业，特别是中日合办企业的现状和将来；

中国自办企业对本邦产业的影响。

事实上，大部分驻华日本领事馆在接到调查任务后，并不止提交了一份调查报告，诸如齐齐哈尔、奉天、长春、天津、芝罘、杭州、南京、沙市、广东、厦门等地日本领事馆都提交了两份以上的调查报告，奉天日本领事馆又分别于 1910 年 12 月，次年 1 月、3 月提交了三份调查报告。外务省通商局将这些调查报告统一冠以《基于清国利权回收热各种企业保护政策的在清国各领事馆报告续集》的题名附于第三卷之后。

第二节　日本领事贸易报告的形式

一　日本领事贸易报告的形式

日本对华经济调查报告的形式和内容有一个不断完善的过程。1870 年，日本政府在发给上海临时领事品川忠道的训令中，对领事馆的调查内容做出如下要求，"吾国商民输出入品的数量、品种调查，每月上报一次。"① 1874 年，日本政府发布《明治七年布达》，对领事调查范围和报告形式做了进一步的规范。"日本出口物品并由外国进口物品的数量、价格，日本商人从事贸易的类别，各地贸易盛衰，海关管理办法等相关调查。各国派出领事对在留各国商埠进行评价、调查，每一年、半年或不定期

---

①　［日］外务省编纂：《日本外交文书》第 3 卷，日本外交文书刊行会 1964 年版，第 228 页。

向大藏省提交报告。"① 由此可以看出，驻华日本领事馆的主要调查内容是各开港口岸的进出口货物数量、价格统计，日本商人从事贸易的类别，各地贸易盛衰，海关管理办法等方面。

在随后的二十年内，随着国内外经济形势的变化，日本政府不断调整和改进驻外领事报告制度。1875 年 5 月 17 日，外务省颁布了《领事官贸易报状规则》，1879 年 11 月 8 日，井上馨外务卿向海外各领事下发了《日本领事训令》，1884 年 6 月 30 日，外务省颁布了《贸易报告规则》，1890 年 7 月 9 日，外务省颁布《帝国领事报告规程》。根据日本领事贸易报告规则，领事报告的形式主要分为年报、月报和临时报告等三种。

（一）年报

年报是日本领事对驻在开港城市通商贸易及其相关事宜进行汇总的报告。其种类非常多，根据 1923 年日本外务省刊行的《领事官执务参考书》，外务省要求各驻外日本领事馆必须提交的通商贸易类年报有 7 项：《商况报告年报》、《对本邦重要输出入状况》、《在中国领事官的贸易年报》、《关于海外矿产物供需状况报告》、《关于中国蚕丝业状况调查》、《关于米的调查》、《贸易地图统计材料》。② 上述年报中贸易年报持续时间最长、内容最为丰富、资料最为翔实。

贸易年报是日本领事对驻在开港城市一年内的贸易大势进行汇总的报告。该类报告是日本领事贸易报告中信息量最大、内容最丰富、涉及面最广的报告形式。不仅有日本领事对市况的整体介绍，内含大量统计数据，还包括领事的分析和建议。据笔者查阅，贸易年报大体上可以分为全国贸易年报、城市贸易年报和商

---

① ［日］角山荣编著：《日本领事贸易报告的研究》，同文馆 1986 年版，资料篇，第 460 页。

② ［日］外务省通商局编纂：《领事官执务参考书》，1923 年版，第 693—694 页。

品贸易年报等三大类。

全国贸易年报一直由驻上海日本总领事馆负责编写，该类《某年中国贸易年报》的内容一般包括整年贸易总论，通商国别贸易分析，国内通商港别贸易分析，对外贸易概况，船舶进出，金银进出，关税收入，结论（贸易盛衰、原因及其领事的贸易建议）等几大部分。

城市贸易年报由驻中国各开港城市日本领事馆负责编写，数量比较多，基本格式为年度贸易总论、对外贸易（输入、输出、再输出）、国内贸易（输入、输出）、船舶进出、金银进出、关税收入等几个方面。另外，因各城市情况不同，内容有所差异。例如：通铁路的城市有旅客往来数量、铁路运输输出入量等，东南沿海城市有对台湾贸易、内地人往来等，日本人居住较多的城市会有在留日本人统计等内容。

商品贸易年报由驻中国各开港城市日本领事馆负责编写，但以上海领事馆编定的商品贸易年报居多，基本格式为年度商品状况概说、近三年的上市量、交易量的比较、近三年输出量、输出地的比较、当地外国商人的交易量、下一年度采购计划及资金安排等几个方面。

下面以《1903 年度上海贸易年报》、《上海 1898 年输入煤炭商况》为例，来说明贸易年报的基本形式和主要内容。

《1903 年度上海贸易年报》共包括九个部分内容：

第一，总论：介绍了 1903 年度上海港国内外贸易的总体情况，与上一年度作比较，并分析了影响贸易变动的原因。

第二，海关收入：介绍了 1903 年度上海港海关收入的总体情况，与上一年度作比较，并分析了影响海关税收变动的原因。分收税国别对各国进出港船舶货物数量、价格作了统计。

第三，外国贸易：一是输入贸易。首先介绍了输入贸易的总体情况，然后对鸦片、棉制品类、棉毛织物类、金属类、杂货类、海产类、酒类、煤炭、木炭、石油、卷烟、时针、人参、火柴、纸类、砂糖、酱油的输入情况作了介绍。二是输出贸易。首先介绍了输出贸易的总体情况，然后对棉花、麻、生皮、胡麻、蚕丝类、山羊毛皮、草帽缏、茶叶、羊毛的输出情况作了介绍。

第四，沿岸贸易：首先介绍了沿岸贸易的总体情况，然后分别对输入、输出、再输出情况作了介绍。

第五，内地贸易：首先介绍了内地贸易的总体情况，然后分别对输入、输出情况作了介绍。

第六，船舶出入及旅客往来：分船舶类别、国籍，旅客往来的港别、国籍对上海港船舶出入和旅客往来情况作了统计，其中，日本船舶出入、航线开通、日本轮船公司运营状况作了特别介绍。

第七，金银出入：年度金银出入数量增减，分国别对金银流向情况作了统计。

第八，杂事：分别介绍了长江口航路标识的变更，上海港进出卫生检疫情况。对进出上海港军舰、轮船、帆船数量、参检人数、国别、患病情况作了非常详细的统计。

领事在撰写《1903 年度上海贸易年报》过程中不仅插入大量统计报表，而且在篇尾外附了 22 张统计表格。分别是上海港贸易额表、贸易额过去十年比较表、海关收入过去十年比较表、海关收入各国船分担额、外国品输入及再输出表、外国品输入及再输出摘要、重要外国品输入纯额过去十年比较表、清国商品输出及再输出表、清国商品输出及再输出摘要、重要输出品再输出额过去十年比较表、制茶输出表、蚕丝输出表、清国品输入及再输出表、清国品输入及再输出摘要、内地贸易出口表、内地贸易进口表、船舶出入表、上海苏州杭州间交通船国别表、内河航行汽船出入表、出入船舶过去十年比较表、上海苏州杭州间旅行人员表、金银出入表。①

《上海 1898 年输入煤炭商况》全文共分四部分内容：

第一，概况：按月例对每月上海市场的煤炭输入数量、价格、煤种、供需等基本情况作总体概述。

第二，煤炭的输入量：通过三张统计报表对当年上海港煤炭输入状况作了说明。第一、二张分别是《1897 年上海港煤炭输入量》和《1898 年上海港煤炭输入量》，详细列举了每个月日本煤、英国煤、澳洲煤、开平煤、安南煤的输入量。第三张表格是《1898 年上海港煤炭输入量细别》，对各国煤炭品种作了细分，详细列举了日本门司煤、唐津煤、三池煤、长崎煤，英国卡的夫煤、纽卡斯尔煤等 40 种煤炭每月的输入量。

第三，煤炭输入量增加及其原因：1898 年上海港煤炭输入量较 1897 年有了增加，日本领事对导致煤炭输入量增加的原因作了分析，认为主要有四方面原因：小蒸汽船与船舶的日益增加，当地产业的发展（特别是制丝业、棉纺织业），中国北方政局动荡（列强军舰频繁调动），普通百姓生活用煤的增加。

第四，海外各地输出日本煤比重的对比分析。在对世界各地日本煤炭输出量比较分析后，日本领事认为上海、香港两地是日本煤炭输出的最重要市场，其需求量的增减直接影响到日本煤炭输出量的增减，其次是英领印度市场、朝鲜、俄罗斯远东地区市场。②

（二）月报

月报是日本领事对驻在的开港城市中与日本有重要关系的商

---

① ［日］外务省通商局编：《通商汇纂》第 55 号，1905 年 9 月 25 日，《1903 年度上海贸易年报》。

② ［日］外务省通商局编：《通商汇纂》第 125 号，1898 年 2 月 9 日，《上海 1898 年输入煤炭商况》。

品贸易状况，或者是当地商业、经济、金融等重要事项进行的月度报告。该部分内容是日本领事贸易报告中最为核心的内容，从其报告内容上可分为两大类型。

1 商品的月度报告

包括蚕丝、茶叶、棉花、煤炭、火柴、米等，相对次要商品如海产品、大豆、木材等则采取不定期的报告形式。该类报告一般包括总体市况、各品种的上市数量、销售价格、市场存量、输出入量、输出入地、外汇行情和贸易前景等几方面内容，较多采用统计报表的形式，但因不同时期、商品种类不同，其内容和格式略有区别。

例如：《清国上海制茶商况（1889 年 1 月）》共包括四个部分内容：

第一，当月红茶销售量、价格，以及外汇变动情况，并且分别列举了宁州、湖北、湘潭、河口、湖南、安化产红茶的价格情况；

第二，近三年红茶的销售量、存货量、到货量的对比分析；

第三，近三年上海港向英国和美国市场输出红茶、绿茶数量对比分析；

第四，近两年上海港向俄罗斯市场输出红茶、砖茶、绿茶数量对比分析。[①]

《清国上海蚕丝商况（1889 年 4 月）》共包括四个部分内容：

第一，当月各类蚕丝输出量，以及与去年同期蚕丝输出量增减作比较；

第二，介绍了上海港辑里丝的 9 个品种、大蚕丝的两个品

---

① ［日］外务省通商局编：《通商报告》第 96 号，1889 年 1 月 24 日，《清国上海制茶商况（1889 年 1 月）》。

种、黄丝的 3 个品种，以及野蚕丝的市价；

第三，近三年上海港蚕丝的销售量和存货量比较；

第四，近三年上海港中国蚕丝输往英国、法国、意大利、香港、中国沿海各港、日本、印度、新加坡、美国、埃及、叙利亚等地的输出量比较。①

2 经济统计报告

包括开港城市商况报告、经济状况、金融事情、运费行情、外汇牌价，日本在留邦人统计等。例如："某年某月某地经济状况"，主要包括经济概况、金融市场、伦敦外汇及银价市场、墨银状况、金银流动等内容。"某年某月某地金融经济事情"，主要包括金融（外国银行、银价变动、外汇行情）、一般商况、贸易概况、米价昂贵、铜钱种类增加等。"某年某月某地运费行情"，包括运费概况、某地至某地间运费、定期雇船、船舶买卖、日本至某地间货物运费等。

例如：《1908 年 7 月上海经济状况》共包括四个部分内容：

第一，市况概说：首先介绍了上海港该月经济的基本情况，接着介绍了棉布、棉丝、煤炭、石油、杂货等重要输入品的商况，最后对影响上海港经济、贸易波动的因素作了分析。

第二，金融情况：首先介绍了上海港该月金融的基本情况，接着介绍了外国银行的资金存量、放贷意愿、利息涨跌等情况，最后对影响上海港金融变动的因素作了分析。并附前后两月外国银行向中国银行贷款额、利息变动、各银行资金存量、法兰西银行资金存量和贷出额等几张表格。

第三，伦敦外汇及银价行情：介绍了伦敦外汇及银价的波动

---

① ［日］外务省通商局编：《通商报告》第 110 号，1889 年 4 月 20 日，《清国上海蚕丝商况（1889 年 4 月）》。

情况。

第四，墨银状况：介绍了上海港墨银涨跌情况，并分析了影响上海港墨银涨跌的几项主要原因，最后附前后两月各银行墨银存量及其行情对照表、银块及墨银行情、外汇行情及利息、上海各银行现金存量及抵押金额、上海港金银块及法定货币出入表。①

（三）临时报告

临时报告是年报和月报对象以外的信息，认为有必要提醒日本国内商民，或足以提供参考的贸易事项报告。从报告内容来看，多为介绍政府政令、税则变更、交通状况、当地疫情等与贸易息息相关的不定期事宜。如与航运业相关的海港规则、浮标、灯塔设置、税务条例、轮船公司设立、新航路开辟等。与工商业者相关的行政制度、外汇牌价、金银汇率、交易习惯、外国贸易商介绍等内容。

该类报告数量最多，范围最广，篇幅有长有短，内容和形式各异。例如：《通商汇编》、《通商报告》中的《天津上海间电线竣工开通之报》、《含花茶制法探得之报告》、《清国吴淞江潮水进退测量记》、《上海招商局埠头赁概则》、《开平煤矿煤炭发卖之报》、《清国陶器制造法概略》、《清国通州铁道布设的许可》、《清国福州商业仲人之习惯》、《清国福州房屋租金及日用品价格》、《芝罘的商业习惯及例规》、《上海电信会社电信费修订》、《江苏省内输入福建木材厘金税征收》、《上海织布局收购告示》、《湖北织布局纺针及织布机数》等，都属于临时报告的范畴。

从《通商汇纂》后期开始，随着发行频率的加快，临时报

---

① ［日］外务省通商局编：《通商汇纂》第 37 号，《1908 年 7 月上海经济状况》。

告的数量大幅增加、内容日益丰富。一般而言，"商业"栏目之外的栏目内容大多属于临时报告，此类报告没有统一格式，在此不作一一介绍。

（四）其他报告

实际上驻华领事调查报告的形式更为多样。如在年报和月报发行之外，还经常发行半年报、季报、甚至周报作为补充。19世纪末期上海银价下跌，直接影响到蚕丝、棉丝的对外贸易。当年的驻上海日本领事馆报告中总计出现了 21 篇《上海蚕丝商况周报》和 34 篇《上海棉丝棉花商况周报》。为了开拓台湾樟脑在香港的市场，1899 年的驻香港日本领事馆报告中，共出现了 42 篇《香港台湾樟脑市况周报》。1903 年，日本外务大臣还专门致信驻上海日本总领事《关于棉花报告的训达》，"关于中国市场日本棉花的商况，深感对国内从业者之重要，望今后每周以电报形式上报"。① 总之，日本领事馆调查报告的形式，以年报、月报和临时报告为主体，根据日本国内政策、内外需求、市场变动等因素经常进行灵活调节。

第三节　驻华日本领事馆调查报告的特点

近代驻华日本领事报告是中国各地驻在日本领事，利用外交特权，根据本国对外经济政策需要，有目的地收集有关中国经济情报的总汇。领事报告的实质是一种经济间谍活动，编写着眼于本国利益，主要目的是为了更好地服务于对外经济扩张，报告对象是日本政府和民间工商机构，只要有价值的情报都在收集范围

---

① 明治期外交资料研究会编：《外务省制度・组织・人事关系调书集・第9卷：领事官执务参考书、2》，1995 年 10 月，第 1051 页。

之内。因此，近代驻华日本领事报告有着如下几个特点。

一　驻华领事报告情报来源的多样性

驻华日本领事报告主要由驻华各领事和商务官完成，明治初期驻华日本领事馆内一般只有 1 名领事，2—6 名书记生，① 到大正末期普通日本领事馆内有 1 名领事，2—3 名书记生，总领事馆工作人员稍多，而像上海、天津、奉天、哈尔滨、青岛等重要总领事馆内工作人员最多，例如：1926 年驻上海总领事馆有 1 名总领事、1 名领事、5 名副领事、8 名书记生、1 名翻译、另有警察若干名。② 即便如此，想通过领事个人的调查活动来完成报告的编写显然比较困难，这就决定了必然要通过一些正当或不正当的手段，利用一切可以利用的资料来获取有价值的情报。有关这一点，从不少报告的来源中可以看出。据查阅，驻华日本领事报告的资料来源大致分为以下几个方面：

第一，引用中国近代海关报告。驻华日本领事报告中有着大量的年度、月度商品进出口统计报告，有相当部分的统计数据来源于中国近代海关报告是确凿无疑的。在《1883 年牛庄贸易报告》中的开篇首行，执笔领事就有如下的谢词，"经恳请并得到税关官员的协助得以完成本稿的统计"。③ 在另外许多领事报告里各种统计表前，经常会出现"据海关报告"、"据税关统计"等资料来源说明。海关报告对各国领事报告的影响，詹庆华曾撰文指出，"领事对海关报告数据也十分信赖，并坦言自己报告中

---

① ［日］佐藤元英：《明治期公使领事报告规则与通商贸易关系情报的编纂公刊》，《外交史料馆报》第 3 号，第 72—82 页。

② ［日］外务大臣官房人事课编：《外务省年鉴》大正十五年，クレス出版社 1999 年 11 月版，附表《外务省职员配属表》。

③ ［日］外务省记录局编：《通商汇编》明治十七年上，第 89 页。

的统计表主要是根据海关正式报告编制的，除贸易统计数字外，领事报告很多内容也取自海关贸易报告"①。但进入 20 世纪初期，等待海关统计数据来编写领事报告的方式，显然已经无法适应信息迅捷性的要求。以领事馆独自的调查和三井物产为代表的日本大商社的贸易报告为基础的领事报告大幅增多。②

第二，援引当地报纸，尤其是外文报纸。驻华日本领事报告中经常援引中国报纸中的有关记事，特别是《申报》、《字林沪报》、《北华捷报》等报纸中刊登的有关政府公告，针对贸易、产业的评论文章。转载时多数只注明"据当地新闻报道"。但也有如《重庆港开港条约》、《外国市场中国茶叶的衰微》、《清国茶叶的衰微及其挽回策》等领事报告明确注明转引了《字林沪报》的消息。③

第三，借用商会的调查。明治维新以后，为争夺中国市场，日本各大商会纷纷在中国各大城市设立分支机构，收集相关贸易情报。1877 年，三井洋行率先在上海设立分店，随后广业洋行、日下部洋行、大阪洋行、乐善堂等纷纷在华设立分支机构。这些贸易机构在从事贸易的同时，也为日本政府对华经济政策献计献策。如在明治十五年（1882）的领事报告中，刊登了广业洋行上海分店负责人鹤田幸吉关于日本海带对华贸易得失和海带生产改良的建议书，《昆布商况并昆布制造改良意见上申书》，以及

---

① 詹庆华：《中国近代海关贸易报告述论》，《中国经济史研究》2003 年第 2 期，第 70 页。

② ［日］塚濑进：《以上海煤炭市场为中心的日中关系》，《亚洲研究》第 35 号，第 4 号，第 70 页。

③ ［日］内阁官报局编纂：《官报》第 2052 号，第 73 页。（日本）外务省通商局编：《通商报告》第 2066 号，第 10 页。（日本）外务省通商局编：《通商汇纂》第 82 号，第 48 页。

对日本根室海带商况的调查意见书，《根室昆布商况（附意见书）》。① 除此之外，驻华日本领事报告还经常引用外国商会的报告，如在《关于上海的茶叶状况并清茶贸易协会设立的件》中，有关印度、锡兰、中国茶叶生产量比较表的编制就是引用了怀特（White）商会的报告书。②

第四，引用政府和民间机构的报告。如《关于清国币制、商部设立及商法制定的上谕》，《关于清国厘金税湖广总督张之洞的上疏》③ 等报告都是引用了清朝大臣的上奏。《清国输出茶税的轻减》④ 中同时引用了上海茶叶协会董事梁荣翰给商务大臣盛宣怀的请愿书和盛宣怀给清政府的上奏书。《关于清国金本位制采用上海商业会议所的决议》⑤ 引用了上海商业会议所的决议。

以上各种资料较多地被引用，无形中使大量有价值的资料得以保存下来。其中相当部分除日本领事报告之外已不多见。

二　驻华日本领事报告内容的广泛性

驻华日本领事报告以近代中国经济情报为主体，但除了大量的通商报告之外，还包括一些近代中国政治、社会和风俗情报。特别是在明治后期，为配合日本对华侵略，满足多层次、多角度的信息需求，进一步全方位地了解中国，在报告频度和数量大幅增加的同时，内容也日趋广泛。围绕着经济报告为中心的政治、社会报告不断出现。如清末中央、地方政府官员变动、重要省市

① 　［日］外务省记录局编：《通商汇编》明治十五年，第281页、第288页。
② 　［日］外务省通商局编：《通商汇纂》第71号，第3页。
③ 　［日］外务省通商局编：《通商汇纂》第11号，第89页。
④ 　［日］外务省通商局编：《通商汇纂》第221号，第44页。
⑤ 　［日］外务省通商局编：《通商汇纂》第7号，第21页。

官员名录、英国、美国、德国等驻华领事更迭、清朝外交动向等信息。同时，以"电报"为主的"时报"、"特报"栏目，经常迅速地大量报告现地的政治、社会情况。特别是进入 20 世纪初，中日关系变得错综复杂，时局的变动时常牵动着经济界。因此，每逢中国政局或中日关系有波动之时，该栏目的报告数量也激增。

　　对于未知的中国各地，特别是广袤的内陆地区，日本政府不时派遣官员进行实地考察，提交的考察报告编入"巡回报告"、"视察复命书"、"各地事情"等栏目。这些考察报告涉及中国各地的自然概况、风土人情、习惯、嗜好、民间组织以及农业生产、气候状况等。"移民及劳动"栏目，主要介绍人员的流动及外出务工情况。"居留地与居留民"栏目，主要有关日本人在中国各地的活动情况，及中国各城市在留日本人口统计、从事职业的调查。"博览会及各种会议"栏目，主要是各地举行的展览会及重要会议的报告，对清末南洋劝业博览会有着详尽的介绍。

　　此外，日本领事报告在封二、封三页，还经常会刊登一些各地的照片，其中大量为有关近代中国的照片。这些照片包括山川、河流、码头、城池、工厂、矿山、交通机构、政府衙门等各个角度，当时作为重要的军事、经济情报而拍摄，如今作为近代中国史研究来说，也是一份不可多得的照片档案资料。

三　驻华日本领事报告对重要商品、重大事件报告的连续性和侧重性

　　驻华日本领事报告中对中日两国贸易息息相关的商品，如茶叶、生丝、煤炭、火柴、米、海产等商品信息，通过月报、周报等形式进行连续性报道。茶叶和生丝是近代中国和日本出口的主要竞争品，煤炭、火柴、米和海产等商品是日本对华贸易的

主要商品。以茶叶报告为例，自《通商汇编》明治十五年（1882）上半年的《清茶开市报告》为开端，[①] 有关中国制茶商况报告基本上每月的报告都能看到。每期报告都详细报告上海、福州、汉口等主要茶叶输出港口的茶叶价格、出口量和市场分析。并对中国茶叶产区的茶叶栽培、制造进行实地调查，对中国、印度、锡兰等国的茶叶生产和出口状况进行比较分析。这主要由于日本从明治时期开始积极培育茶叶产业，开拓海外市场，尤其是在美国市场，日本绿茶与中国绿茶出口展开了激烈的市场争夺战。如何使日本政府和茶农获取中国茶叶生产情报，必然是在外领事的重要任务。

另外，驻华日本领事报告在重大事件的报道方面具有侧重性，比如辛亥革命。1911 年 10 月 10 日爆发的武昌起义迅速席卷全国各地，并对中国政治、社会、经济产生了全方位的重大影响。悉心图我的日本政府自然也非常关切此事态的发展，并迅速做出反应。在事件发生的两周内，即当年 10 月 25 日发行了《通商汇纂》号外，《四十四年（明治）辛亥革命对经济界的影响》，此后连续发行了 17 期号外。1912 年 1 月 10 日第 18 期号外开始，改名为《四十四、四十五年辛亥革命对经济界的影响》继续发行，直至当年 4 月 18 日第 35 期号外。每次号外分为动乱状况、经济贸易、交通运输、通信、居留地动静等栏目，全方位详细报道了辛亥革命对中国政局、社会秩序、国内商业、对外贸易、交通、通信等方面的影响。除来自驻中国各地日本领事馆的报告外，还包括日本国内政府各部门、银行、都道府县的相关报道。如《清国动乱对大阪的影响》，《清国动乱对神户贸易的影响》，《本邦贸易额及对清贸易额比较一览表》，《关于长崎港对清贸易

---

① ［日］外务省通商局编：《通商汇编》明治十五年，第 279 页。

上影响的调查》，《自四十四年（明治）十月至四十五年三月六个月间对清贸易前年同期对照表》，等等。

四　其他国家驻在日本领事馆报告的关联性

19 世纪中期以后，随着苏伊士运河的开通，伦敦至上海海底电缆的架成，世界经济进入一体化时代。日本除在中国设立了较多的领事馆外，在欧洲、美国和澳洲地区也设置了大量的领事馆。从这些地区的日本领事馆寄来的报告中也大量含有与中国社会经济有关的记录。《通商汇编》所载的驻华领事馆报告按内容分类，制茶 15 篇、杂货 15 篇、货币金融 10 篇、蚕丝 5 篇；驻在美国的日本领事馆报告，制茶 48 篇、杂货 32 篇、蚕丝 30 篇、货币金属 25 篇；驻在英国的日本领事馆报告，制茶 3 篇、杂货 4 篇、货币金融 4 篇、蚕丝 5 篇，其内容构成比例上有着较大的相似，此后的《通商报告》也显示出了相同的结果。① 这充分显示了世界市场形成后，商品贸易已不局限在某些国家和地区，如茶叶、蚕丝等已经成为共同关心的世界性商品。驻华日本领事报告中含有他国的信息，在他国的日本领事报告中也同样含有中国的信息。对这些商品贸易的研究，如果能够结合各地区领事馆的相关报道，研究就可以做得更加全面。

日本领事报告除上文所述的各个栏目外，还在每期最后开辟了"外务省通商局"报告专栏，对重要商品进行全方位的调查分析，这也是日本领事报告一个非常大的特点。外务省通商局针对国内外经济形势的变化和日本商品出口的需要，确定报告主题，责成各国驻在领事馆商务领事，在一定时期内对某些商品在该国的市场形势进行调查，外务省通商局根据各地的汇报材料加

① ［日］角山荣编著：《日本领事报告的研究》，同文馆 1986 年版，101 页。

以汇总、分析而成。外务省通商局对中国商品的报道最早是《通商汇纂》第 68 号（1897 年 6 月 21 日）的《关于上海的制丝业及无锡地方茧的购入情况》。① 此后，该栏目分量不断增加、内容也逐年丰富。以 1906 年度《通商汇纂》中的《关于海外各地制茶状况》为例，由驻在上海、孟买、新加坡、里昂等地日本领事馆的调查报告组成。《关于海外各地煤炭需求供给状况》，由驻在上海、天津、牛庄、芝罘、汉口、香港、新加坡各领事馆的调查报告组成。这些报告多为同一商品、同一时期、不同市场情况的汇总和市场前景分析，是近代对外贸易史研究的重要资料。

---

① ［日］角山荣、高岛雅明监修：《微缩胶片版领事报告资料收录目录》，雄松堂 1983 年版，137 页。

第五章

驻华日本领事贸易报告的
内容和数量分析

第一节　驻华日本领事贸易报告的内容分析

一　明治前期领事报告内容以商况贸易为主体

从幕末开国到明治政府成立的近十年间，日本的对外贸易有了长足进步。1860 至 1865 年，输出由 471 万日元增至 1849 万日元，输入由 166 万日元增至 1514 万日元，6 年间各增长了约 4 倍和 9 倍，[①] 但输入的增速要明显高于输出的增速。而且，受到与欧美国家之间不平等条约的限制，日本的对外贸易权完全被外国商人所垄断，大量的正币外流导致严重的财政危机。为了有效遏制输入，推动国内商品输出，明治政府确立了"贸易立国"的方针。

明治前期，即甲午战争之前，日本与中国处于同等发展水平的落后农业国家，输出商品以生丝、茶叶、海产品、煤炭、铜等农产品和矿产品为主，这些商品在国际市场上与中国输出品构成激烈竞争，因此，如何收集中国产品的信息，在世界市场上击败中国产品的竞争是日本政府的首要任务，对华经济调查的内容在

---

　　① 　［日］石井宽治：《日本经济史》，东京大学出版社 2006 年版，第 94 页。

明治前期主要是围绕着中日贸易品。

有关这一点，从 1884 年日本外务省颁布的《贸易报告规则》中也可以看出，"报告的主要内容是在任地物产的种类及其制法，需求多少，嗜好异同等凡是与贸易相关的实际情况，可供吾国商民对他国供给上提供便利的，因此其记事尽量与贸易相关，少录杂事，但是可作为商况参考的有关农工事项也可记录无妨"。① 因此，明治初期日本的对华调查主要集中在生丝、棉花、织物、茶叶、米谷、杂货等商品的生产加工和贸易信息。

明治初期驻外领事馆发回的报告汇编成《通商汇编》和《通商报告》，下面来分析一下其主要内容。

（一）《通商汇编》

创刊号《明治十四年通商汇编》收录了来自海外各国的领事报告 38 篇，有关中国的领事报告有 10 篇，占当年全部报告的约 27%。分别是香港领事馆的《明治十四年货物输出入表及报告》，天津领事馆的《草帽缏输出状况附甲乙丙丁报告》、《草帽缏样本已交付农商务省的答复》、《天津输入日本产物价格年表》、上海领事馆的《海员管理之事与德美领事订约的来报》、《管辖港巡回归任的报告》、《日本小银币伪造者查究之事来报》、《前件伪造者审讯情况附新闻摘要再报》、《天津上海间电线竣工开通之报》、《明治十四年本邦货物上海输入年报》。1881 年至 1885 年上半季，《通商汇编》以领事馆顺序排列，由于是刊物的草创阶段，在刊物定位和编纂经验方面有不成熟的地方，因此内容相对比较杂。

从 1885 年下半季开始，《通商汇编》按照商品类别排列，分为蚕丝、棉花、织物、制茶、米谷、水产、货币及金银属、杂

---

① ［日］角山荣编著：《日本领事报告的研究》，同文馆 1986 年版，第 461 页。

货、统计表等几个栏目。《通商汇编》明治十八年下半季、明治
十九年第一回、明治十九年第二回中，驻中国领事馆发回的报告
进行分类统计：蚕丝 5 篇、棉花 3 篇、织物 3 篇、制茶 15 篇、
米谷 1 篇、水产 9 篇、货币金属 10 篇、杂货 15 篇、商况杂录 39
篇、贸易统计 54 篇。①

　　表 5 - 1 是《通商汇编》明治十八年下半季驻上海领事馆发回
的报告，下面以该号刊载的领事报告为个例，来说明《通商汇编》
刊登的主要内容。该号总共刊登来自海外各国的领事报告 136 篇，
有关中国的报告 37 篇，其中上海领事馆发回的报告 29 篇。

　　从报告题目基本上可以看出，当时驻中国各地领事馆发回的
报告大致可以分为三个类型：

　　第一类，商况报告。

　　明治时期，中国既是日本商品的主要输出市场，同时中国商
品又与日本商品构成激烈竞争，因此，驻华日本领事馆的各项对
华调查都是非常具有针对性的，主要关注两大类商品：第一，中
日之间的贸易商品，如各类杂货（火柴、煤炭、铜、陶瓷器、
砂糖均列入杂货范围）、海产品等是日本领事馆的重点调查对
象；第二，中日之间的竞争性商品，如生丝、茶叶，由于是国际
市场的竞争商品而备受日本领事馆的关注。上述领事报告数量最
多，大多为月报、季报的形式，例如：《清茶开市报告》、《清丝
情况自第一报至第六报》、《茶市情况自第二报至第三报》、《茶
市情况自第四报至第八报》、《清国棉花情况》、《清国海产概
说》、《1885 年煤炭其他杂货商况》、《清国上海火柴商况》等。

　　第二类，贸易报告。

---

　　①　［日］高岛雅明：《领事报告制度的发展与领事报告的刊行》，载角山荣编著
《日本领事报告的研究》，同文馆 1986 年版，第 101 页。

贸易报告主要内容包括日本商品输入中国各港，中国商品输出日本，外国商品通过上海港转运日本，中国各开港口岸的商品进出口量、市场价格、销售情况等，尤其关注日本商品在中国的销售情况。例如：《1881 年本邦商品上海输入年报》、《1882 和 1883 年上海港输入日本货物上半季比较表》、《1883 和 1884 年下半季上海输出货物比较表》、《外国物品经上海向日本再输出金额第一季四年比较表》等。贸易报告以统计报表为主要撰写形式。

第三类，其他报告。

主要内容是与贸易相关的货币金属进出、船舶出入、上海港税收、港口规则等各种事宜。例如：《第一季上海诸税收额三年比较表》、《第一季上海货币输出入一览表》、《第一季上海出入船舶及顿数一览表》、《清国吴淞江潮水进退测量记》、《清式帆船贸易概况》等。

总体上来看，该阶段刊登的驻华领事报告基本上以商况报告和贸易报告为主，占到绝大多数比例，作为补充刊登一些与贸易相关的港口规则、船舶出入等其他报告。

另外，由于《通商汇编》以年报和半年报的形式发行，出版周期比较长，所以每期刊登领事报告不仅数量非常多，而且有些领事报告篇幅也很长，且以统计表的形式撰写的领事报告居多。

表 5 - 1　《通商汇编》明治十八年下半季驻上海领事馆发回的报告

栏目	报告题目	报告日
蚕丝	1885 年第 3—4 季度上海蚕丝商况	1886 年 5 月 5 日
棉花	清国棉花情况	1885 年 7 月 26 日
	1885 年第 3—4 季度上海棉花商况	1886 年 5 月 5 日

续表

栏目	报告题目	报告日
织物	1885 年第 3—4 季度上海金巾类商况	1886 年 5 月 5 日
制茶	1885 年第 3—4 季度上海制茶商况	1886 年 5 月 5 日
海产	1885 年第 3—4 季度上海市场日本海产物商况	1886 年 5 月 5 日
	清国海产概说	1886 年 5 月 5 日
货币	1885 年第 3—4 季度上海港两银行情	1886 年 5 月 5 日
	1885 年第 3—4 季度上海港货物输出入一览表	1886 年 5 月 5 日
杂货	1885 年第 3—4 季度上海市场日本产煤炭其他杂货商况	1886 年 5 月 5 日
	1885 年第 4 季度商况	1886 年 5 月 5 日
	1885 年第 4 季度煤炭其他杂货商况	1886 年 5 月 5 日
杂录	1885 年第 3—4 季度上海港出入船舶数吨位数一览表	1886 年 5 月 5 日
	清国吴淞江潮水进退测量记	1886 年 5 月 5 日
	上海招商局埠头租赁概则	1885 年 12 月
贸易诸表	1884 年第 3 季度上海输入货物比较表	1885 年 12 月
	1884 年第 3 季度上海输出货物比较表	1885 年 12 月
	外国制物产经上海向本邦再输出货物四年间比较表	1885 年 12 月
	1885 年第 3 季度本邦向上海输出货物比较表	1885 年 12 月
	1885 年第 3 季度本邦向上海输入货物比较表	1885 年 12 月
	1884 年、1885 年第 4 季度上海输入货物比较表	1886 年 5 月 5 日
	1884 年、1885 年第 4 季度上海输出货物比较表	1886 年 5 月 5 日
	外国制物产经上海向本邦再输出货物第 4 季度四年间比较表	1886 年 5 月 5 日
	1885 年第 4 季度本邦向上海输出货物比较表	1886 年 5 月 5 日
	1885 年第 4 季度本邦向上海输入货物比较表	1886 年 5 月 5 日
	第 4 季间上海港诸税收入额三年比较表	1886 年 5 月 5 日

资料来源：［日］外务省通商局编：《通商汇编》明治十八年下半季。

（二）《通商报告》

《通商报告》基本上延续了《通商汇编》的风格，设置有蚕丝、棉花、织物、制茶、米谷、水产、货币及金属、杂货、杂录、贸易统计表等几个栏目，刊登领事报告内容依然以商况报告、贸易报告为主，重心没有发生太大变化。从 1886 年 12 月第 1 号至 1889 年 12 月第 131 号为止的统计数据也可以看出，有关制茶的领事报告 114 篇、杂货 129 篇（含煤炭、铜、火柴、陶瓷器、砂糖）、蚕丝 80 篇，三项合计所占比重最大，几乎占到总量的 54%，其次是有关水产 65 篇、棉花 46 篇、米谷 32 篇、织物 29 篇、贸易统计 28 篇、货币金属 19 篇，也有相当数量。[①] 表 5–2《通商报告》第 1—15 号驻上海领事馆发回的报告，也基本上反映了上述特点。

但是，改版后的《通商报告》在刊登内容方面也发生了一些细微变化，这可以从表 5–2 看出。

第一，商况报告比重加大，贸易报告相对减少。由于《通商报告》是旬刊，发行速度大大加快，每期篇幅相对缩小，每期一般只刊登 10—15 篇世界各地的领事报告，来自中国的领事报告每期数量不等，多则 10 篇，少则没有。因此，综合性、大篇幅统计表之类的领事报告相对减少，而代之以简短精练的商况报告为主角，例如：《清国上海生丝商况》、《清国棉花情况》、《清国上海制茶商况》、《清国陶器制造法概略》等。在《通商报告》第 1—131 号中，绝大部分是各类商况报告，贸易统计仅占到总量的 5%，与《通商汇编》时期相比大幅下降。

---

① ［日］角山荣编著：《日本领事贸易的研究》，同文馆 1986 年版，第 103 页。

　　第二，开始出现分析性领事报告。《通商汇编》和《通商报告》的核心内容是商况报告和贸易报告，此类领事报告强于描述性和统计性，缺乏领事分析和建议。但是，《通商报告》中基于领事调查的分析性、建议性领事报告逐渐开始出现。例如：1887—1888 年，驻上海、汉口、福州领事连续发回了《清国产茶实况》、《关于中国制茶贸易衰退调查委员会的意见书》、《中国印度两国红茶制法之得失》、《欧洲关于印度、锡兰及中国茶之盛衰》，对中国茶叶栽培、制造、输出衰退，以及中国、印度、锡兰三国茶叶制造优劣等情况作了全面介绍。1889 年，驻天津领事发回了《长崎天津间定期航路开通的效果》（连载 3 期），介绍了自 1886 年春季日本邮船开通长崎天津间航路以来，日本对华贸易发生了显著变化，一是日本对天津直接贸易额大增，二是在天津的日本商店增多，日本商人所占贸易比重增加。1889 年，驻福州领事发回了《关于中国贸易的报告》（连载 7 期），对中国贸易习惯、所需商品、日本商品在华南的销售情况作了详细介绍，并提出了进一步开拓华南、台湾市场的建议。

表 5 - 2　《通商报告》第 1—15 号驻上海领事馆发回的报告

刊载号	栏目	报告题目	报告日
第 1 号	蚕丝	清国上海生丝商况	1886 年 12 月 2 日
	制茶	清国上海制茶商况	1886 年 12 月 2 日
第 4 号	棉花	清国上海棉花情况	1886 年 12 月 23 日
第 6 号	蚕丝	清国上海蚕丝商况	1887 年 1 月 14 日
	制茶	清国上海制茶商况	1887 年 1 月 14 日

刊载号	栏目	报告题目	报告日
第 7 号	蚕丝	清国上海蚕丝商况	1887 年 1 月 18 日
	棉花	1886 年第 3 季度上海棉花商况	1886 年 12 月 23 日
	制茶	清国上海制茶商况	1887 年 1 月 18 日
	水产	1886 年第 3 季度上海海产物商况	1886 年 12 月 23 日
	货币	1886 年第 3 季度上海地金类商况	1886 年 12 月 23 日
	杂货	1886 年第 3 季度上海商况	1886 年 12 月 23 日
	杂货	1886 年第 3 季度上海煤炭商况	1886 年 12 月 23 日
	杂货	1886 年第 3 季度上海木炭商况	1886 年 12 月 23 日
	杂货	1886 年第 3 季度上海火柴木商况	1886 年 12 月 23 日
	杂货	1886 年第 3 季度上海石油商况	1886 年 12 月 23 日
第 8 号	制茶	清国产茶实况	
第 9 号	蚕丝	清国上海蚕丝商况	1887 年 1 月
	制茶	清国上海制茶商况	1887 年 1 月
第 13 号	蚕丝	1886 年第 4 季度上海蚕丝商况	1887 年 3 月 4 日
	制茶	1886 年第 4 季度上海制茶商况	1887 年 3 月 4 日
	制茶	清国产茶实况（续前）	1887 年 3 月 4 日
	水产	1886 年第 4 季度上海海产物商况	1887 年 3 月 4 日
	杂货	清国陶瓷制造法概略	1887 年 3 月 4 日
	统计	1886 年第 4 季度日本输出上海货物比较表	1887 年 3 月 4 日
	统计	1886 年第 4 季度上海输出日本货物比较表	1887 年 3 月 4 日

续表

刊载号	栏目	报告题目	报告日
第 14 号	蚕丝	清国上海生丝商况	1887 年 3 月 17 日
	棉花	1886 年第 4 季度清国上海棉花商况	1887 年 3 月 4 日
	棉花	清国木棉种植法概略	1887 年 3 月 4 日
	米谷	1886 年第 4 季度清国上海米谷商况	1887 年 3 月 4 日
	货币	1886 年第 4 季度上海地金类商况	1887 年 3 月 4 日
	杂货	1886 年第 4 季度上海杂货商况	1887 年 3 月 4 日
	杂货	清国陶瓷制造法概略（续前）	1887 年 3 月 4 日
第 15 号	制茶	清国上海制茶商况	1887 年 3 月 17 日

资料来源：［日］外务省通商局编：《通商报告》第 1—15 号目录。

二　明治后期大正时期领事报告内容全面扩大

甲午战争后，中日经济地位逐渐开始发生变化，日本不仅进一步加大对华商品输出力度，而且开始注重对华资本输出。为了满足多层次、多角度的信息需求，进一步全方位地了解中国，并配合日本对华经济侵略，驻华日本领事馆的调查活动有了较大变化。

（一）《通商汇纂》

《通商汇纂》刊载领事报告内容上最大的变化就是调查项目逐渐增加，调查领域不断扩大。

首先，将蚕丝、制茶、棉花、织物、米谷、水产、杂货等商品信息，贸易统计等内容全部归入商业栏目。一般以某港商况月报、周报、季报，或者是某港某商品月报、周报、季报等内容为主。表 5 - 3 是任意选取了《通商汇纂》1894 年、1899 年和 1910 年 3 年内，上海、天津、汉口、福州、香港领事馆发回领事报告的类别统计。表 5 - 4 是《通商汇纂》第 125 号（1899 年

2月28日）刊载的驻华领事报告情况。从数量上来观察，无论是一年合计，还是一期单算，商业栏目领事报告大都占到总量的50%以上，这也充分体现了发行领事贸易报告的主旨和目的。

从关注商品的具体细目来看，蚕丝、制茶、棉花、棉丝、棉布、织物、煤炭、海产物、樟脑等商品是该阶段日本领事馆重点调查对象，并且基本上每期都有，或者是在某一时间段内集中大量出现。蚕丝、制茶、棉花、煤炭、海产物的情况自然无须多言，是中日间传统贸易商品和竞争品。随着日本近代工业的发展，棉丝、棉布、织物对华输出量逐年增加，自然也成为日本领事馆调查的重点。樟脑（包括樟脑油）在19世纪末成为日本重点关注的对象，主要是因为1895年日本窃取台湾后，台湾樟脑迅速成为日本重要输出商品之一。此外，日本对中国市场草帽缏、漆液、烟草、石油（在当时指的是灯油）、石灰、牛皮、猪鬃、鸡蛋、砂糖、火柴等商品的关注度也日益增加。从总体上看，《通商汇纂》所关注的重点依然是两国农产品、手工产品和矿产品的市场信息，这与19世纪末20世纪初期中日对外贸易结构有着紧密联系。

其次，项目逐渐增加，调查领域不断扩大，这是《通商汇纂》时期出现的最大一个变化。此前的《通商汇编》和《通商报告》的核心内容是商况报告和贸易报告，而《通商汇纂》发行后突破了原来"商况和贸易"的界线，除商业栏目之外，新设了货币及金融、工业、农业、矿业、水产业、交通等调查栏目。19世纪末20世纪初期刊登栏目进一步细化，又逐步增加了电报、时报、特报、企业、林业、畜牧业、关税及诸税、财政与经济、巡回报告、视察复命书、各地事情、条约与诸法规、居留地与居留民、移民及劳动、检疫及卫生、博览会及各种会议、海外贸易商介绍等新的调查栏目。下面就这些栏目刊载领事报告的主要内容作一简要介绍。

电报、时报、特报主要包括生丝、茶叶、棉花、棉丝等中国重要输出入商品的市场行情，有时刊登一些政治局势变化的信息；

货币及金融栏目主要包括金融机关、金融市场、流通货币、日本货币、纸币发行、铸币事宜、外汇行情、金银输出入、钱庄状况等信息；

企业栏目主要包括工场、公司的设立和营业状况等信息；

工业栏目主要包括工厂设立、生产工艺、公司营业报表等信息；

农业栏目主要包括农作物生产、收成、农产品价格、稻作状况、养蚕状况、肥料生产、农业试验场、农业团体、灾荒等信息；

矿业栏目主要包括煤矿、铁矿公司设立、采矿许可、矿山开采、矿山规则、矿脉调查、矿产价格等信息；

水产业栏目主要包括各种海产品、水产品的市场价格、上市数量、竞争状况，以及制盐业等信息；

交通栏目较多为航运和铁路的信息，航运主要包括轮船公司设立、航线开通、港口规则、出入船舶统计、河道疏浚、河道冰封、河流水文状况等，铁路主要包括铁路建设、铁路开通、铁路营业成绩、铁路运费等，另外还有一些邮政、电信事务方面的信息；

关税栏目主要包括税关设置、厘金征收、商品税收、各国税率、税率改正、输出入手续等信息；

财政与经济栏目主要包括经济总体状况、财政政策、货币行情、金融界动向、商品物价、职工工资等信息；

检疫及卫生主要包括传染病、城市自来水等信息；

移民及劳动主要包括中国苦力流动、劳动者工资、国内人口流动、海外移民等信息；

居留地与居留民主要包括在中国各地居住的日本人人口、职业统计等信息；

博览会及各种会议主要包括南洋劝业会、各地博览会等信息。

根据表5-3的统计显示：1910年，驻上海领事馆发回商业类报告50篇、时报3篇、工业1篇、水产1篇、货币6篇、财政12篇、电报36篇；驻天津领事馆发回商业类报告13篇、时报3篇、工业2篇、财政3篇、交通1篇、企业1篇；驻香港领事馆发回商业类报告65篇、时报3篇、工业3篇、农业1篇、货币10篇、财政3篇、交通10篇、企业2篇、介绍1篇。虽然工业、农业、财政、交通等栏目报告数量尚无法与商业栏目数量相比拟，但是，每年各种类型一般会出现几篇，这充分说明了《通商汇纂》刊载的领事报告内容涉及面不断扩大。

再次，每份报告篇幅大幅增加、质量明显提高，报道内容不断深入，特别是巡回报告、视察复命书、各地事情等栏目中刊登的驻华日本领事的各地视察报告，内容非常广泛。《通商汇纂》1898年第115号开始，连续12期刊登日本驻华公使馆二等书记官樽原陈政提交的《清国商况视察复命书》。详细报告了上海、芝罘、苏州、无锡、湖州、杭州、宁波、福州、厦门、泉州、漳州、汕头、澳门等开港城市的通商贸易状况，及其与之相关的金融、政策、航运、交易习惯等诸多信息。

最后，在《通商汇纂》和《通商公报》每期的封二、封三页都会刊登海外各地的照片，以更加直观的形式向日本国内介绍中国的风土人情、自然地貌、港口码头、工场设施。例如：《通商汇纂》第53号（1905年9月18日），刊登了一组"清国河南省开封府附近杂景"的照片，分别是"朱仙镇关帝庙"、"开封府工艺官局"、"周家口河北集水市"、"确山县停车场（铁道）"。

表5-3 《通商汇纂》刊载驻华日本领事报告的类别统计（篇）

年	上海	天津	汉口	福州	香港
1894	商业6（月报3、蚕丝棉2、煤炭1）农业1、工业1、矿业1、杂件4	商业3（月报）交通1			商业8（煤炭3、棉丝1、米1）农业1、矿业1、交通3、杂件2
1899	商业58（贸易年报1、蚕丝棉38、煤炭7、制茶3、米2）货币17、矿业1、交通3、杂件21、附录3	商业18（贸易年报1、月报9）交通4、杂件4、移民1	商业6（贸易年报1、制茶1、米1）工业1、交通1、杂件1	商业4货币2工业1交通14杂件3	商业72（蚕丝棉13、煤炭11、樟脑35、海产物10、经济事情7）农业1、货币1、关税1、杂件3
1910	商业50（贸易年报1、蚕丝棉8、煤炭6）时报3、工业1、水产1、货币6、财政12、电报36	商业13（贸易年报1、砂糖2）时报3、工业2、财政2、交通1、企业1	商业12（贸易年报1）介绍2、杂件1	商业20（贸易年报1、制茶5、樟脑4）农业1、企业1	商业65（贸易年报1、蚕丝棉19、煤炭9、砂糖9、米5）时报3、工业3、农业1、货币10、财政3、交通10、企业2、介绍1

资料来源：〔日〕角山荣、高岛雅明监修：《微缩胶片版领事报告资料收录目录》，雄松堂1983年版。

表 5－4　《通商汇纂》第 125 号（1899 年 2 月 28 日）刊载的
驻华领事报告一览表

栏目	报告题目	报告领事馆	报告时间
商业	上海 1898 年输入煤炭商况	上海总领事馆	1898 年 2 月 9 日
	沙市 1898 年 10—12 月 3 个月间市况	沙市领事馆	1898 年 1 月 20 日
	杭州本邦杂货概况	杭州领事馆	1898 年 2 月 4 日
	牛庄 1898 年 10 月至封河期豆及豆粕商况	牛庄领事馆	1898 年 1 月 18 日
	上海石油及煤炭商况周报	上海总领事馆	1898 年 1 月 28 日
	上海蚕丝商况周报	上海总领事馆	1898 年 1 月 28 日
	上海棉丝棉花及织物类商况周报	上海总领事馆	1898 年 1 月 7 日
	上海棉丝棉花及织物类商况周报	上海总领事馆	1898 年 2 月 2 日
	台湾樟脑市况周报	香港领事馆	1898 年 1 月 30 日
农业	清国杭州附近农业概况	杭州领事馆	1898 年 2 月 8 日
货币及金融	上海 1898 年 12 月经济状况	上海总领事馆	1898 年 2 月 2 日
	香港上海银行关于限制纸币发行条例的修正	香港领事馆	1898 年 2 月 2 日
	厦门各种通货比价高低周报	厦门领事馆	1898 年 1 月 16 日
	香港各种通货外汇行情周报	香港领事馆	1898 年 2 月 8 日
交通	上海汉口间及上海、苏州、杭州间本邦定期船航行状况	上海总领事馆	1898 年 1 月 8 日
	汉口宜昌间航路状况	沙市领事馆	1898 年 1 月 14 日
杂录	清国吴淞通商场会场规则	上海总领事馆	1897 年 12 月 27 日
	清国厦门、汕头 1898 年 12 月末在留本邦人人员表	厦门领事馆	1898 年 1 月 16 日
	上海 1889 年 1 月在留本邦人人员表	上海总领事馆	1898 年 2 月 3 日
附录	清国商况视察复命书（续前号）	清国公使馆	1897 年 1 月 8 日

资料来源：〔日〕角山荣、高岛雅明监修：《领事报告资料收录目录》，雄松堂 1983 年版。

（二）《通商公报》

从 19 世纪末 20 世纪初期，即《通商汇纂》后期开始，日本领事贸易报告的形式和内容基本稳定，并且较大地影响到后面几种领事贸易报告资料。

《通商公报》在刊登内容方面基本上延续了《通商汇纂》的风格，设置的栏目主要有商业（贸易、商况）、工业、农业、畜牧业、林业、矿业、水产业、交通、保险及港湾、财政经济、产业机关、企业、关税及条约、移民、劳动及社会、博览会及各种会议、外国法规、检疫及卫生、各地事情、杂录、海外贸易商介绍、电报等栏目。与《通商汇纂》相比，虽然少了货币及金融、巡回报告、视察复命书、条约与诸法规、居留地与居留民、时报、特报等几项栏目，但非常明显，相关类似的栏目进行了合并，例如：货币及金融合并入财政经济，巡回报告、视察复命书栏目合并入各地事情。

表 5 – 5 是任意选取了《通商公报》1913 年和 1918 年两年内，上海、天津、汉口、福州、香港领事馆发回领事报告的类别统计。表 5 – 6 是《通商公报》第 1 号和第 2 号（1913 年 4 月）刊载的驻华领事报告情况。从这两份资料可以看出，《通商公报》在刊登内容方面和《通商汇纂》基本相似，但是，随着时代变迁在内容的关注点上发生了一些细微变化。

首先，逐步加大对商业之外栏目的报道。

《通商汇编》、《通商报告》刊登领事报告的核心内容是商况报告和贸易报告，《通商汇纂》商业栏目内容基本上占总量的50% 以上，而《通商公报》发行的十年时间内，逐步加大了对商业之外栏目的报道。例如：1913 年，驻上海领事馆发回商业类报告 88 篇，占到总量的 50%；驻天津领事馆发回商业类报告18 篇，占到 49%；驻汉口领事馆发回商业类报告 38 篇，占到

56%；驻福州领事馆发回的商业类报告 21 篇，占到 62%；驻香港领事馆发回商业类报告 76 篇，占到 59%。1918 年，驻上海领事馆发回商业类报告 34 篇，仅占到 47%；驻天津领事馆发回商业类报告 5 篇，仅占到 19%；驻汉口领事馆发回的商业类报告 28 篇，仅占到 29%；驻福州领事馆发回的商业类报告 7 篇，仅占到 25%；驻香港领事馆发回的商业类报告 16 篇，仅占到 24%。可见，1913 年商业类报告基本上占到总量的 50% 以上，但到了 1918 年，商业类报告比重大幅下降，说明了第一次世界大战前后，驻华日本领事馆对华调查项目更多、范围更广，领事报告内容的多元化趋势。

其次，关注商品方面发生了一些变化。

第一次世界大战前后，中日之间的贸易结构日益成为先进国家和发展中国家之间的贸易类型，中国向日本输出农产品等原材料，日本向中国输出工业制成品。这种贸易结构的变化在日本政府对华经济调查内容上也得到了鲜明的反映。丝茶等明治时代中日间激烈竞争商品的地位已经大幅下降。第一次世界大战前后，中国的生丝和茶叶在美国市场上已经完全被日本生丝和茶叶所击败，这两类商品已经不影响中日之间的贸易大局。并且，随着日本对外贸易结构的转型和升级，日本茶叶和生丝作为输出商品的重要性已经逐步被其他商品所取代，因此，日本对海外市场的生丝和茶叶商况调查量大幅下降。

输入贸易方面日本重点关注中国的原材料。随着日本工业化和近代化，对中国大豆、棉花、米谷、煤炭、生铁等原材料的需求量不断增加。其中，大豆和豆饼是日本农牧业发展所必需，棉花是日本棉纺织工业发展的重要原料，而煤炭、米谷曾经是明治时代日本对华重要输出商品，到第一次世界大战前后由于日本国内工业发展而转为重要输入商品。日本政府对这些商品的市场行情和贸易商信息给予了重点关注。

输出贸易方面日本重点关注对华输出商品。随着日本工业发展和进口替代的完成，棉布、棉丝、棉毛衫、面粉、肥皂、饮料、电器、机械、化妆品、医药品等轻工业品逐渐成为日本对华输出的重要商品，因此，日本领事馆对这些商品的市场信息非常关注。

最后，贸易商介绍栏目异常丰富。第一次世界大战期间，欧洲列强忙于战争无暇顾及亚非市场，这为日本商品输出提供了千载难逢的机会。日本政府采取了一系列的措施推进海外贸易的发展，海外贸易商介绍是其重要举措之一。该栏目分门另类详细介绍了各地贸易商人的姓名、地址、经营商品种类、联系方式、信用状况等信息，为日本国内贸易商人和海外各地贸易商人直接联系、洽谈生意牵线搭桥。

表 5 - 5 　《通商公报》刊载驻华日本领事报告的类别统计（篇）

年	上海	天津	汉口	福州	香港
1913	商业 88（贸易年报、蚕丝棉 13、煤炭 12、米 7、樟脑 2、烟草 2、制茶 1）财政 26、关税 5、杂件 5、介绍 41、工业 2、交通 4、会议 1、农业 2、水产 2	商业 18（贸易年报、米 1、棉 1）工业 6、交通 3、介绍 5、水产 1、关税 2、财政 1、杂件 1	商业 38（贸易年报、制茶 4、米 5）农业 4、财政 7、杂件 1、介绍 11、工业 5、交通 2	商业 21（制茶 10）农业 2、财政 2、杂件 2、介绍 6、关税 1	商业 76（贸易年报、蚕丝棉 20、煤炭 12）财政 10、关税 3、交通 4、事情 5、杂件 3、介绍 26、水产 1、工业 1

年	上海	天津	汉口	福州	香港
1918	商业 34（年报、蚕丝棉 3、煤炭 4、海产物 1、樟脑 1、制茶 1、大豆 1）农业 5、交通 3、事情 1、介绍 18、电报 3、财政 5、工业 3	商业 5（年报）介绍 8、电报 6、交通 3、事情 1、关税 1、检疫 2、财政 1	商业 28（年报、米 7、制茶 4、蚕丝棉 3）财政 11、交通 5、会议 2、电报 25、农业 2、关税 1、介绍 23	商业 7（年报、制茶 1）农业 2、畜牧 1、交通 1、介绍 10、关税 3、检疫 2、工业 1、电报 1	商业 16（蚕丝棉 2、米 1、煤炭 1、海产物 1）工业 4、财政 3、交通 5、关税 12、介绍 17、电报 8、检疫 2

资料来源：〔日〕高岛雅明监修：《复刻版通商公报解说总索引》，不二出版 1997 年版。

表 5 - 6　《通商公报》第 1 号和第 2 号（1913 年 4 月）刊载的驻华领事报告一览表

栏目	报告题目	报告领事馆	栏目	报告题目	报告领事馆
商业	本邦制棉衬衣状况	上海总领事馆	商业	上海煤炭商况（1 月）	上海总领事馆
	汉口商业势力范围（上）	汉口总领事馆		汉口商业势力范围（中）	汉口总领事馆
	广东生丝市况	广东总领事馆	工业	制粉工场的新设	沙市领事馆
	本邦制棉衬衣状况	香港总领事馆		织布公司的新设	沙市领事馆
	香港棉丝市况	香港总领事馆	畜产	间岛的牛疫（龙井村）	间岛总领事馆
农业	关于南"满洲"水稻状况	奉天总领事馆		局子街的牛疫（局子街）	局子街分馆
财政	南京造币总厂的近况	南京领事馆	交通	以锦州为中心的交通路	奉天总领事馆
交通	青岛至海州间小蒸汽船开航	南京领事馆		香港运费行情	香港总领事馆

续表

栏目	报告题目	报告领事馆	栏目	报告题目	报告领事馆
介绍	山东省的卖药业者	芝罘领事馆	事情	奉天省大民屯事情	新民府分馆
	上海的卖药业者	上海总领事馆	杂报	关于铁岭地方工场	铁岭领事馆
	本邦制棉衬衣输入商	上海总领事馆		香港东洋麦酒会社工场出售	香港总领事馆
			介绍	本邦制卖药贸易商	奉天总领事馆
				绢织物贸易商	奉天总领事馆
				本邦制卖药贸易商	长春领事馆
				本邦制卖药贸易商	香港总领事馆

资料来源：［日］高岛雅明监修：《复刻版通商公报解说总索引》，不二出版 1997 年版。

三　昭和前期领事报告内容相对收缩

（一）《日刊海外商报》

《日刊海外商报》是由《通商公报》和《商报》合并而成，前后持续短短四年时间，国内外经济未出现明显变化，因此，内容分布大致延续了《通商公报》的格局，但是，为了适应日报和商报体制，在具体栏目设置方面作了较大调整。

《日刊海外商报》主要设有电报、商品、经济、贸易、海外贸易商介绍、附录等栏目，其中，电报栏目涉及面非常广，包括商品市况、商品信息、政治动乱、罢工等紧要信息；商品栏目包括砂糖、木材、米、火柴、棉花、小麦等商品的输出入状况、市场行情、需求状况、买卖策略等；经济栏目涵盖范围非常广，包括工业、农业、交通、通信、矿业、林业、畜牧、水产业等；贸

易栏目主要刊登当地对外贸易、特别是对日贸易情况；栏外栏目
主要刊登各国政府、商业组织公告、决议、法规、税则变化等；
海外贸易商介绍主要是介绍各行业输出入从业者的姓名、地址、
规模、信用、商店名等信息。表 5 - 7 是《日刊海外商报》第
1—5 号刊载的驻华领事报告情况。

表 5 - 7　《日刊海外商报》第 1—5 号（1925 年 1 月）刊载的
驻华领事报告一览表

栏目	报告题目	报告领事馆		栏目	报告题目	报告领事馆
电报	上海水泥市况	上海商务官	第3号	商品	棉花市况	汉口总领事馆
商品	上海金融市况	上海商务官			海产物贸易状况	云南领事馆
第1号 介绍	谷类集散状况	铁岭领事馆	第4号	商品	桐材市况	芝罘领事馆
	汽车及附属品商	上海总领事馆			蒟蒻球贸易概况	长沙领事馆
	电灯玩具杂货输入商	上海总领事馆			生丝近况	杭州领事馆
	眼镜贸易商	上海总领事馆		经济	年末金融状况	天津总领事馆
第2号 电报	冰上通行自由	安东领事馆	第5号	商品	通化曹达需求状况	奉天总领事馆
	天津地方兵乱的影响	天津总领事馆			酒精需求状况	
	上海煤炭市况	上海商务官		经济	年末金融状况	奉天总领事馆
	上海杭州间铁道全通	杭州领事馆		介绍	酱油及酒类酿造者	芝罘领事馆
商品	张家口杂谷市况	张家口领事馆				

资料来源：［日］外务省通商局编：《日刊海外商报》1925 年索引。

根据 1925 年驻华领事报告统计显示：商品栏目占总量的
33%，贸易商介绍 18%，电报 16%，经济 15%，贸易 9%，栏

外 9% 。从栏目设置和统计数据不难看出，《日刊海外商报》在内容方面具有以下几个特点。

首先，商业报告所占比重再次增加。商品、电报、贸易三个栏目大多反映了商业内容，占到 57% 。

其次，电报大幅增加。不仅数量大幅增加，而且所反映的内容非常广泛，有商品市况、金融市况，还包括政治局势、工业、农业、交通方面需要快速传达的事项。

再次，贸易商介绍栏目大幅增加。比较突出的变化是贸易商介绍栏目所占比重非常高，达到 18% 。

最后，工业、农业、交通、通信、矿业、林业、畜牧、水产业等内容被全部纳入经济栏目，所占比重仅为 16% ，显示出日本领事贸易报告资料在《日刊海外商报》时期，刊载领事报告的内容开始相对收缩。

（二）《周刊海外经济事情》

《周刊海外经济事情》设置有电报、调查报告、统计、介绍等几个栏目。调查报告按照国别顺序编排，一般顺序为东亚、南亚、东南亚、西亚、欧洲、北美、南美、非洲。按照 1928 年《周刊海外经济事情》类别索引显示：领事报告内容类别主要有贸易、商业、工业、农业、畜牧业、林业、水产业、矿业、交通（交通、保险、仓库及港湾）、机关（产业机关）、财经（财政及经济）、关税（关税及条约）、移民（移民、劳动及社会）、外法（外国法规）、检疫（检疫及卫生）、事情（各地事情）、杂录、商品、介绍。《周刊海外经济事情》每期约 10 篇电报，20—30 篇调查报告，有关中国的报告每期数量不等，大致在 5 篇左右，表 5 – 8 是第 14 号和第 15 号（1928 年）刊载的驻华领事报告的情况。

表 5 - 8　《周刊海外经济事情》第 14 号和第 15 号（1928 年）

刊载的驻华领事报告一览表

栏目	报告题目	报告领事馆	栏目	报告题目	报告领事馆
电报	上海市况	上海大使馆	电报	上海生丝市况	上海大使馆
	香港抵制日货状况	香港总领事馆	中国	九江棉丝输入状况	九江领事馆
中国	苏州贸易概况	苏州领事馆		杭州地方生丝市况	杭州领事馆
	膠济铁路运输概况	青岛总领事馆	"满洲"	齐齐哈尔化妆品消费状况	齐齐哈尔领事馆
	无锡春蚕上市概况	苏州领事馆	统计	安东贸易月报	安东领事馆
"满洲"	满洲里贸易年报	满洲里领事馆			
	哈尔滨商况	哈尔滨总领事馆			
	新民府地方特产物市况	新民府分馆			

资料来源：〔日〕外务省通商局编：《周刊海外经济事情》第 14 号和第 15 号（1928 年）

说明：1928 年《周刊海外经济事情》中，日本已经将中国东北地区领事馆统一归入"满洲"，作为一个地区与中国分开统计。

　　为了更宏观地对《周刊海外经济事情》刊载领事报告的内容有一个全部了解，下面选取了 1934 年上半年第 1—25 号中的相关内容，伪"满洲国"共计 50 篇，其中贸易 9 篇、工业 1 篇、农业 1 篇、畜牧 1 篇、机关 2 篇、财经 19 篇、商品 16 篇、杂录 1 篇；中华民国共计 147 篇，其中贸易 60 篇、工业 4 篇、农业 10 篇、交通 3 篇、机关 4 篇、财经 22 篇、外法 1 篇、商品 41 篇、杂录 2 篇；香港共计 3 篇，其中贸易 2 篇、商品 1 篇。可见，有关贸易、商品、财经类报告数量在全部报告中所占的比重最大。

　　贸易报告主要是某地、某商品的进出口状况，以贸易年报、半年报、季报、月报的方式来体现。例如：《中国对外贸易统计》、《上海对外贸易统计》、《生丝及屑丝输出州别统计（11月）》、《广东对本邦贸易品别统计（9月）》、《青岛港主要货物输出入状况（10—11月）》、《上海砂糖输出状况（下半年）》等。商品报告主要是棉丝布、棉花、生丝、小麦、面粉、海产品、食品、食油、花生、大豆、砂糖、肥料、家用电器等贸易商品的市况。例如：《中国内地国产小麦滞销状况》、《汉口主要输出品商况》、《食品罐头需求状况》、《棉花集散概况》、《收音机及录音机需求状况》等。财经报告主要是货币、通货政策、钱庄、金融情况、物价等。例如：《中国主要银行纸币发行额（7—9月）》、《广东省政府最近通货政策》、《汉口经济情报》、《中国银行及钱庄业绩》、《重庆物价状况》等。

　　1939年上半年第1—12号的领事报告中，有关中国领事报告的内容逐步缩小，数量大幅减少。伪"满洲国"共计32篇，其中贸易2篇、财经27篇、商品2篇、开拓民1篇；中华民国共计28篇，其中贸易13篇、财经10篇、事情2篇、商品4篇；香港共计6篇，其中贸易5篇、财经1篇。财经报告一跃成为最主要的报告类型，例如：《青岛经济概况（11月）》、《济南批发物价（11月）》、《青岛经济市况（11月）》、《唐山市最近经济概况》、《天津中小工商业金融及庶民多刺状况》等。

　　1943年全年第1—10号（因10月终刊）的领事报告中，有关中国领事报告的内容和数量更是全面缩减。伪"满洲国"共计19篇，全部是财经内容，主要是日本驻哈尔滨、新京等地领事馆发回的有关当地批发物价、生活费用的月例报告。而中华民国和香港未见一篇领事报告。

此外，统计栏目一般每期刊载 4—5 篇统计报表，有关中国的统计报表 1 篇左右，以进出口贸易为主要内容，报表为主要形式。海外贸易商介绍栏目中有关中国的报告非常少。

（三）《外务省通商局日报》

《外务省通商局日报》有电报、调查报告、海外贸易商介绍等栏目。按照《外务省通商局日报》类别索引显示：主要类别有贸易、商业、工业、农业、林业、水产业、矿业、交通、机关、财经、外法、商品、介绍、关税、条约等。每期一般只有 10 多篇（含电报、报告、介绍）报告，有关中国的领事报告基本上每期只有 1 篇，甚至没有。因此，为了更加全面地说明其内容情况，表 5 - 9 是从《外务省通商局日报》1937 年上半年第 1—149 号刊载的驻华领事报告中任意选取各种类别的领事报告 1—2 篇，从中大致可以看出《外务省通商局日报》中刊载驻华领事报告的基本内容。

表 5 - 9 　　《外务省通商局日报》1937 年上半年刊载的
驻华领事报告选录

栏目	报告题目	刊载号
贸易	珲春贸易额	第 22 号
	上海对外贸易额	第 13 号
工业	安东满洲街油房业绩	第 32 号
	上海民丰造纸会社的卷烟草制造	第 12 号
农业	公文岭特产界状况（10 月）	第 4 号
	江苏浙江两省春蚕及制丝状况	第 64 号
林业	鸭绿江采木公司的流伐开始	第 116 号
矿业	珲春砂金产额（1—3 月）	第 92 号
	浙江省钼矿开采情况	第 65 号

续表

交通	鸭绿江冰上徒步开始（安东）	第 4 号
	扬子江航行解禁（九江）	第 52 号
机关	奉天市商务会商品陈列馆设立计划	第 54 号
	中国的国货联合营业公司设立与内容	第 8 号
财经	开原金融机关业绩（1 月）	第 55 号
	蒋介石返回南京及上海外汇情报	第 3 号
关税	中国输入税则中使用瓶及半瓶的语义改正	第 38 号
条约	汽车零部件输入税率修正告示（上海）	第 97 号
外法	"满洲国"外汇管理法公布	第 22 号
	中国铁道部购料委员会的支付办法	第 1 号
商品	奉天一般零售物价	第 7 号
	上海海产物市况	第 3 号
介绍	收音机类贸易商	第 34 号
	自行车批发零售商	第 113 号

资料来源：[日] 外务省通商局编：《外务省通商局日报》1937 年上半年第 1—149 号目录。

《外务省通商局日报》1937 年上半年第 1—149 号，伪"满洲国"共计 85 篇，其中贸易 2 篇、工业 1 篇、农业 2 篇、林业 1 篇、矿业 1 篇、交通 11 篇、机关 2 篇、财经 2 篇、外法 1 篇、商品 58 篇、介绍 4 篇；中华民国共计 103 篇，其中贸易 15 篇、工业 6 篇、农业 5 篇、矿业 1 篇、交通 2 篇、机关 5 篇、财经 17 篇、外法 10 篇、商品 28 篇、介绍 3 篇、关税 1 篇、条约 10 篇；香港只有财经 2 篇。

《外务省通商局日报》1938 年上半年第 1—149 号，伪"满洲国"共计 72 篇，其中贸易 4 篇、工业 2 篇、农业 1 篇、林业 1 篇、交通 7 篇、财经 39 篇、关税 4 篇、劳动 3 篇、商品 10 篇、介绍 1 篇；中华民国共计 65 篇，其中贸易 14 篇、商业 1 篇、工业 4 篇、交通 3 篇、财经 20 篇、关税 1 篇、条约 3 篇、外法 6 篇、商品 8 篇、杂录 3 篇、介绍 2 篇；香港共计 5 篇，其中贸易 2 篇、商品 1 篇、杂录 2 篇。

1941 年全年第 1—297 号绝大多数是财经类报告，伪"满洲国"只有外法 5 篇；中华民国贸易 20 篇、外法 4 篇、财经却多达 216 篇；香港财经 8 篇，外法 3 篇。

1942 年全年第 1—293 号几乎都是财经类报告，伪"满洲国"财经 5 篇；中华民国贸易 4 篇、工业 1 篇、财经却多达 142 篇。

1943 年全年第 1—234 号仅只有中华民国财经栏目中 1 篇报告《重庆物资不足深刻化与产业政策强化》，而这篇报告实际上是由日本外务省通商局编写。

总之，由于受到中日战争的影响，该时期发行的《周刊海外经济事情》和《外务省通商局日报》报告内容范围总的趋势是在逐步缩小的。1937 年中日全面战争之前领事报告内容范围尚能与前一阶段的《日刊海外商报》持平，中日战争之后两国迅速进入战时统制经济状态，贸易、商品、海外贸易商介绍等栏目日益缩小，直至消失，而有关中国各地经济形势、物价水平、生活状况等财政经济的领事报告成为关注的重点。

第二节　驻华日本领事贸易报告的数量分析

一　驻华日本领事贸易报告的总量变化

（一）驻华日本领事贸易报告总量变化趋势

日本领事贸易报告资料从 1881 年发行至 1943 年停刊，在长达 63 年的历史过程中，如果不考虑内容质量和篇幅长短，单纯从数量的角度来观察，笔者认为日本领事贸易报告资料总量变化呈现出如下趋势：除个别年份受到战争影响之外，整体数量呈现不断增长趋势，但在中日战争之后总量开始回落。

1881 年创刊号《明治十四年通商汇编》共刊载了驻华领事报告 10 篇，1882 年《明治十五年通商汇编》11 篇，1883 年开始《通商汇编》分上下半年发行，当年合计 15 篇，1884 年 27 篇，1885 年 62 篇，1886 年 43 篇。1881 年至 1886 年的 6 年间，《通商汇编》前后发行了 10 次，总共收录了来自上海、天津、牛庄、芝罘、汉口、香港六地日本领事馆报告 168 篇，年均 28 篇，月均约 2.3 篇，整体数量还是非常有限。[①]

1886 年 12 月改版为旬刊《通商报告》继续发行，刊载驻华领事报告的数量明显增加，1887 年达到 190 篇，1888 年 251 篇，1889 年 156 篇。1890 年领事报告的发行移到《官报》的《通商报告》栏目，从刊载数量来看基本保持稳定，1890 年 173 篇，1891 年 173 篇，1892 年 135 篇，1893 年 140 篇。1887 年至 1893 年 7 年间，《通商报告》共收录了来自上海、天津、牛庄、芝罘、汉口、福州、广东、香港八地日本领事馆报告共计 1218 篇（含北京公使馆 1 篇），年均 174 篇，月均约 14.5 篇，在整体数量上已经有明显进步。

1894 年 2 月改版为《通商汇纂》，由于最初几期为月刊体制，加之受到中日甲午战争时期部分日本领事馆临时关闭的影响，1894 年仅为 41 篇，1895 年 34 篇。1895 年 5 月开始，《通

---

① 本书对日本领事贸易报告资料（《通商汇编》、《通商报告》、《通商汇纂》）的统计主要依据［日］角山荣、高岛雅明监修《微缩胶片版领事报告资料收录目录》，雄松堂 1983 年版。［日］高岛雅明监修《复刻版通商公报解说总索引》，不二出版 1997 年版。《日刊海外商报》、《海外经济事情》、《外务省通商局日报》的统计依据各号目录。

商汇纂》改版为半月刊，1897 年 6 月开始又改版为旬刊，受之影响驻华领事报告数量逐年递增，1896 年 94 篇，1897 年 234篇，1898 年 161 篇。1899 年开始《通商汇纂》每月发行 4—6号，还不时辅以"附录"、"临时增刊"等形式发行，刊载领事报告数量明显增加，1899 年达到 421 篇。1900 年可能受到八国联军侵华战争的影响，中国华北地区局势动荡，当年驻华领事报告只有 179 篇，1901 年 208 篇，1902 年 276 篇。1903 年《通商汇纂》正式确立了每月 6 次定期刊物，每年 6 次（隔月）临时增刊的发行体制，领事报告数量大幅飙升，1903 年达到 431 篇，1904 年 449 篇，1905 年 456 篇，1906 年 553 篇，1907 年 706篇，1908 年 942 篇，1909 年 753 篇，1910 年 607 篇，1911 年495 篇，1912 年 801 篇（含 1913 年 1—3 月刊载量）。

1894 年至 1913 年 19 年间，《通商汇纂》共收录了来自中国各地近 30 个日本领事馆报告 7838 篇，年均约 413 篇，月均约34.4 篇。每期基本上都刊登有来自中国各地领事馆的报告，数量不等，一般每期在 10 篇左右，领事报告数量得到极大充实。

1913 年 4 月改版为《通商公报》，每周发行两次，刊载领事报告数量进一步增加。据不完全统计：1913 年驻华领事报告刊载量为 924 篇，1918 年 1019 篇，而 1924 年更是达到 1235 篇，月均约 102.9 篇，分别来自中国各地 43 个日本领事馆（含驻华公使馆和上海商务官）。

1925 年 4 改版为《日刊海外商报》，以日报的形式继续发行，当年刊载了来自中国各地 38 个日本领事馆（含驻华公使馆和上海商务官）报告合计 1326 篇，月均约 110.5 篇，日均约3.7 篇。这一数量是非常惊人的，也就是说普通日本人通过《日刊海外商报》每天至少可以了解到近 4 则有关中国的商业信息。单纯从数量上来看，日本领事贸易报告资料在《日刊海外商报》

时代可谓是达到了顶峰，不过考虑到《日刊海外商报》刊载的电报数量非常众多，占到总量的 16% 左右，因此，如果综合领事报告数量、栏目类型、内容质量和篇幅长短等多种因素，笔者认为《通商汇纂》（后期）和《通商公报》时代的日本领事贸易报告资料的综合质量是最高的，《日刊海外商报》时代的日本领事贸易报告资料的数量是最多的。

1928 年 4 月改版为《周刊海外经济事情》，每周 1 次发行，1934 年底被迫改为半月刊发行，同时发行了《外务省通商局日报》作为补充，但是，非常明显日本领事贸易报告资料的发行工作开始走下坡路，质量姑且不论，数量也是逐年递减。据不完全统计，1928 年第 3 季度《周刊海外经济事情》总共刊载领事报告数量为 91 篇，以此粗略概算全年约为 364 篇，与《日刊海外商报》的刊载量比较是相去甚远。1934 年上半年为 200 篇，1935 年上半年为 156 篇，1939 年上半年为 66 篇，1943 年全年仅为区区 19 篇。1935 年《外务省通商局日报》开始发行，1937 年上半年为 190 篇，1938 年上半年为 142 篇，1941 年全年为 282 篇，1942 年全年为 152 篇，1943 年全年仅只有 1 篇。即使将 1935 年之后的《海外经济事情》和《外务省通商局日报》的刊载领事贸易数量合并计算，也无法与前期领事报告数量相比，而且，刊载领事报告数量逐年减少的趋势非常明显。因此，从 1928 年的《周刊海外经济事情》开始，日本领事贸易报告资料的总体数量呈递减趋势。

（二）影响驻华日本领事贸易报告总量变化的原因

1 领事报告数量增加与领事馆开设有密切关系

图 5 - 1 中的柱形图是日本领事贸易报告数量，拆线图是驻华日本领事馆数目，考虑到日本驻华领事馆均是实际运作的领事馆，而且一整年中未发回一篇领事报告的可能性极小，因此，中

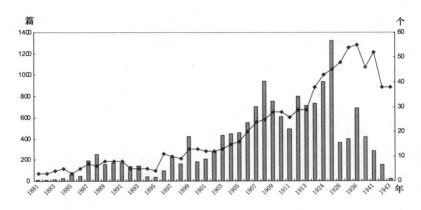

图 5 - 1　日本领事贸易报告和领事馆数量变化示意图

说明：柱形图为领事报告数量，折线图为领事馆数量。为便于统计，分馆和出张所等同于领事馆。

日战争之前除极个别年份（因战争领事馆关闭），图中领事馆数目可以看作是发回领事报告的领事馆数目。非常明显，领事报告数量的增加与领事馆开设情况完全成正比例关系。

1881 年至 1886 年的《通商汇编》总共收录了来自上海、天津、牛庄、芝罘、汉口、香港六地日本领事馆。1886 年至 1893 年 7 年间，《通商报告》共收录了来自上海、天津、牛庄、芝罘、汉口、福州、广州、香港八地日本领事。该时期日本领事馆和领事报告的数量基本上呈现稳定增长趋势。

1894 年由于甲午战争和《通商报告》改版成《通商汇纂》之故，领事馆和领事报告的数量都稍稍出现减少之势。1895 年之后，领事馆和领事报告的数量呈现快速上升趋势，虽然 1913 年《通商汇纂》改版成《通商公报》之际稍受影响，但直到《日刊海外商报》之前这种上升势头并没有改变。从 1928 年《周刊经济事情》开始，日本领事馆和领事报告的数量变化趋势以中日战争为界，基本上都是前升后降，但领事报告的整体数量与前期相比是大幅减少。

2 领事报告数量增加与领事报告制度的逐渐成熟有着密切关系

日本政府一直致力于提高领事报告的传递速度，这从日本领事报告的发行体制变革上可以看出。最初《明治十四年通商汇编》为年刊，发行后各方对一年一期的发行体制颇感不满，只能作为海外市场背景知识，根本无法适应瞬息万变的市场变化。"国内外贸易关系甚大，易丧失紧要时机"，为更加迅速地刊登来自各地的领事报告，作了半年刊的调整。1886 年更名为《通商报告》发行，最初计划为旬刊，但实际的发行数量更多，每个月 3—4 号的形式发行，基本上达到周刊的标准。甲午战争前后，日本对华贸易急速扩大，领事报告数量也大幅增加，《通商汇纂》的发行也是适合了该时期的特点。虽然最初几期为月刊，但 1895 年 5 月开始每月 2 号，1897 年 6 月每月 3 号，1900 年后每月 4—6 号，还不时辅以"附录"、"临时增刊"等形式发行。并逐步确立了每月 6 号定期刊物，一年 6 期"临时增刊"的发行体制。电报栏目在此时开始出现。

1913 年，作为《通商汇纂》的后续刊物《通商公报》刊行。每周出版两次（星期一、四），电报栏得到扩充，且增设了速报栏。1925 年，《通商公报》与《商报》合并为《日刊海外商报》。海外各领事馆的调查报告、电报等能够像报纸一样每天送到读者手中，这也是《日刊海外商报》发行的一个重大突破。1928 年改名为《周刊海外经济事情》发行。此后由于日本经济状况恶化，1934 年底被迫改为半月刊，1943 年又改为月刊的《海外经济事情》继续发行，主要刊登经济概况、产业事情、贸易报告等相关内容。而电报、商况、海外贸易商介绍等栏目在外务省通商局主办的《外务省通商局日报》中转载。可见，领事报告大致经历了年刊→半年刊→旬刊→周刊→周两刊→日刊→周刊→半月刊→月刊的发行过程。

二　驻中国各地日本领事馆报告的数量变化

（一）驻上海日本领事馆报告的重要地位

上海作为近代中国乃至东亚地区最重要的商业城市，领事报告数量始终占有相当大的比重。1881 年至 1886 年的 6 年间，《通商汇编》共收录了来自日本驻中国各地领事馆报告 168 篇，其中上海领事馆报告为 101 篇，占到总量的 60.1%。1887 年至 1893 年 7 年间，《通商报告》共收录了日本驻中国各地领事馆报告 1218 篇，其中上海领事馆为 607 篇，占到总量的 49.8%。显然，甲午战争之前由于日本在中国开设的领事馆尚少，上海领事馆的地位可谓是举足轻重。

19 世纪末 20 世纪初期，上海附近的苏州、杭州、南京、九江、芜湖等地日本领事馆相继开设，上海总领事馆管辖区域相对缩小，领事报告的数量受到一些影响。1899 年《通商汇纂》共收录了日本驻中国各地领事馆报告 421 篇，其中上海领事馆 103 篇，占到总量的 24.5%，1910 年共收到 607 篇，其中上海领事馆 112 篇，占到总量的 18.5%。1894 年至 1913 年 19 年间，《通商汇纂》共收录了日本驻中国各地领事馆报告 7838 篇，其中上海领事馆 1759 篇，占到 22.4%。

1913 年《通商公报》共收录了日本驻中国各地领事馆报告 924 篇，其中上海领事馆 176 篇，占到总量的 19.1%，1924 年共收到 1235 篇，其中上海领事馆 338 篇，占到总量的 27.4%。

1925 年上半年，《日刊海外商报》共收录了日本驻中国各地领事馆报告 776 篇，其中上海领事馆和上海商务官合计 173 篇，占到总量的 22.3%。

可见，甲午战争之后日本在中国各地不断新设领事馆，上海领事馆报告所占的比重与前期相比虽然有所下降，但依然能够占到总量的 20—30%。

此外，上海领事馆的重要性不仅体现在领事报告的数量方面，而且体现在对各地驻华日本领事馆的统筹和协调方面。上海领事馆作为总领事馆，下辖苏州、杭州等地领事馆，除了负责编写管辖区内诸种商业贸易报告之外，有时还跨地区编制、区域性，乃至全国性的行业、商品报告，还承担着中国贸易年度、季度报告的编制任务，这充分说明了上海领事馆报告在日本领事贸易报告中的重要地位。

（二）驻东北地区日本领事馆报告增长迅速

19 世纪后期，东北地区的经济在中国整体经济中的地位并不突出，日本只在牛庄一地设立了名誉领事馆，并在此后的很长一段时期内没有在东北地区新设领事馆。但是，日俄战争结束后，这种状况有了很大的改变。日本为了加强对中国东北地区的控制和掠夺，在短短的十几年时间内迅速在东北地区的安东、奉天、吉林、哈尔滨、长春、铁岭、辽阳、齐齐哈尔、间岛、赤峰、郑家屯、满洲里等地设置了领事馆，并在新民府、通化、农安、海龙、掏鹿、局子街、头道沟、珲春、百草沟等地设置了领事馆分馆。伴随着日本领事馆数量的激增，日本领事报告的数量也呈现出飞跃性的增长。1890 年来自东北地区日本领事馆的报告数量仅为区区两篇，1899 年 22 篇，显然数量非常有限。但是，到了 1910 年达到 143 篇，占全国总量的 23.6%，1918 年增加到 331 篇，占总量的 32.5%，1924 年猛增到 373 篇，占总量的 30.2%。20 世纪初期，来自中国东北地区各个日本领事馆的报告数量，已经超过中国其他任何一个地区，甚至是上海领事馆发回报告的数量。这充分显示出日俄战争之后日本对中国东北地区社会经济的关注程度。

伪"满洲国"建立后，由于日本领事馆的大量增设，这种情况更加突出。据不完全统计，《海外经济事情》1934 年上半年刊载日本驻伪"满洲国"各地领事馆报告 50 篇，占全国总量的25%，1935 年为 39 篇，同样占总量的 25%。1937 年中日战争爆发之后，由于多数日本驻中华民国领事馆被迫关闭，来自伪"满洲国"日本领事馆报告的数量和比重更加突出。《外务省通商局日报》1938 年上半年刊载日本驻伪"满洲国"各地领事馆报告 72 篇，占全国总量的 50.7%，《海外经济事情》1939 年上半年刊载日本驻伪"满洲国"各地领事馆报告 32 篇，占总量的48.5%。这种状况一直延续到日本领事贸易报告资料停止发行。

（三）驻中国其他地区日本领事馆报告的数量变化

甲午战争之前，日本最早在中国上海、天津、牛庄、芝罘、汉口、福州、厦门、广东、香港九地设置了领事馆，这些城市都是中国沿江沿海经济最发达的商业和港口城市。随着日本对华经济势力的不断深入，驻华日本领事馆的增加，各地驻华领事馆的地位和发回领事报告的数量也在不断发生变化。下面分别列举了五个不同历史时期驻华日本领事馆发回领事报告的统计数据，按照领事报告的数量多寡来排列顺序。虽然某一年的统计数据具有一定的偶然性，但是，综合多年的数据多少能反映出一些规律性的东西。

1881 年至 1886 年 6 年间，《通商汇编》共收录了日本驻华各地领事馆报告 168 篇，其中上海 101 篇、香港 32 篇、天津 20篇、汉口 7 篇、芝罘 6 篇、牛庄 2 篇。

1887 年至 1893 年 7 年间，《通商报告》共收录了日本驻华各地领事馆报告 1218 篇，其中上海 607 篇、香港 188 篇、芝罘123 篇、汉口 107 篇、天津 84 篇、福州 73 篇、牛庄 18 篇、广东

17篇、北京公使馆1篇。

《通商汇纂》1910年共收录了日本驻华各地领事馆报告607篇，其中上海112篇、香港98篇、广东59篇、奉天39篇、铁岭27篇、天津24篇、重庆23篇、福州23篇、杭州19篇、南京16篇、汉口16篇、厦门15篇、安东15篇、芝罘14篇、间岛14篇、新民府分馆13篇、苏州10篇、长沙8篇、辽阳8篇、沙市6篇、哈尔滨6篇、局子街分馆6篇、牛庄5篇、长春5篇、吉林4篇、齐齐哈尔3篇、北京公使馆2篇。

《通商公报》1918年共收录了日本驻华各地领事馆报告1040篇，其中汉口97篇、广东84篇、上海73篇、香港67篇、汕头51篇、沙市44篇、苏州36篇、农安分馆36篇、南京33篇、杭州33篇、芝罘29篇、长春29篇、济南28篇、福州28篇、天津25篇、局子街分馆25篇、哈尔滨24篇、安东24篇、新民府分馆23篇、牛庄23篇、长沙20篇、重庆20篇、珲春分馆19篇、间岛18篇、辽阳18篇、赤峰17篇、掏鹿分馆15篇、北京公使馆14篇、厦门14篇、头道沟分馆13篇、铁岭12篇、海龙分馆12篇、郑家屯11篇、齐齐哈尔7篇、九江12篇、云南7篇、奉天4篇、吉林4篇、成都2篇。

《日刊海外商报》1925年共收录了日本驻华各地领事馆报告1307篇，其中上海商务官291篇、汉口84篇、香港79篇、芝罘67篇、奉天59篇、郑家屯57篇、安东51篇、广东49篇、天津45篇、牛庄35篇、哈尔滨32篇、齐齐哈尔28篇、济南26篇、汕头25篇、珲春22篇、长沙22篇、辽阳19篇、青岛19篇、福州18篇、满洲里17篇、苏州17篇、九江16篇、上海15篇、铁岭15篇、重庆15篇、长春13篇、农安分馆12篇、成都12篇、云南12篇、杭州11篇、芜湖11篇、博山出张所10篇、间岛10篇、厦门9篇、宜昌8篇、北京公使馆7篇、新民府分馆7

篇、赤峰6篇、南京6篇、局子街分馆6篇、吉林4篇、张家口3篇、沙市2篇、黑河2篇、百草沟分馆1篇、通化1篇、坊子出张所1篇。

综合五个时期统计数据，下面对中国各个地区日本领事馆发回报告数量变化情况作一分析。

东北地区：牛庄日本领事馆是日本在东北最早设置的领事馆，19世纪末20世纪初期，牛庄日本领事馆发回的领事报告内容覆盖整个东北地区，成为日本了解东北社会经济的一扇重要窗口。但是，1906年开始日本先后在安东、奉天、哈尔滨、长春、间岛等重要城市设置了日本领事馆，牛庄日本领事馆成为一个普通领事馆，发回的领事报告数量明显减少，而奉天、哈尔滨、间岛、安东等几个领事馆发回领事报告的数量大幅增加。同时，日本在东北地区开设了大量领事馆分馆，诸如新民府分馆、局子街分馆、农安分馆、局子街分馆等，这些分馆发回的领事报告数量甚至比部分领事馆还要多，这一点非常引人注目。

华北地区：天津日本领事馆是日本在华北地区最重要的领事馆之一，发回的领事报告涵盖整个华北地区，数量也一直非常多。芝罘日本领事馆是日本在山东半岛最早设立，也是最重要的领事馆，在相当长的时间内，芝罘日本领事馆发回的报告数量居日本驻山东各领事馆之首。直到中日战争之后，芝罘领事馆的地位和发回领事报告数量才为青岛和济南日本领事馆所取代。

华东地区：上海日本领事馆的地位是其他领事馆无可替代的，这在前文中已经有了充分说明。不过，在日本驻上海商务官设立之后，较多地承担了领事报告的撰写任务。

华中地区：汉口日本领事馆自设立以来，一直是华中地区最重要的领事馆，发回领事报告数量位居前列，而长沙、沙市、宜昌日本领事馆发回报告数量不多。

　　华南地区：香港、福州、厦门、广东日本领事馆是日本最早
在华南地区设立的领事馆，香港和广东作为华南地区最重要的商
业城市，发回领事报告数量非常多。福州和厦门日本领事馆虽然
设立较早，但开关状态不稳定，第一次世界大战前后，汕头日本
领事馆发回领事报告数量大幅超过福州和厦门，在华南地区的重
要性仅次于香港、广东日本领事馆，这一点值得关注。

　　西南地区：重庆日本领事馆是日本在西南地区最早设立的领
事馆，发回领事报告数量较多，而成都、云南日本领事馆发回报
告数量较少。

　　下面用两张表和一张图的形式对驻华日本领事贸易报告的数
量变迁作了长期统计分析。表5－10是以1881年至1924年的驻
华日本领事报告《通商汇编》、《通商报告》、《通商汇纂》、《通
商公报》为对象，选取了上海、天津、芝罘、汉口、福州、香
港6个主要开港口岸及东北地区驻在的日本领事馆报告数量进行
了统计。图5－2是对1910年、1918年、1925年3年内，日本
驻中国40多个领事馆报告数量作的分门别类的统计。表5－11
是《海外经济事情》、《外务省通商局日报》中，伪"满洲国"、
中华民国、香港的日本领事馆报告数量变化的统计。

表5－10　1881—1924年领事馆别驻华日本领事报告数量统计（篇）

年 领事馆	《通商汇编》		《通商报告》		《通商汇纂》			《通商公报》		
	1881	1884	1887	1890	1894	1899	1910	1913	1918	1924
上海	6	6	119	92	13	103	112	176	73	338
天津	3	4	11	15	4	27	24	35	25	39
芝罘	—	3	3	28	8	24	14	40	29	74
汉口	—	—	30	18	—	9	16	68	97	46
福州	—	—	9	1	—	60	23	34	28	6

续表

年 领事馆	《通商汇编》		《通商报告》		《通商汇纂》			《通商公报》		
	1881	1884	1887	1890	1894	1899	1910	1913	1918	1924
香港	1	13	17	11	15	78	98	110	67	59
东北地区	—	1	—	2	—	22	143	251	334	373
小计	10	27	189	167	40	323	430	714	653	935
其他地区	0	0	1	6	1	98	177	210	387	300
合计	10	27	190	173	41	421	607	924	1040	1235

资料来源：［日］角山荣、高岛雅明监修：《微缩胶片版领事报告资料收录目录》，雄松堂1983年版。［日］高岛雅明监修：《复刻版通商公报解说总索引》，不二出版1997年版。

表5－11　　《海外经济事情》、《外务省通商局日报》
驻华日本领事报告数量统计（篇）

年 领事馆	《海外经济事情》					《外务省通商局日报》				
	1928	1934	1935	1939	1943	1937	1938	1941	1942	1943
伪"满洲国"	26	50	39	32	19	85	72	5	5	0
中华民国	63	147	115	28	0	103	65	240	147	1
香港	2	3	2	6	0	2	5	37	0	0
合计	91	200	156	66	19	190	142	282	152	1

说明：《海外经济事情》1928年为4—6月第1—14号，当年为东北地区，1934年为上半年第1—25号，1935年为上半年第1—12号，1939年为上半年第1—12号，1943年为全年第1—10号统计数据。《外务省通商局日报》1937年为上半年第1—149号，1938年上半年第1—149号，1941年为全年第1—297号，1942年为全年第1—293号，1943年为全年第1—234号统计数据。

三　驻华日本领事贸易报告在日本领事贸易报告资料中所占的比重

中国是日本在亚洲最为重要的贸易伙伴，日本领事贸易报告资料中有关中国社会经济的报告极尽全面和详细，始终占据非常重要的地位。

从日本领事贸易报告资料的整体数量来看，1881 年至 1886 年的 6 年间，《通商汇编》中刊载的领事报告主要来自东亚、北美、欧洲三个地区，其中东亚地区的中国占总量的 20.8%、韩国占 20.9%、北美占 32%、欧洲占 19.7%。同时，俄罗斯的领事报告全部来自日本驻俄罗斯远东地区的几个领事馆，也应该归入东亚地区。而这三个地区正是日本开港之后主要贸易对象地区，以生丝、茶叶、杂货、煤炭、海产物为代表的日本农产品、手工业品、矿产品大量输出到上述三个地区，日本最早在上述地区设置领事馆，并发回大量领事贸易报告符合明治初期日本对外贸易基本情况。

1887 年至 1893 年 7 年间，《通商报告》中刊载的领事报告主要来自东亚、北美、欧洲三个地区这一基本特征并没有改变，只是相关国家所占的比例稍有变化。最大的变化是中国领事报告所占比例大幅上升，占到总量的 35.9%，一举超过了北美而位居第一，这与甲午战争之前日本加大对中国市场的开拓有直接关系。而北美、韩国领事报告所占比例有所下降，欧洲则基本维持不变。

甲午战争之后，日本通过《马关条约》获取了在中国的多项特权，国内经济快速发展，进一步加大对中国市场的扩张，有关这一点在《通商汇纂》中有着非常清晰的反映。根据《通商汇纂》1910 年的统计数据显示：该年来自中国各地领事馆报告 607 篇，竟然占到日本领事贸易报告总量的 43.2%，这一比例是非常惊人的，中国领事报告数量大大超过北美和欧洲领事报告数量的总和，显示出在甲午战争之后日本对中国社会经济情况的关注度和经济扩张的力度。前期领事报告数量较多的韩国由于1910年8月"日韩合并"而自然终结。北美和欧洲领事报告所占比例大幅下降，取而代之的是东南亚、南亚地区市场开始受到日本的关注，来自这两个地区的领事报告数量显著增加，占到总量的21.5%。这也显示出自甲午战争之后，日本对外贸易"双重结构"逐步开始形成，即对欧美国家输出生丝、茶叶等原料品，对亚洲地区输出杂货等轻工业品。

第一次世界大战前后，日本乘欧美列强无暇东顾之际，加大海外市场的开拓。根据《通商公报》1918年的统计数据显示：该年来自中国各地领事馆报告1040篇，占到日本领事贸易报告总量的41%，所占比例与《通商汇纂》时期基本持平，仍然大大超过北美和欧洲领事报告所占比例的总和。《日刊海外商报》1925年统计数据显示：该年来自中国各地领事馆报告1307篇，占到日本领事贸易报告总量的28.4%，所占比例虽然有所下降，但仍然能够维持在总量的三分之一左右。该时期北美和欧洲领事报告所占比例大致稳定，较大变化是东南亚、南亚地区，以及拉美、非洲地区作为新兴市场备受日本的关注，1925年来自这四个地区的领事报告数量占到总量的35.1%，这充分显示出日本作为后发资本主义国家，加入到列强争夺亚非拉市场的行列。

中日全面战争前的1935年，来自中国各地领事馆报告数量占到日本领事贸易报告总量的28.2%，仍然能够维持在总量的三分之一左右。中日全面战争后的1939年，这一比例下降到19.2%，这当然与战争有直接关系。该时期领事报告数量增长最快的地区仍然是东南亚、南亚地区、拉美、非洲等新兴市场。而北美领事报告数量所占比例却跌至8.7%，甚至低于拉美和非洲。

表5-12　驻华领事报告在日本领事贸易报告中所占比重（篇）

领事省 \ 年	《通商汇编》1881—1886年 数量	比例	《通商报告》1887—1893年 数量	比例	《通商汇纂》1910年 数量	比例	《通商公报》1918年 数量	比例	《日刊海外商报》1925年 数量	比例	《海外经济事情》1935年上半年 数量	比例	1939年上半年 数量	比例
中国	168	20.8	1218	35.9	607	43.2	1040	41.0	1307	28.4	156	28.2	66	19.2
韩国	169	20.9	428	12.6	2	0.1	—	—	—	—	—	—	—	—
俄罗斯	42	5.1	74	2.2	80	5.7	43	1.7	133	2.9	8	1.4	3	0.9
东南亚	—	—	112	3.3	119	8.5	156	6.1	875	19.0	32	5.8	26	7.6
南亚	—	—	—	—	182	13.0	207	8.2	368	8.0	47	8.5	44	12.8
西亚	—	—	—	—	—	—	—	—	—	—	17	3.1	9	2.6
澳洲	12	1.5	36	1.1	17	1.2	43	1.7	57	1.2	4	0.7	7	2.0
欧洲	159	19.7	668	19.7	186	13.2	363	14.3	813	17.7	170	30.7	75	21.8
非洲	—	—	—	—	—	—	21	0.8	247	5.4	40	7.2	45	13.1
北美	259	32.0	817	24.1	199	14.2	557	21.9	677	14.7	45	8.1	30	8.7
拉美	—	—	44	1.1	12	0.9	109	4.3	126	2.7	35	6.3	39	11.3
合计	809	100	3397	100	1404	100	2539	100	4603	100	554	100	344	100

资料来源：《微缩胶片版领事报告资料索引》中的分类方式。[日]高岛雅明监修：《微缩胶片版领事报告资料收录目录》，雄松堂1983年版。[日]角山荣、高岛雅明监修：《复刻版通商公报解说总索引》，不二出版1997年版。外务省通商局编：《日刊海外商报》1925年索引。《海外经济事情》1935年上半年、1939年上半年索引。

说明：在不同历史时期日本国名变化频繁，本表地区分类参照各时期日本领事贸易报告索引中的分类方式。中国包括中华民国，伪"满洲国"，香港，东亚包括菲律宾，东属马来，英属马来，法属印度支那，荷属东印度，锡兰。西亚包括阿富汗，伊朗，伊拉克，巴勒斯坦，叙利亚，阿拉伯等。澳洲包括澳大利亚，南亚包括远东及印度，锡兰。南亚包合印度，暹罗；东南亚包括菲律宾，东属马来，英属马来，法属印度支那，荷属东印度，新西兰；欧洲包括欧洲各国及土耳其，不包括俄罗斯，北美包括美国，加拿大，拉美包括墨西哥及以南地区。

第六章
驻华商务官制度和商务官报告

第一节 商务官制度的建立和发展

一 第一次世界大战前商务官制度的初设

传统意义上的领事职务不仅承担海外经济情报收集，还要负责海外本国人保护、领事裁判等多种任务。而且领事较多来自外交系统，商务知识相对欠缺，驻地调动又比较频繁，在制度上存在着较多弊端。商务官制度的设立旨在进一步加强对海外经济情报收集和通商贸易事务管理方面的控制权，更好地为各国海外经济扩张服务。

商务官（Commercial Attache）[①] 制度最早起源于英国，此后俄、德、意、法、美行西方列强相继导入该制度。英国最早在1880年建立了商务官制度，并逐步在巴黎、东京、中国、伦敦、伊斯坦布尔等地设置了商务官。俄国也于1893年开始在柏林、伦敦、巴黎、罗马、华盛顿、北京、东京、哥本哈根、德黑兰等地设置商务官。德

---

① 商务官（commercial attache），随着时代和官制的变化，有不同的称呼，如商工事务官、商务职员、商务参事官、商务书记官等。为叙述上的方便，本书统一采用商务官的称呼。

国、意大利、法国和美国也基本上在 19 世纪末 20 世纪初期确立了海外商务官制度。除了英国和俄国在中国设置了商务官之外，德国、法国和美国也分别在中国设置了商务官。

从商务官行政隶属状况来看，各国情况有所而异，有的国家属于外务系统，有的属于商务系统，有的甚至属于财务系统，但一般是前期属于外务系统，逐步向属于商务系统过渡。商务官的主要职责是承担视察报告、贸易介绍、大公使辅佐、领事援助、签订条约、参加国际会议等。该制度出现的大背景是 19 世纪末期世界贸易竞争日趋白热化，原有的领事制度无法适应新形势，需要有一种新的领事制度来为海外贸易竞争保驾护航。表 6-1，详细列出了欧美国家的商务官制度情况。

表 6-1   **欧美国家的商务官制度**

国别	创立年	所属	任用方法	职责	驻在地
英国	1880	外务大臣任命，通商局、商务部、大公使馆所属	无资格限制	视察报告、贸易介绍、领事援助	巴黎、东京、中国、伦敦 2 名、伊斯坦布尔，共 6 名
		海外贸易局（1917 年设立，外务部、商务部共管）、大公使馆所属		视察报告、贸易介绍、领事监督、大公使辅佐	海外各国：商务官（商务参事官、书记官）38 名 英帝国：商业事务官 11 名、贸易通报员 51 名
法国	1908	据外务大臣申请任命，商务大臣副署、大公使馆所属	从现职外交官领事中选拔		英国、美国、中国、日本、中近东、非洲、南美、法国，共 6 名
		商务部（商务大臣推荐，外务大臣同意）、大公使馆所属		向商务省通报、外交派遣员的技术顾问	伦敦、罗马、华盛顿、上海、法兰克福、东京等，共 25 名

续表

国别	创立年	所属	任用方法	职责	驻在地
德国	1902	外务大臣任命、领事馆所属	公开选拔		圣彼得堡、横滨、上海、布宜诺斯艾里斯、比勒陀利亚、悉尼、曼切斯特、加尔各答、里约热内卢、纽约
美国	1918	商务部、大使馆所属		官制上不确定，1924 年官制改革在大公使的监督下指导所有海外派遣官吏的通商任务	商务官 21 名：柏林、伦敦、巴黎、北京、东京、里昂等商业事务官 6 名
意大利	1905	商务大臣任命，受外交官、领事的监督	高等商业学校出身	商况调查报告	柏林、巴黎、华盛顿、亚历山大港、的黎波里、布加勒斯特等 7 名，名誉工商事务官 10 名
俄国	1893	财务部贸易事务官，财务部、商务部共管		商况报告、签订条约、参加国际会议	柏林、伦敦、巴黎、罗马、华盛顿、北京、东京、哥本哈根、德黑兰

　　资料来源：《各国商工事务官官制杂件》第一卷，农商务省商务局《关于英国的贸易机关》、《关于美国的贸易机关》、《关于法国的贸易机关》1924 年。转引自〔日〕本宫一男《关于第一次大战前后商务官制度的展开》，《外交史料馆报》第 3 号，1990 年 3 月，第 21 页。

　　说明：虚线以上是第一次世界大战前，以下是第一次世界大战后。

　　日本最早提出在海外派驻商务官的设想是在甲午战争之后。1896 年，日本农商务省利用清政府战争赔款设立了规模庞大的

"海外贸易扩张费"。同年 10 月，作为该方案的一项重要内容，农商务省召开了第一届农商工高等会议，会议共讨论了七项议案，其中第五项"海外通信之件"中提出：伴随着海外贸易的扩张，不仅要在海外增设领事馆，逐步将名誉领事改为领事，同时增加必要的经费，尽可能地选拔精通工商事务，且具有相当经验、学识之人来担任领事职务。① 显然，甲午战争之后随着日本国际地位的提高和对外贸易的发展，对领事的经济情报工作提出了新的要求，特别指出希望有工商背景的人来充当领事职务。

对此，农商务省曾于 1901 年提出了"商工事务官设置案"，计划在伦敦、纽约、波士顿、天津、上海、汉口、京城、巴黎、安特卫普九个城市设置商工事务官，其中财务官驻扎伦敦、纽约；机械技师驻扎波士顿；工商调查官驻扎上海、天津。为防止出现一地两个驻外官员的局面，驻外商务官接受领事的领导。但是，外务省认为商工事务官与现有领事职务上多有重叠，对商工事务官制度的实效性表示怀疑，以"今后馆务统合多有不便"为由，强烈反对农商务省提出的方案，大藏省对额外的经费支出也持消极态度，因此，农商务省的计划没有得到实现。

此后，地方商业会议所和贸易团体一直积极推动政府在海外设立商务官，其中横滨商业会议所会长大谷嘉兵卫起了重要任用。1908 年 3 月，在第二十四届议会上大谷嘉兵卫提交了"海外商工事务官设置建议案"，指出"有关海外农工商事务，无论巨细，时常调查研究，快速地报告给国内从业者，特别应该选拔学识经验丰富者担任海外商工事务官"。虽然该议案在议会中获得通过，但在第二年的财政预算中没有得到体现。翌年 3 月，在

---

① ［日］通商产业省编：《商工政策史》第 5 卷，贸易上，商工政策史刊行会 1975 年版，第 325 页。

第二十五届议会上大谷嘉兵卫就此事向农商务省提出质询，农商务大臣答复："依据财政状况，将来设置商工事务官是势必之事"，此事向前大大推进了一步。

　　为了回应地方商业会议所和贸易团体的强烈要求，外务省也就商工事务官设置问题开展了各项实质性的准备活动。首先，海外各国商务官制度的调查。1909 年 1 月，外务大臣小村寿太郎向驻英、法、美、德、意等国大使发出电报，要求协助调查各国商务官制度，为日本商务官制度提供参考。其次，外务省也着手制定了"商务官设置之议"，参照欧美各国制度，将商务官定位在"贸易的辅助机关"，主要承担管辖区域内的商况调查、报告、收集商品样本、旅行调查等，拟设置地点列举了天津、上海、香港、伦敦、汉堡、纽约等城市，并考虑依实际情况逐年增加。①

　　在各方共同推动下，1910 年 7 月 5 日，日本政府在借鉴西方商务领事制度的基础上颁布了第 305 号敕令《商务官官制》，该敕令非常简单，只有短短四条，只对商务官的基本框架作了规定，"因贸易需求在海外重要城市设置商务官，商务官受外务大臣指挥，负责海外贸易调查事务，商务官人选参照外交官及领事官官制第十条规定"②。随后出台了相对细致的《关于商务官之训令》，规定商务官职务为"管辖区域内工商业及一般经济状况的调查，且内地各产业状况的视察，给予从业者必要的指导，充当内外贸易的中介，推进我国对外贸易的发展"；与大公使和领事之间关系为"商务官工作受大公使监督，与外国官宪正式交

---

　　①　［日］本宫一男：《关于第一次大战前后商务官制度的展开》，《外交史料馆报》第 3 号，1990 年 3 月，第 16 页。

　　②　国立公文书馆：《御署名原本·明治四十三年·勅令第三百五号·商务官官制》。日本亚洲历史资料中心档案：御 08498100。

涉时可通过外交官、领事，调查时与领事共同协作"。

1910 年，日本外务省正式在上海、香港、伦敦、纽约四个城市设置了商务官，这四个商务官管辖范围非常广泛，日本驻上海商务官管辖范围为中国华东、华中八省，日本驻香港商务官管辖范围为中国华南五省、印度支那、泰国、海峡殖民地、南洋诸岛，日本驻伦敦商务官管辖范围为英国、法国、西班牙、葡萄牙、意大利，日本驻纽约商务官管辖范围为美国、加拿大、墨西哥。在日本最初设置的四个商务官中，中国独占两个，可见日本对中国市场的重视程度。

但由于日本政府对驻外商务官的地位、作用和管辖权问题存在着一些分歧，加之经费、人手等问题，商务官制度没有发挥出预想的作用。1913 年 2 月，桂太郎内阁辞职，山本权兵卫出任首相。为削减行政经费，山本权兵卫内阁对行政机构进行了大规模的整编，6 月，作为行政改革一环，仅存在 3 年的商务官制度被废止。

（二）第一次世界大战后商务官制度的恢复

第一次世界大战期间，由于欧洲国家忙于战争，收缩了对海外市场的输出，这给日本对外贸易发展带来了千载难逢的好机会，因此，日本政府为了加强海外商业情报收集和推动对外贸易发展，有意恢复商务官制度，同时来自民间工商界的呼声也日益高涨。

1916 年 8 月，日本政府委托关西商业会议所联合会开展恢复商务官制度可行性调查：第一，对以往商务官制度的评价；第二，是否有新设的必要，或者是改善领事制度即可；第三，如有新设必要，应派往哪个城市，其职务要求如何？① 9 月，日本关

---

① 《大阪每日新闻》1916 年 8 月 5 日，《恢复商务官之调查》。日本神户大学新闻记事文库。

西商业会议所联合会回复"本会调查认为有恢复之必要",11月,日本关西商业会议所联合会向寺内毅首相提出"关于商务官设置之建议",提出先前商务官因制度缺陷贡献不大,希望能够在新的制度下恢复商务官制度,并希望将商务官纳入到农商务省的管辖之下,商务官任期延长至五到六年,商业会议所与商务官能够直接自由通信等。①

后经日本外务省和农商务省多次协商,1921年10月10日,日本政府颁布了《商务职员官制》,对商务官职务范围、职务区域、指挥及监督、与大公使、领事的关系、辅助员等五点作了比较明确的界定,以下择要点说明。

职务范围:有关产业、经济的全部状况,与之相关联的各种政策,日本对外贸易中特别是有关商品销路,通过专业的、实际的角度来调查并提交相应报告。同时,在扩张商业势力上日本商民应采取的措施提供合理意见。另外,为日本对外贸易发展提供必要援助,协助领事开展贸易斡旋、纠纷处理等。

职务区域:伦敦(英国本土)、纽约(美国)、上海(含香港)、布宜诺斯艾利斯(阿根廷、巴西)、新加坡(英领印度、缅甸、南洋诸岛)。

指挥及监督:在外务大臣及驻在大公使的指挥监督下,以自己的名义行使职责。

与驻在国大公使、领事的关系:商务官对于驻在国政府而言是外交官的身份,但主要是从事通商贸易的调查研究并提出意见,为日本采取措施提供参考资料为目的设立的机关,与公使、领事职务和权限各有不同。

---

① [日]本宫一男:《关于第一次大战前后商务官制度的展开》,《外交史料馆报》第3号,1990年3月,第23页。

辅助员：商务官下设副商务官和商务书记生。[①]

从上述内容来看，商务官最终还是隶属于外务省管辖，这也是日本政府内部争论最激烈、民间反响最大的问题。[②]

1921 年，日本外务省先行在伦敦、纽约恢复了商务官，次年，在上海、新加坡、布宜诺斯艾利斯三个城市恢复了商务官。在确保传统日本商品重要输出地欧洲、北美、中国之外，对商务官驻地进行了必要的调整，将香港商务官移至新加坡，同时增设布宜诺斯艾利斯，明显加大了对南洋和南美地区的情报收集。

商务官制度恢复之后，收到比较良好的效果，民间舆论一方面对商务官制度给予了非常积极的评价，另一方面也希望政府能够在商务官制度建设方面进一步加大力量。当时的两篇新闻报道非常具有典型性。

1922 年 4 月 23 日，日本驻纽约商务官西严发回了《美国努力扩张商权》的专题调查报告，汇报了美国商务官制度建设方面的最新进展。"商务官经费增加三万九千元，国内事务经费和对欧洲活动费增加五万四千元，对南美、中南美商业扩张经费增加七万六百五十元，对东亚贸易振兴经费增加一万六千一百五十元。商务官办事处除新设斯德哥尔摩之外，哈瓦纳临时办事处已建成，在伦敦、巴黎、柏林办事处内设置了有关特种商品贸易的专门商务官，雅典、亚历山大港准备设置商务官。在欧洲地区就电器、食品、燃料、纸张等贸易准备派遣巡回商务官。南美、中南美中哥伦比亚、委内瑞拉、乌拉圭、玻利维亚也新设了商务官，加拿大虽然尚未设置商务官，但也在考虑之中。在东亚的香

---

① ［日］外务省编纂：《在外公使馆执务参考书》，1938 年版，第 125—131 页。

② 《东京朝日新闻》1920 年 9 月 11 日，《商务官设置问题》。《大阪时事新报》1921 年 6 月 15 日，《商务官制近期发表：农商务省不平之声》。日本神户大学新闻记事文库。

港、孟买、巴达维亚都计划新设商务官，并准备进一步扩充东京、北京及上海商务官办事处。"① 日本民间舆论以美国商务官制度建设成就来敦促政府采取更加积极的行动。

同时，为了进一步推进日本对外贸易的发展，民间工商业希望政府增设海外商务官的呼声非常强烈。1922 年 5 月 28 日，《中外商业新报》中刊登了一篇题为《输出振兴与商务官制度》的文章。指出："我国现行商务官制度是在振兴海外贸易的目的下，外务省于去年财政预算三十四万日元创设，今年预算三十六万日元。商务官的任务是调查并通报海外一般经济事情及商品销售、关税等信息，同时为内外贸易提供中介，处理贸易纠纷等。目前已经在五个城市设置商务官并取得了良好效果，但要扩大在世界各地的贸易，现有商务官制度显得力不从心。其预算只有三十多万日元，商务官下设副商务官及书记生各一人，这种状况显然无法取得满意的效果。目前正在编制明年财政预算，政府务必对此作深刻考虑增加预算，希望商务官驻地增加到十个以上，同时实施临时派遣计划。商务官不单纯是事务性官吏，应同时养成商人、企业家的性格。另外，商务官应与民间商业会议所、贸易团体、新闻机构保持密切联系，讲究提高实效的方法。"②

1924 年 6 月，加藤高明出任首相，内阁面临着最大的课题就是 1923 年关东大地震灾后重建需要开支，不可避免地要进行大规模财政改革。在缩减行政经费的改革项目中，海外商务官制度又被废止。

但是，此次政府废止商务官制度的决定却遭到各界强烈反对

---

① 《大阪每日新闻》1922 年 4 月 23 日，《美国努力扩张商权》。日本神户大学新闻记事文库。

② 《中外商业新报》1922 年 5 月 28 日，《输出振兴与商务官制度》。日本神户大学新闻记事文库。

和抵制。当该决议传到日本驻伦敦商务官办事处时，引起了在英国日本商人的强烈不满，"外务省以削减预算为由决定废止商务官制度，该项决议不仅仅是当事者之事，更是置我们实业家利益之不顾的行为。目前商务官全部经费只不过区区三十七万日元，在扩张海外市场为头等大事的今天，这点经费难道不能从外务省预算中，或者从哪里节省下来吗？"①

在华日本商人也强烈反对废止商务官制度，以在华上海商业会议所为代表，分别向日本首相、大藏大臣、外务大臣、农商务大臣提交了请愿书，在请愿书中详细列举了由于驻华商务官的努力，给在华日本商人经商活动带来的 22 方面实惠，例如：棉布类商品无检查通关、火柴通关手续大大简化、对在青岛日本人生产麦酒实施特别优惠税、中国棉花输出厘金废除、上海输入日本和香港精糖差别税的废止、中国商标法和注册商标的咨询等，并指出"此次政府机构改革的结果准备废除商务官制度，该制度对我国对外贸易，特别是对华贸易具有重大意义，依现状看至少希望能够保留在华商务官"，② 强烈呼吁能够保留该制度。

同样，该决议也引起了日本国内工商业团体的不满。日本工业俱乐部和日本贸易协会都向政府提交了请愿书，指出："在振兴对外贸易最关键之时，单纯为削减开支而废止恢复仅仅四年的商务官制度，甚感遗憾。这里为削减年额仅为三十六万五千日元的商务官，那里又新增年额十七万日元的贸易官，其实意难以理

---

① 《大阪朝日新闻》1924 年 10 月 30 日，《商务官废止：伦敦邦商反对》。日本神户大学新闻记事文库。

② 《神户又新日报》1924 年 11 月 19 日，《对华商务官存续吃紧，在上海日本商业会议所的请愿》。《中外商业新报》1924 年 11 月 19 日，《上海商业会议所的商务官存续陈情：从在华商务官处得到便利》。日本神户大学新闻记事文库。

解。现制度公认运行良好，希望延续并改善现行制度。"①

迫于各方的强大压力，1925 年 4 月，日本政府颁布第 102 号敕令《大使馆商务书记官、公使馆商务书记官及主要从事商务奏任总领事、领事、副领事任用之件》，将原来商务官制度作了适当变通，改任为日本驻外大使馆、公使馆商务参事官、书记官，以及任命一些主要承担商务工作的领事，使商务官制度得到延续。② 1926 年，外务省又在莫斯科、柏林、孟买，1928 年在伊斯坦布尔、巴达维亚新增书记官或商务领事。

20 世纪 30 年代，日本驻外商务官制度总体上没有出现大的变化，最大的变化就是商务官管辖权逐步由外务省向商工省过渡。1937 年，日本政府颁布第 326 号敕令《有关从事贸易事务的大使馆商务参事官等的指挥监督之件》中指出："海外商务官通过外务大臣接受商工大臣的指挥和监督。"同年，商工大臣下发给驻外各公馆长的指令《对于商工大臣的商务职员指挥监督权敕令制定之件》中，更加明确了这一点。③ 表 6－2 列出了1928 年日本驻外商务馆的情况。

表 6－2　　　　　1928 年日本驻外商务官一览表

国别或城市	职　务	姓　名	地　址
中国	商务参事官	横竹平太郎	上海虹口北扬子路第一号日本总领事馆内
英国	商务参事官	松山晋二郎	No. 1, Broad Street Place, Finsbury Circus London, England

---

① 《大阪每日新闻》1924 年 11 月 6 日，《日本贸易协会的商务官存续陈情》。日本工业俱乐部编：《日本工业俱乐部二十五年史》上册，日本工业俱乐部 1943 年版，第 453 页。

② ［日］外务省编纂：《在外公馆执务参考书》，1938 年版，第 118 页。

③ 同上书，第 139 页。

续表

国别或城市	职务	姓名	地址
美国	商务书记官	原明治郎	165，Broadway，New York City，N. Y.，U. S. A
德国	商务书记官	长井亚历山	Hildebrand Strasse 25，Berlin
苏联	商务书记官	川谷幸左卫门	Gertsena 42，Moscou，U. R. S. S
阿根廷	商务书记官	石井忠吉	Cosilla No. 1266，Buenos Aires，Argentina
新加坡	总领事（商务）	中岛清一郎	Union Building，Colleyer Quay，Singapore
孟买	领事（商务）	佐藤梅太郎	Dwaidaks Building，No. 192，Bombay Road Port Bombay
伊斯坦布尔	商务书记官	本重志	
巴达维亚	副领事（商务）	小谷淡云	

　　资料来源：大阪市产业部贸易课编：《海外商工人名录》1928 年版。说明：1928 年 4 月调查。

二　商务官制度的特色

（一）设置城市为商业要地

　　1910 年，首批设置的城市为上海、香港、伦敦、纽约，均为日本传统意义上的重点贸易对象地区。上述城市均为地区性重要商业中心，经济影响力大，市场辐射范围广。商务官管辖区域也突破传统领事以驻在城市为中心，注重区域经济的整体性和联动性。例如：上海商务官管辖区域包括周边八省，香港商务官管辖区域包括华南五省、整个印度支那和东南亚地区，伦敦商务官管辖区域包括欧洲，纽约商务官管辖区域包括北美，基本上囊括了当时日本商品主要输出区域。

　　20 世纪 20 年代，随着日本商业势力对东南亚、南亚和南美等新兴市场的开拓和向欧洲腹地的挺进，又先后在新加坡、布宜诺斯艾利斯、莫斯科、柏林、孟买、伊斯坦布尔、巴达维亚等地设置了商务官。

（二）人员非常专业

领事一般来自外交系统，并不一定熟悉工商事务，商务官制度也正是为了弥补这一缺陷而出现的一种新型领事制度。商务官大多是来自贸易、实业、金融领域，具有相当经验、地位和专业背景的中坚人物。比如：上海日本领事馆商务官南新吾、横竹平太郎、进畅三人都来自三井物产，加藤日吉来自三菱商事，香港日本领事馆商务官青木铁太郎则来自横滨正金银行。南新吾曾经在三井物产天津、香港支店和本部担任过要职，商务官任期结束后转任台湾银行（殖民地时期台湾中央银行）理事，是典型的中国通，对中国经济事务非常熟悉。[①]

另外，商务官的任职时间普遍较长，任职地点也相对固定，不像领事调动比较频繁，这样比较有利于工作的开展。比如：南新吾在上海担任商务官时间是从 1910 年至 1913 年，进畅是从 1922 年开始直至 1925 年回国转任外务省通商局，而横竹平太郎和加藤日吉在上海的任职时间更长，从 1922 年至 1935 年前后。上海商务官继任者岩井光次郎从 1935 年至 1939 年，岛田静夫从 1939 年至 1942 年。

（三）积极参与各类商务活动

商务官的主要职责是承担视察报告、贸易介绍、大公使辅佐、领事援助、签订条约、参加国际会议等。

商务官有更多时间和精力能够参与各种经济事务。例如：1912 年 1 月 18 日至 20 日期间，香港商务官青木铁太郎到神户、

---

① ［日］佐藤严编：《大分县人士录》，1914 年版，第 278 页。

大阪商业会议所，就香港、新加坡、南洋、印度、澳洲商业状况向当地工商业者作了详细介绍。1912 年 3 月中旬，上海商务官南新吾到大阪商业会议所，就中国局势动荡起因、影响、对策和对华贸易等问题与当地工商业者进行了座谈。[①] 1913 年 2 月，上海商务官南新吾到大阪商业会议所作了有关中国贸易的报告，并与百余名工商业者交换了意见。[②] 驻华日本商务官不定期回国与工商业者碰面，通报海外商业信息已经成为其工作中的重要组成部分。

同时，商务官充当贸易中介，促成各项经济合作。1924 年，在上海商务官横竹平太郎的积极斡旋下，函馆商业会议所与上海华森洋行（经营人福泉荣造）达成贸易合作协议，共同开拓上海市场，以期打破长期以来北海道的海产物贸易权掌握在中国商人手中的局面。在贸易合作的基础上在上海设立贸易调查所，进行商品的宣传、销路拓展、当地嗜好及消费状况的调查。[③]

此外，驻上海日本商务官还多次代表日本政府参加国际会议，签订条约，插手中国经济事务。例如：横竹平太郎先后参加了中国关税自主改革会议、[④] 上海物价编定委员会等。[⑤]

第二节　驻华商务官报告的内容和数量分析

一　驻华商务官报告的内容分析

商务官职责是负责调查职务区域内有关工商业及一般经济的

---

①　大阪商业会议所编：《大阪商业会议所年报》，1912 年版。

②　大阪商业会议所编：《大阪商业会议所事务报告》，1913 年版。

③　《函馆市史》编纂委员会：《函馆市史》通说篇，第 3 卷第 5 编，第 348 页。

④　《大阪朝日新闻》1925 年 10 月 9 日，《国定关税率改正》。日本神户大学新闻记事文库。

⑤　《国民新闻》1926 年 10 月 24 日，《中国物价编定委员会我国对策决定：参加国九国下月中旬会议召开》。日本神户大学新闻记事文库。

状况，并且视察内地各种产业的状况，给做从业者提出适当建议，为国内外贸易商提供贸易斡旋，推动对外贸易发展。在处理与大使、公使、领事之间关系时，商务官接受大使、公使、领事的监督，与外国官宪交涉时，在有必要的场合通过领事斡旋，调查时与领事保持密切配合，相互协作。①

商务官专司海外商业调查、贸易斡旋职责，与领事相比其调查报告质量更具专业性和针对性。不仅仅局限于"对任地的经济、政策展开专业且务实的调查，并且要提出相应的对策，必要时还须出具适当的解决方案"。也就是说职责不单单是调查，更重要的是能为日本的对外贸易政策提供全局性、指向性的建议。

1911 年至 1912 年上海商务官报告中，既有《上海新绿茶市况》、《上海咸鱼商况》、《徐州济南天津现状》等一般商况报告，也有《江苏浙江地方产丝视察报告》、《四川省视察报告》、《钱塘江流域地方视察报告》等实地调查报告，更多的是《上海输入帽子注意事项》、《中国工业用药品的需求》、《中清地方丝贸易的危险》、《适合中国人嗜好手绢模样》等贸易建议。

1925 年 5 月 28 日，横竹平太郎在向外务省提交的《中国缝纫针需求状况》报告中，对日本缝纫针输出提出了三点建议：第一，中国的市场需求非常大，战前德国品质量优于日本品，日本品的针眼磨制方法较粗，致穿线容易断，包装用银纸不佳，致针容易生锈，应引起从业者充分注意。第二，日本品和德国品价格相差无几，近来德币暴涨导致德国品价格上升，此乃日本品夺回市场的最佳时机。第三，过去只等阪神在住华商上门订货，赚取蝇头小利，实在愚蠢，务必实现量产，在海外重要市场开设直营店、仓库，同时调查中国商人的愿望和商事习惯，不再给德英

---

①　［日］外务省通商局编纂：《领事官执务参考书》，1923 年版，第 731 页。

商人以有利商机。①

　　表 6 – 3 是《通商公报》1924 年 1—3 月刊登的驻上海商务官和总领事馆报告的比较。可以看出该时期驻上海商务官报告中电报、贸易、商品、介绍等栏目内容比较详细，主要侧重与商业相关的内容。而驻上海总领事馆报告内容则比较简单，篇数也不多，主要发回了一些财经、关税类报告。

表 6 – 3　　《通商公报》1924 年 1—3 月驻上海商务官和
总领事馆报告 （篇）

栏目	驻上海商务官报告	驻上海总领事馆报告
电报	煤炭市况、海产物市况（2 篇）、砂糖市况（2 篇）、生丝市况（2 篇）、日本商人金融紧迫、木炭市况、杂谷市况、谷肥市况、上海市况与金融紧迫、棉花棉丝市况	
贸易	日华贸易振兴策、温州通商事情、上海市况	上海对美国输出增加
商品	中国化妆品需求状况、上海英国制棉布拍卖法、中国西洋蜡烛需求状况、华北棉花交付问题、上海水泥市况、棉花棉丝状况、棉布商况（3 篇）、煤炭市况（2 篇）、海产物输入状况、棉花棉丝商况（2 篇）、中国商人海产物贸易状况、旧海产物包装方法、中国的味精、对上海海产物交易习惯、盐鳟输入状况、荷性曹达及晒粉输入状况、过酸化曹达输入状况、朝鲜产苹果的试卖、肥皂的需求状况	
交通	两公司东洋航路合并、上海出入境船舶吨数	

---

① 《大阪时事新报》1924 年 9 月 5 日。日本神户大学新闻记事文库。

续表

栏目	驻上海商务官报告	驻上海总领事馆报告
财经	上海金融市况	友华、花旗两家银行合并、上海物价的推移、英国对华经济发展的消长
关税	中国棉花输出税附加税问题	有关订货单的上海海关告示、蚊帐面料课税的海关告示、茶叶输出税、上海交易所营业成绩、大米市况（2篇）
杂录	海外永住奖励论（美国）	
介绍	牛奶及葡萄干贸易商、麝香贸易商、海产物贸易商、自行车及照相机贸易商、铁及五金贸易商、火柴制造用品贸易商、苛性曹达及晒粉贸易商、日本酒类贸易商、过酸化曹达贸易商、肥皂业者、蒟蒻状况（2篇）、齿轮贸易商	

资料来源：〔日〕高岛雅明监修：《复刻版通商公报解说总索引》，不二出版1997年版。

　　当然，商务官在实际调查过程中，有些工作也会与驻外领事职责范围相重合，甚至产生冲突，这也是当初外务省坚决反对在海外重要城市设置商务官的重要理由之一。为此，1922年在上海恢复商务官之际，8月9日，新任驻上海商务官进畅专门致信外务大臣"关于职务分担之件"，协调通商报告的分工问题。以下是进畅提出的商务官承担通商报告范围的方案：

　　通商报告项目概要（★商务官承担）
　　一、定期报告类
　　（★一）金融状况及金银输出入　　　　　　　（每月一次）

（★二）棉花棉丝布商况（该报告领事馆所管）

（每月一次）

（★三）煤炭商况（该报告领事馆所管）（每月一次）

（★四）生丝商况（该报告领事馆所管）（每月一次）

（★五）米商况（该报告领事馆所管）　（每月一次）

（★六）中日贸易年报　　　　　　　　（每年一次）

（七）中国对外贸易年报　　　　　　　（每年一次）

（八）上海对外贸易年报　　　　　　　（每年一次）

（九）宁波贸易年报　　　　　　　　　（每年一次）

（十）温州贸易年报　　　　　　　　　（每年一次）

（★十一）日本贸易地图制作用之统计　（每年一次）

（十二）海外实业者调查　　　　　　　（每年一次）

二、临时报告

（一）市况其他之报告

★1 一般市况

★2 本邦产各种商品销路之调查

★3 中国农产品之调查（茶叶、胡麻、鸡蛋及养蚕等为

主）

★4 染料其他化学工业之调查

★5 樟脑之调查

★6 矿产之调查

7 上海贸易概况

（二）港湾及设施之调查

（三）铁道之调查

（四）船舶航路等之调查

（五）海关之调查

（★六）诸企业及工业之调查

（七）劳动问题之调查

三、有益的报告

（★一）对于中日两国从业者间贸易愿望的斡旋

（★二）关于中日两国工商业、商况的情报

（★三）关于中日两国商人信用程度的情报

（★四）商品样本的购入及其他事宜

四、杂件

（★一）中国货币问题

（★二）中国度量衡问题

（三）中国实业借款（该报告领事馆所管）

（四）关于商标的问题

（五）关于文化设施及其他问题

（六）抵制日货中日两国商人间纠纷仲裁等①

　　8 月 23 日，外务大臣对此作了批复，同时将此信转发给驻上海总领事船津辰一郎，除提出部分修改意见之外，最后还是认为商务官和领事在工作职责上并没有本质区别和严格界线，希望驻上海商务官进畅能够与驻上海总领事船津辰一郎相互协助，共同商议。

　　商务官制度的设立无疑是日本海外情报网络体制的重要突破，领事报告在数量和质量上均有较大提升，对日本的海外经济调查和贸易扩张起到积极推动作用。

---

　　①　［日］外务省通商局编纂：《领事官执务参考书》，1923 年版，第 735—737 页。

二　驻华商务官报告的数量分析

1910 年，日本在上海、香港、伦敦、纽约四个城市设置了商务官，次年的日本领事贸易报告资料《通商汇纂》中专门开辟了商务官报告栏目，用以刊登来自上述城市的商务官报告。

1911 年 11 月 13 至 21 日，香港商务官先后发回了《荷领东印度的石油开采业》、《关于朝鲜产人参》、《关于鲍鱼干、濑户贝》、《关于桂皮油》，这 4 篇报告全部刊登在 1912 年出版的《通商汇纂》上，加上 1912 年发回的商务官报告，该年商务官报告共计 10 篇。1913 年 6 月商务官制度废止，因此该年商务官报告仅只有 1 篇。

1912 年 4 月，上海商务官最早发回了《关于上海的绿茶贸易》，该年共计商务官报告 46 篇，1913 年仅只有 3 篇。从数量上来看，香港和上海商务官报告数量要大大少于两地总领事馆发回的领事报告数量，这也反映出第一次世界大战之前，由于商务官的设置，与原有领事在部分职能上有些重叠，日本政府对驻外商务官的职责、地位、作用尚有不明确之处。

1922 年日本在上海恢复了商务官，但从当时的日本领事贸易报告资料《通商公报》来看，该年并没有刊登来自上海商务官的报告。直到 1923 年 7 月开始，才重新出现了上海商务官报告栏目，下半年共计刊登了商务官报告 62 篇，而上海日本总领事馆发回的领事报告有 84 篇，商务官报告数量略少于总领事馆报告。

而从 1924 年开始，这种情况发生了较大变化，上海商务官报告猛增到 305 篇，而上海总领事馆报告则减少到 33 篇，上海商务官基本上取代了上海总领事馆商业调查、商况报告的功能。1925 年出版的《日刊海外商报》也大体延续了这种状况，上海商务官报告（该年 4 月开始改称在华公使馆商务书记官报告）增加 452 篇，而上海总领事馆报告则仅为 27 篇。1928 年出版的《周刊海外经济事情》情况也类似，第 1—16 号（4—6 月）中，上海商务官报告为 31 篇，而上海总领事馆报告仅为两篇。

但是，从 1937 年开始在日本领事贸易报告资料中，上海商务官报告数量大幅减少，甚至较少出现，而主要是来自上海总领事馆的报告。

下　编

以驻华日本领事贸易报告为资料基础的专题研究

第七章

清末银价下跌与中国的对外贸易

第一节 世界银价下跌与上海外汇市场

一 19世纪后期世界银价的下跌

进入19世纪后，世界货币形势发了较大的变化。在俄罗斯、美洲一些国家、澳洲和南非等地先后发现了丰富的金矿资源，黄金产量大幅提高，黄金的货币化已成为了可能。1816年英国率先导入了金本位制，19世纪70年代，德国、荷兰、意大利、法国等欧洲国家先后实行了金本位制度。至19世纪末期，除中国之外世界上主要的国家都已经过渡到金本位制，国际金本位制度确立。

在货币制度金本位化过程中，就产生了这么一个问题。黄金成为了一个国家财富的象征和经济力量评判的基准，黄金渐渐地取代了白银而成为世界资本主义市场的主要货币，白银作为辅助货币而退居次要地位，甚至成为一般商品。因此各国都大量抛售出余剩的白银，加之该时期美洲白银的生产量也不断增加，使得全球银价一直处于下降趋势。尤其是在19世纪后期的光绪年间，国际金银市场上金价暴涨，银价日跌。表7-1为1787年至1897年的近百年里，金银比价整体变动的对照表。以金1两对银若干的比价为例：

表7-1 1787—1897年的金银比价对照表（金1＝银若干）

年	两	年	两	年	两	年	两
1787	14.96	1848	15.85	1873	15.92	1889	21.12
1792	14.05	1850	15.70	1874	16.17	1890	19.76
1803	15.41	1851	15.46	1875	16.59	1891	20.92
1810	15.77	1853	15.33	1876	17.88	1892	23.71
1815	15.26	1857	15.27	1877	17.22	1893	26.74
1816	15.28	1861	15.50	1878	17.94	1894	32.59
1819	15.33	1862	15.35	1879	18.40	1895	31.56
1832	15.73	1865	15.44	1881	18.16	1896	31.70
1835	15.80	1866	15.43	1885	19.41	1897	33.91
1844	15.85	1868	15.59	1886	20.78		
1847	15.80	1871	15.57	1887	21.13		

资料来源：［日］外务省通商局编：《通商汇纂》第104号，1898年6月11日在华公使馆报告，《关于清国的金问题》，第55页。

从表7-1我们可以看到，从1787年至1897年的近百年里，金银比价的基本走向是金价不断上升，银价逐渐走低。具体分阶段而言，从1787年至1872年的86年里，金银比价一直维持在金1两对银14两至16两以内，应该说是金银价格相对比较稳定的时期。

金银比价发生明显的变化主要是在两个时期。（一）19世纪70年代。1873年7月，以德国金本位制采用为契机，伦敦国际银价市场开始大幅不跌。随后欧洲主要资本主义国家相继采纳了金本位制，使得金银比价在19世纪70年代的近十年里由金1两对银15两5钱7分变为金1两对银18两4钱，银价无形中贬值了近3两。（二）19世纪90年代。1893年，亚洲的另一个白银消费大国印度停止了银币的自由铸造，并准备导入了金本位制。1897 年，日本也通过《货币法》的实施而最终确立了金本位制。由此，国际银价市场更是剧烈下落，到 1897 年跌至金 1 两对银 33 两 9 钱 1 分，并呈继续贬值趋势。

二 19 世纪后期上海外汇市场的变动

金银比价发生变动的主要原因是由于中国与世界各国采用不同的通货本位制度所造成的，各国通行金本位制，中国实行银本位制。金本位制各国之间的汇率和中国与金本位制各国之间的汇率波动不完全相同。金本位制各国间由于实行相同的货币本位制汇率相对平稳，而实行银本位制的中国与金本位制的世界各国之间，受诸多因素的影响，其汇率会经常出现波动。另外，中国虽然实行银本位制，但银价的决定权并不在中国，银价取决于世界金价的变动，世界白银价格的不断下跌直接影响到中国白银的对外汇价。

以下是 1894 年 5 月 11 日在上海领事馆报告《因金价腾贵对清国贸易的影响》中有关上海外汇市场波动的相关记录。

在此详说金银外汇变动状况。银对金的低落始于西历千八百七十三年以来的事，千八百八十四年顷其差并未显著，一两对英货六志和五志七片之间，翌八十五年始渐次下落，八十九年达到四志八片四分之三。然九十年因米国银块购入法实行，同年复价至五志二片四分之一，然此为一时之事。尔来又渐次下落，九十二年平均四志四片，去年三志四片，目前仅一两银兑换二志十一片内外之金。[1]

---

[1] [日] 外务省通商局编：《通商汇纂》第 6 号，1894 年 5 月 11 日在上海领事馆报告，《因金价腾贵对清国贸易的影响》，第 5 页。

该则记录反映的是 19 世纪末期，银价比较明显下跌时期的伦敦电汇上海金银外汇市场的行情。上海外汇市场也随 1873 年银价的明显下跌而走低，1884 年时银 1 两对英国货币 6 先令至 5 先令 7 便士之间，1888 年降至银 1 两对 4 先令 4 便士左右，1890 年由于美国银货购入法实施，一时反弹到银 1 两对 5 先令 2 便士左右，不过在随后几年渐次下跌，1892 年跌至银 1 两对 2 先令 11 便士，到 1897 年更跌至银 1 两对 2 先令 6 便士。① 外汇行情的变化是进出口贸易的晴雨表，19 世纪末期在上海外汇市场不断下跌的情况下，对中国的对外贸易又产生了哪些影响呢？

19 世纪后期，世界银价的下跌对上海外汇市场产生较大影响，对此中国海关报告中也有类似记载。

> 一八八二年海关两对外汇率的平均数为五先令八便士二分之一。此后海关的对外汇率即遂渐下降。在一八八三至一八八四年间，其下降还比较和缓，后来则转趋剧烈。一八八八年达到了最低点，平均汇率为四先令八便士二分之一，上海规元每两对外汇率仅四先令二便士二分之一（百十一点四两上海规元＝百海关两）。由于一八九零年美国立法的结果，银价上涨了。该年秋季，对外汇率达到了数年来未有的高度，在短暂时期内，上海银两的对外汇率，曾达到五先令二便士二分之一。自此以后，又一直下落，时而微降，时而暴跌，直至一八九一年末，上海银两对外汇率仅四先令三便士二分之一，海关两对外汇率仅四先令八便士二分之一。②

---

① 1997 年的汇率据《通商汇纂》第 87 号，1897 年 11 月 24 日在上海领事馆报告，《上海丝况和银价下落的关系》，第 9 页。

② 姚贤镐：《中国近代对外贸易资料》，中华书局 1962 年版，第 1251 页。

　　这是一份 1891 年上海海关的报告，与上述 1894 年日本领事报告几乎是同一时期，对同一市场外汇动向的记载。图 7 - 1 是依据上述两则材料和表 7 - 1 制成，显示出 1880—1890 年代伦敦白银市场与上海外汇市场紧密联系在一起。

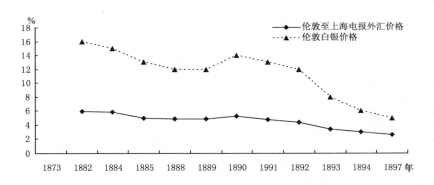

图 7 - 1　伦敦白银价格与上海电报外汇行情

第二节　银价下跌与中国的对外贸易

一　银价下跌抑制来自金本位国的进口贸易，促进来自银本位国的进口贸易

　　中国是日本在亚洲的主要贸易对象国，银价持续下跌对中国对外贸易带来了何种影响，对此日本政府自然是非常的关注。1894 年，日本驻上海总领事馆对此进行了专门的调查，汇成《因金价腾贵对清国贸易的影响》一文呈交日本外务部。下面让我们来看一下对当时情况的记录。

　　　　然清国之外国贸易近年长足进步，该为世人所公认。这以统计表为征，累年之增加额实为震惊，现假以我十九年

（明治，1886）该国的贸易额来考察，输出入总额为一亿六千四百五十五万两。经五年二亿一千四百二十三万两。另如去年达到二亿六千七百九十九万两，与十年前相比约增加一倍。该为对全体贸易额增进状况之仔细考察。有关其变迁状况的调查有一点必须多少引起我们的注意，即因为近年因金价腾贵，由金本位国之输入额减少，与之相对清国输出额增加，并可见与银本位国之间的贸易额一般出现膨胀行情……欲知其贸易变迁之详情，以一两对四志八片四分之一的外汇市场的西历八十八年与一两对三志四片的去年对照，并以外国输出入国分。可见与金货国贸易显著退步，银货国贸易却非常之增加。①

表 7 - 2　　　　1888 年、1893 年中国对各国进出口额
变迁一览表（两）

年		1888 年	1893 年
上海外汇市场		银 1 两 = 4 先令 8 便士 $\frac{3}{4}$	银 1 两 = 3 先令 4 便士
英国	进口	30392655	28156077
	出口	16700961	11667910
	总额	47093616	39823987
澳洲	进口	152158	107994
	出口	3140525	1048464
	总额	3292683	1156458

---

①　［日］外务省通商局编：《通商汇纂》第 6 号，1894 年 5 月 11 日在上海领事馆报告，《因金价腾贵对清国贸易的影响》，第 5 页。

续表

年	1888 年	1893 年
上海外汇市场	银 1 两 = 4 先令 8 便士 $\frac{3}{4}$	银 1 两 = 3 先令 4 便士
美国　进口	3145712	5443569
美国　出口	8962569	11725644
美国　总额	12108281	17169213
日本　进口	5774812	7852068
日本　出口	3562158	9337975
日本　总额	9336970	17190043
香港　进口	69840746	80890964
香港　出口	33551518	48290259
香港　总额	103392264	129181223
印度　进口	6627879	16739558
印度　出口	1036843	2735473
印度　总额	7664722	19475031
新加坡　进口	2040610	2448419
新加坡　出口	1352259	1792162
新加坡　总额	3392869	4240581

　　资料来源：［日］外务省通商局编：《通商汇纂》第 6 号，1894 年 5 月 11 日在上海领事馆报告，《因金价腾贵对清国贸易的影响》，第 5 页。

　　该记录是对 19 世纪末期的中国对外贸易情况作了简要的总结。单从对外贸易额的总体形势来看，中国的对外贸易是连年增进。1893 年的对外贸易总额与 1887 年相比相近翻了一番。同时，在对外贸易增长的过程中，由于金贵银贱的国际大气候影响，对外贸易又出现了几个明显的特点。即金价腾贵导致来自金本位国的进口品价格上升，从而在一定程度上限制了进口额。而中国的出口贸易获得增加，尤其是与银本位国之间的贸易额普遍呈放大趋势。具体以银价不断下跌过程中的 1888 年和 1893 年中国与各国的贸易统计数据为例。从表 7 - 2 的情况来看，首先是有关进口的情况。来自金本位国的进口贸易中除美国的进口额有所上升外，英国和澳洲的进口额都出现了明显下降。1888 年英国的进口额是 30392655 两，澳洲的进口额为 152158 两，到 1893 年进口额分别为 28156077 两和 107994 两，显然是受到金价腾贵影响使进口额受到了抑制。与之相反，再来看一下实行银本位制的日本、香港、印度和新加坡的进口情况，进口额都取得了相当大的进步。如日本在 1888 年时的进口额为 5774812 两，1897 年上升至 7852068 两。而印度在 1888 年的输入额为 6627879 两，1897 年达到 16739558 两，获得了两倍以上的增长。

以上统计数据是从中国与各国进出口总额的年间变化来考察，如果对不同进口货物的价格变化来分析，同样能够看到因金贵银贱使来自金本位国的进口品价格上升致进口额下降，反之，来自银本位国的进口扩大。试看以下记录。

制造品，主要绵织品的输入非常的退步，即前年的总额达到五千二百七十万两，而去年减到四千五百十三万两。制造品输入减少以下为例，如生金巾市场约三成六分腾贵。前年相比约二百十五万八千反减少。晒金巾亦市价昂上三成五分四分之三，失五十五万二千反的需求。单云彩布有十一万千八百反增加，盖上海织布局遭火灾致内地供给一时减少之故。又如石炭因同样理由，金货国即英濠米国产非常之腾贵，因品位市场价格一顿七两到九两间，本邦（日本）产高岛炭七两，其它三两二五仙到四两五十仙之间，其需求量增加，对金货国产石炭占压倒优势成自然之动势。

与之相反，银货国产杂货及反物显著增加，如本邦制绉棉布二五年（明治，1892）仅四万反，昨年至十四万二千五百反的输入。[①]

　　从以上记录可看到，受金贵银贱影响制造品价格上扬进口出现衰退，而来自银本位国的货物迅速填补了这一市场空缺。这里所言的制造品如棉织品、细棉布（生金巾）、白细棉布（晒金巾）、花纹布（云彩布）等，主要是西方工业国家的机器生产品，进口也主要是来自实行金本位制的欧美国家。如棉织品，1892年的进口总额是5270万两，1893年却减少至4513万两。细棉布的市场价格约上涨36%，与1892年相比进口额减少了215.8万反（日本布匹的长度单位，一成人衣料大小的面料）。白细棉布也同样价格高昂，上涨了35.75%，进口额减少了55.2万反。唯独花纹布，只因当年上海织布局火灾，为填补国内市场的需求，进口额增加了11.18万反。煤炭的输入因同样的理由，由英国、澳洲、美国等国进口的煤炭因价格昂贵，进口额相对减少。而日本和中国国内产的煤炭价格便宜，在市场上占了压倒性的优势。有关于此，盛宣怀在办汉阳铁厂时即有过"铁厂不得煤，亏耗无穷，镑贵洋煤难买"[②] 的感叹。

　　金贵银贱抬高了来自金本位国的进口品价格，使进口变得困难。如在进口西方的机械设备的时候，由于成本越来越高，中国因此而损失大量的外汇。1897年，日本驻上海领事馆在《关于清国金货的铸造问题》的调查报告中也有如下的分析，"受金价腾贵的影响外债支付等蒙受巨额损失，近来由海外购入机械、船

---

① ［日］外务省通商局编：《通商汇纂》第6号，1894年5月11日在上海领事馆报告，《因金价腾贵对清国贸易的影响》，第8页。

② （清）盛宣怀撰：《愚斋存稿》卷28，《寄香帅》（光绪二十三年七月二十五日），文海出版社1974年版，第690页。

舶等也多少受金价腾贵影响，其要支付多额的白银之事也有所发生"①。事实上，受之影响19世纪末期中国从欧美国家进口机器的数额也明显下降，在1895年为二百三十万海关两；以后直至1898年，每年约为二百万海关两；1899年下降为一百五十万海关两。②

二　银价下跌促进中国的对外贸易

金贵银贱限制了来自金本位国的进口贸易，那么对中国的出口贸易又有什么样的影响呢？试以上海生丝市场的出口情况为例来看一下银价下跌后的中国出口贸易。1897年，驻上海日本领事报告中对当地生丝贸易和银价下跌的关系有如下记录。

　　欧美金货国和东洋银货国清国间贸易的消长时常受银货一昂一低的影响，银价下落当国的生产品价格也随之变动，从金货国来看随着银价的下落惹起金货国的需求。虽然在这种场合下生产品的价格有所腾贵，但与银价下落的比率相比，对金货国来说生产品的价格还不能说腾贵。因此，伴随着银价下落，激起了欧美的需求致输出增加。同时价格腾贵对生产者有利致供给增加，输出贸易呈现活跃……上海近年生丝贸易出现较好的局面，单本年十个月间（因是1897年11月24日递交的报告），生丝的输出额达到七万八千三百三十捆，比上年二十九年（明治，1896）增加一万八千捆。这与过去五年相比较，除二十八年之外可以看到多额的增

---

　　① ［日］外务省通商局编：《通商汇纂》第84号，1897年11月5日在上海领事馆报告，《关于清国金货的铸造问题》，第81页。
　　② 全汉升：《清季的货币问题及其对于工业化的影响》，载《中国经济史论丛》第二册，新亚研究所出版1972年版，第742页。

加。十个月间屑丝的输出额为二万九千八百七十八担，与二十九年相比有千担的增加。①

以上记录对银价下跌后的出口贸易作了总体分析。由于银价下跌虽然使出口品价格有所上涨，但与银价下跌程度相比，对金本位国家而言仍是有利可图。具体以 1897 年上海生丝出口情况为例，可见银价下跌后生丝出口出现了旺盛的景况，出口额较前几年有明显增加，而这种有利于出口的局面形成主要是归功于银价的下落。中国生丝对外贸易的主要对象国大多为金本位国，所以银价下落带动当地外汇市场下落时，欧美金本位国可以用与原来相比同等或更低廉的价格购买到更多的生丝，较大地起激了金本位国的需求欲，而使得出口额出现增加的现象。

从以上分析得知银价下跌激起了西方的需求，一方面促进了中国对外贸易额的增长，同时相应地带动了出口品价格的上涨。那么在丝价与银价之间又存在着什么样的互动关系呢？来看一下 1897 年生丝价格（金麒麟）与银价之间的相互变化情况。

> 本年一月至十月可见异动，一月中金麒麟市场价为三百四十一两至三百四十六之间，随着市场需求量的增加价格渐次腾贵（略：腾贵过程），四月以降至五月下旬市场无货可供，（略：腾贵过程）八月的价格比之一月有百二三十两的腾贵。银价市场及外汇市场渐次低落（略：低落过程）。由于银价市场渐次下落之故使得生丝的输出变得容易。②

---

① 　[日] 外务省通商局编：《通商汇纂》第 87 号，1897 年 11 月 24 日在上海领事馆报告，《上海丝况和银价下落的关系》，第 5 页。

② 　同上书，第 9 页。

有关生丝出口和外汇行情变化之间的关系，将以上省略部分内容及报告中其他相关统计数据整理为表 7 - 3。

表 7 - 3　　　　1897 年生丝价格（金麒麟 1 担）与
外汇市场变化表

	上海市价		抵伦敦后市场价格		伦敦市场价格		上海外汇市场	
	最高 上海两	最低 上海两	最高 s. d.	最低 s. d.	最高 s. d.	最低 s. d.	最高 s. d.	最低 s. d.
1 月	346	341	$8\ 11\frac{1}{2}$	8 10	8 6	8 3	2 11	2 10
2 月	$352\frac{1}{2}$	330	9 2	$8\ 5\frac{1}{2}$	8 6	8 6		
3 月	375	360	9 3	$8\ 9\frac{1}{2}$	8 6	8 6	2 10	2 9
4 月	缺货	缺货	缺货	缺货	8 9	8 9		
5 月	缺货	缺货	缺货	缺货	$9\ 10\frac{1}{2}$	$9\ 10\frac{1}{2}$	$2\ 8\frac{1}{2}$	$2\ 8\frac{3}{8}$
6 月	405	370	9 6	$8\ 8\frac{1}{2}$	$9\ 10\frac{1}{2}$	8 9	$2\ 8\frac{1}{4}$	$2\ 8\frac{1}{8}$
7 月	$422\frac{1}{2}$	405	9 6	$9\ 2\frac{1}{2}$	9 6	$8\ 10\frac{1}{2}$	$2\ 8\frac{1}{4}$	$2\ 7\frac{1}{2}$
8 月	472	427	9 8	$9\ 2\frac{1}{2}$	9 0	8 9	$2\ 5\frac{1}{2}$	$2\ 4\frac{1}{4}$
9 月	465		$10\ 1\frac{1}{2}$		9 7		$2\ 4\frac{3}{4}$	$2\ 3\frac{1}{2}$
10 月	470	455	10 8	$10\ 4\frac{1}{2}$	10 1		$2\ 6\frac{1}{4}$	$2\ 5\frac{1}{4}$
11 月	455				$10\ 1\frac{1}{2}$		2 7	$2\ 6\frac{1}{4}$

资料来源：［日］外务省通商局编：《通商汇纂》第 87 号，1897 年 11 月 24 日在上海领事馆报告，《上海丝况和银价下落的关系》，第 9 页。

通过表 7 - 3 可以看到，随着上海外汇市场的持续下跌，生丝价格不论是上海生丝价格，还是抵伦敦后市场价格和伦敦市场价格均呈现上涨的趋势。如 1 月时 1 担金麒麟的上海市价价格为

346 上海两，到 11 月时上涨至 455 上海两，将近上涨了 110 上海两。抵达伦敦后 1 担金麒麟的市场价格 1 月时为 8 先令 11 便士上下，到 10 月时上涨至 10 先令 8 便士上下。如果说一年内的价格变动可能不够全面的话，可以来看一下 1895 年 7 月日本领事报告中有关上海蚕丝的调查报告："上海外汇市场二先令十一便士四分之三至三先令四分之三，金麒麟上涨至三百五十两的高价。"[①] 可见，1 担金麒麟在 1895 年较高价时也只不过是 350 上海两。

三　短期内银价波动导致对外贸易的不利

在整个 19 世纪银价总体是呈下跌走势，尤其是末期，下跌程度更为明显。但是在具体的下跌过程中也并非是成一直线，在不同的历史时期，不同的经济环境下都会出现短暂的、波浪形的起伏。让我们以 1897 年 5 月至 11 月的上海外汇市场波动情况为例，列表 7 – 4 如下。

表 7 – 4　　1897 年 5 月至 11 月伦敦电信上海外汇市场行情

日期	最高 s. d.	最低 s. d.	日期	最高 s. d.	最低 s. d.	日期	最高 s. d.	最低 s. d.
5. 27	2　8 $\frac{1}{3}$	2　8 $\frac{1}{4}$	7. 23	2　7 $\frac{3}{4}$	2　6 $\frac{1}{4}$	9. 17	2　7 $\frac{1}{4}$	2　5 $\frac{1}{4}$
6. 4	2　8 $\frac{1}{3}$	2　8 $\frac{1}{4}$	7. 30	2　6 $\frac{3}{8}$	2　5 $\frac{3}{4}$	9. 24	2　5 $\frac{3}{4}$	2　5 $\frac{3}{4}$
6. 11	2　8 $\frac{1}{4}$	2　8 $\frac{1}{8}$	8. 6	2　6	2　5 $\frac{3}{8}$	10. 1	2　6 $\frac{1}{4}$	2　5 $\frac{1}{4}$
6. 18	2　8 $\frac{1}{4}$	2　8 $\frac{1}{8}$	8. 13	2　5 $\frac{1}{2}$	2　4 $\frac{1}{4}$	10. 8	2　7	2　6 $\frac{3}{4}$

———————————

①　［日］外务省通商局编：《通商汇纂》第 23 号，1895 年 7 月 19 日在上海领事馆报告，《上海蚕丝商况》，第 17 页。

续表

日期	最高 s. d.	最低 s. d.	日期	最高 s. d.	最低 s. d.	日期	最高 s. d.	最低 s. d.
6. 25	2　8 $\frac{1}{4}$	2　8 $\frac{1}{8}$	8. 20	2　4 $\frac{1}{4}$	2　3 $\frac{3}{8}$	10. 15	2　8	2　7 $\frac{1}{2}$
7. 2	2　8 $\frac{1}{4}$	2　8	8. 27	2　3 $\frac{1}{2}$	2　3 $\frac{1}{4}$	10. 22	2　7 $\frac{1}{2}$	2　6 $\frac{3}{4}$
7. 9	2　8 $\frac{1}{4}$	2　7 $\frac{3}{4}$	9. 3	2　4 $\frac{3}{4}$	2　3 $\frac{1}{2}$	10. 29	2　7	2　6 $\frac{1}{4}$
7. 16	2　7 $\frac{3}{4}$	2　7 $\frac{1}{2}$	9. 10	2　5 $\frac{1}{4}$	2　4 $\frac{1}{8}$	11. 4	2　7	2　6 $\frac{1}{4}$

资料来源：［日］外务省通商局编：《通商汇纂》第 87 号，1897 年 11 月 24 日在上海领事馆报告，《上海丝况和银价下落的关系》，第 9 页。

从以上上海外汇市场行情可以看到，1897 年上半年的外汇行情持续走低。从 5 月 27 日的 2 先令 8 便士开始，到 8 月 27 日跌至最低的 2 先令 3 便士。进入 9 月，外汇行情便开始出现上下起伏。汇率的波动会直接影响到对外贸易额的伸缩。那么这种在银价长期下跌过程中的短期外汇市场波动，对贸易市场又产生怎么样的影响呢？来看以下记录。

> 七八两月（1897 年）因银价下跌生丝获得巨大的输出额，九月以降因银价动摇不定使买卖两者皆蒙不利是明白之事。如果将此因银价下落所产生之利益与银价动摇不定所受之不利益彼此比较其得失，其实是件很难的事……凡商业者最忌讳是不安不定的环境，或得大利，或蒙巨损，使社会经济全般处于投机的旋涡中沉浮。①
>
> 银货及外汇市场动摇不定，致输入品价格一昂一低，陷

---

① ［日］外务省通商局编：《通商汇纂》第 87 号，1897 年 11 月 24 日在上海领事馆报告，《上海丝况和银价下落的关系》，第 12 页。

入贸易投机状态。清商未能判明贸易前途而犹豫不决。或在交易期限内未能按期履行合同；或已履行合同之商人持存货而有苦色。为维持存货，向外国银行和清国银行请求资金融通，致金融形势日益逼迫……对营业者前途抱不安之感，外国银行对外汇成交及信贷比例更趋警戒，上海市场自此呈沉寂状。十月中旬以降金利为三钱，十月二十九日为六钱八分，进入十一月金利暴腾，十七日九钱四分，十八日为一两，尔来持续在一两的高金利。①

正如上则记录所言，因银价和外汇市场整体呈下跌趋势使中国的出口贸易呈现有利的一面，可由于短期内银价和外汇价格的动摇不定，进口品价格的忽高忽低，给进出口贸易带来不利因素。交易双方都不愿承担因汇率下跌而带来的损失或导致货物积存的风险，使交易双方均陷入于买与卖两难的困境。且交易者普遍无法正确判断外汇的走向，使得较为活跃的对外贸易市场一时出现沉寂化。相反，进口品价格的忽高忽低，还大量滋生了短期贸易投机行为，为博一时之暴利，铤而走险者是比比皆是，扰乱了原本正常的贸易秩序。

这种局面的出现不仅给正常的对外贸易设置了障碍，还严重地冲击了当地的金融市场，使贸易商人正常的融资行为更加困难。金融机构为规避因短期投机贸易而带来的金融风险，对进出口商人的信贷更趋谨慎。从上面记录也可以看到，1897 年下半年银行信贷利息步步攀升，金融市场日趋紧迫。由此陷入恶性循环之中，反过来制约了正常对外贸易的开展。

---

① ［日］外务省通商局编：《通商汇纂》第 88 号，1897 年 12 月 1 日在上海领事馆报告，《上海金融市场逼迫的景况》，第 63 页。

　　银价和外汇市场整体呈下跌趋势且短期内的动摇不定，给贸易方和银行方均带来了诸多不便。为了把这种负面影响降到最低限度，进出口双方及银行方不得不导入新的贸易方式来规避眼前的风险。尤其是对进口方而言，如何适应市场的瞬息变化和因银价下落而可能产生的库存是至关重要的。于是三方在贸易过程中导入了"买卖代理制（Indent System）"。即进口方在向外国大量订货之前，先与现地买方和银行方面确定买卖合同和交易汇率。然后向外国发出订货电报。这样一来，买、卖和交易汇率其实是同时被确定，外汇变动的风险由银行方面承担，进口者只获得交易佣金。银行虽然负担外汇风险，但通过票据的同时买进和卖出来实现自我防卫。在这过程中三方互动，任何一方的损失均可由他方所得的利益相抵消。卖方、买方和金融机构在贸易过程中利益同享，风险同担。①

结　　语

　　银价问题对中国近代社会产生过较大影响。白银虽然是中国货币体系的基础，但中国却不能控制世界市场上银价的变动，而世界银价的变动又直接影响到中国白银的对外汇价，进入 19 世纪以后，世界银价的长期下跌无疑对中国的对外贸易有着重大的影响。就这长期过程的影响而言，国内学界代表性的观点是认为："中国在 19 世纪 70 年代以后出现的这种有利汇率，并没有起到最终抑制进口、刺激出口的作用。"② 那么，本书将研究视

---

　　① ［日］滨下武志：《中国近代经济史研究——清末海关财政和开港场市场圈》，东京大学东洋文化研究所 1989 年版，第 125 页。

　　② 严中平主编：《中国近代经济史 1840—1894》下册，人民出版社 2001 年版，第 1207 页。

点放在 19 世纪末期，尤其是 90 年代，通过驻华日本领事报告资料，也看到了这样一种现象，即 19 世纪末期银价下跌限制了来自金本位国的进口，对中国出口贸易有一定促进作用，同时短期内银价上下波动又使中国的对外贸易和金融市场陷入困境。有关于此，1894 年驻上海英国代理总领事 G·杰米逊，针对 1893 年印度停止银币铸造致使银价暴落后的上海市场进行分析后提交的议会报告中，对 19 世纪末期银价下跌限制金本位国进口，促进中国出口的情况也是作了附条件的某种肯定。但是，由于国际金本位制的普及而形成的价格结构使得工业农业之间的国际分工体制固定化，其结果是金本位制的普及给工业发展较早的国家带来较多利益，先进工业国处于比发展中国家相对有利的地位。而且，事实上这不仅是单纯的白银的低价格化问题，还有变动的不安定性，变动幅度较大等其他一系列问题。例如：银价下跌尽管是刺激出口的重要因素，但中国出口的大宗商品中的茶叶和生丝的价格并不被中国市场所决定，它取决于国际市场，茶叶价格由伦敦，生丝市场由意大利或法国决定。因此，银价下跌未必能够成为促进出口的重要因素。[①]

---

　①　［日］滨下武志：《中国近代经济史研究——清末海关财政和开港场市场圈》，东京大学东洋文化研究所 1989 年版，第 88 页。

第八章

清末茶叶对外贸易的衰退
及其挽救活动

第一节　清末茶叶对外贸易的衰退

一　19 世纪后期中国茶叶输出由盛转衰

有关中国近代茶叶对外贸易的研究，长期以来受到学术界的瞩目。对近代茶叶对外贸易的时期划分，在学术界也有着多种不同的见解。[①] 但普遍的观点是，鸦片战争后至 1879 年为兴盛期，1880 年至 1886 年为极盛期，1887 年至 1917 年为衰退期，1918年以后为衰落期，1950 年至 1988 年为恢复期。近年来有关茶叶出口衰退期的研究渐渐受到瞩目，并取得了较大的进展。其中有

[①]　吴觉农认为 1866—1886 年为兴盛期，1887—1917 年为衰退期，1918 以后为全面衰落期（吴觉农、范和钧《中国茶业问题》1937 年，155 页）；庄雪岚认为 1840—1886 年为兴盛期，1887—1849 年为衰落期，1950—1988 年为恢复期（陈宗懋《中国茶经》上海文化出版社 1992 年版，第 39 页）；陶德臣认为 1840—1870 年为国际市场垄断期，1871—1890 年为高峰期，1891—1920 年为衰退期（陶德臣《近代中国茶叶对外贸易的发展阶段与特点》，《中国农史》1996 年第 2 期）。

陈慈玉、秦惟人、汪敬虞、朱自振、林齐模等的研究。[①] 以上各专论在茶叶出口状况、国际竞争、衰退原因、生产现代化等方面的研究均取得了丰硕的成果，但是，对于19世纪末中国茶叶贸易衰退后，为挽回茶叶出口颓势所被迫采取的一些补救措施，却并未涉及太多。

　　中国茶叶的出口最早可以追溯到17世纪，随着饮茶风俗在欧洲的普及，中国的茶叶对外贸易也逐渐繁荣。在17至19世纪初，中国作为唯一的茶叶出口国独霸世界茶叶市场达200年之久。在鸦片战争前的1760年到1833年，经东印度公司转运至欧洲的中国商品中，茶叶出口货值占出口总值的比例平均为80%左右，最高的1760—1764年达到94.1%，最低的1775—1779年也有55.1%。[②] 1838年首批印度茶叶在英国市场出现，中国独霸世界茶叶市场的局面逐渐被打破。随着印度茶、锡兰茶、日本茶出口量的大幅增加，中国茶叶在海外市场份额逐渐被蚕食，出口量也逐年下降。

　　这种市场的变化，在19世纪60—70年代的上海、汉口、福州等主要茶叶出口口岸的海关报告中不时可以看到。例如：1875年上海的海关报告中，"到去年为止，英国茶叶销量的增加是由中国和印度分担的，而从去年起，中国茶叶的销量开始停滞不

　　① 陈慈玉：《19世纪末叶中国茶的国际竞争》，载《大陆杂志》第62卷，第4期，1981年。［日］秦惟人：《近代中国的茶贸易——以输出渐落期为中心》，载《中国近现代论集》，汲古书院1985年版。汪敬虞：《中国近代茶叶的对外贸易和茶叶的现代化问题》，载《近代史研究》，1987年，第6期。朱自振：《茶史初探》，中国农业出版社1996年版。林齐模：《近代中国茶叶国际贸易的衰减——以对英国出口为中心》，载《历史研究》2003年，第6期。
　　② 姚贤镐：《中国近代对外贸易资料》第1册，中华书局1962年版，第275页。

进，全部增加的数量为印度独有。这个事实是中国茶叶衰落的征兆"①。但当时正处于中国茶叶出口的兴盛期，茶叶出口量年年增加，茶叶出口的表面繁荣掩盖了中国茶业的深层危机。直至1887年印度茶叶出口量超过了中国茶叶的出口量，这才引起了朝野上下的震动。1887年，总理衙门责成海关总税务司赫德对中国茶叶在国际市场的地位及补救措施进行调查。赫德致信各通商口岸的商会，同时也征求了茶叶同业公会的意见。结果显示中国茶叶生产已经处于十分危险的境地，如再不采取有效措施，将绝迹于国际市场，并且提倡引进印度生产方式以改良中国茶叶生产，减轻茶叶税收等。② 这一点可以从表8-1中体现出来。

表8-1　　　　　　1866—1889年茶叶输出状况（千磅）

年	中国茶输出总量	向英国的红茶输出量			向美国的绿茶输出量	
		中国红茶	印度红茶	锡兰红茶	中国绿茶	日本绿茶
1866	158912	97681	4584	—	14896	6054
1867	177406	104628	6360	—	13482	7102
1868	196645	99339	7746	—	18834	10296
1869	203702	101080	10716	—	18771	10852
1870	184087	104051	13500	—	17898	12384
1871	223896	109445	13956	—	20226	15842
1872	236563	111005	16656	—	22234	17271
1873	215648	111665	20216	—	19846	18459
1874	231326	118751	18528	—	19218	21969

① 姚贤镐：《中国近代对外贸易资料》第2册，中华书局1962年版，第1190页。

② 李必樟：《1854—1898年英国驻上海领事报告汇编》，上海社会科学院出版社1993年版，第724页。

续表

年	中国茶输出总量	向英国的红茶输出量			向美国的绿茶输出量	
		中国红茶	印度红茶	锡兰红茶	中国绿茶	日本绿茶
1875	242391	122107	23220	—	17076	26282
1876	234993	123364	25740	—	14937	23218
1877	254563	132263	27852	—	15623	22558
1878	253131	120252	36744	—	12987	25350
1879	264929	126340	34092	—	15333	34758
1880	279546	114485	43836	—	19339	39778
1881	284925	111715	48366	—	20708	35137
1882	268886	114462	50496	—	18034	34268
1883	264910	111780	58000	1000	11425	34264
1884	268762	110843	62217	2000	15061	35440
1885	283763	113514	65678	3217	16003	39094
1886	295565	104226	68420	6245	16332	45217
1887	287000	90508	83112	9941	15180	43357
1888	288935	80653	86210	18553	15130	39985
1889	250252	61100	96000	28500	14519	41101

资料来源：中国茶输出总量引自陈慈玉《19 世纪末叶中国茶的国际竞争》，《大陆杂志》第 62 号第 4 期，1981 年。向英国的红茶输出量引自［日］角山荣《茶的世界史——绿茶文化与红茶社会》，中公新书 1980 年版，第 157 页。向美国绿茶输出引自外务省通商局《通商汇编》，1882 年 10 月 14 日驻纽约领事馆报告，《输入绿茶红茶比较及情况报告》，第 52 页。

　　1876 年以后，中国茶叶出口开始出现衰退，最突出的表现就在出口量虽然增加，但出口价格却不断下跌。特别是在 1887—1888 年，中国茶叶出口量虽然有所增加，但是，国际电讯事业的发展使中国丧失了茶叶定价权，同时因为受到印度、锡兰和日本茶叶出口的影响，中国茶叶出口价格迅速下跌，而且对英国的出口开始减少。19 世纪 70 年代以后，英国市场上茶叶消费的增加部分几乎都是印度茶叶，中国茶叶消费量的增长是微乎其微。表 8 - 2 列出了 1868 年至 1894 年中国茶叶的出口量。

表 8 - 2　　　　　　　1868—1894 年中国茶叶出口量值

年份	出口量（担）	出口值（关两）	平均每担出口价（关两）
1868	1526872	33252060	23.8
1870	1389710	27442694	19.8
1872	1923127	40283667	22.6
1874	1795625	36826011	21.2
1876	1946250	36647926	20.8
1878	1954104	32013184	16.9
1880	2204754	35728169	17.0
1882	2059333	31332207	15.5
1884	2017612	29055142	14.4
1886	2386875	33504820	15.1
1888	2413456	30293251	14.0
1890	1723114	26663450	16.0
1892	1658340	25983500	16.0
1894	1939189	31854575	17.1

资料来源：许涤新、吴承明主编：《中国资本主义发展史》第 2 卷，人民出版社 2003 年版，第 228 页。

二　日本领事对中国茶叶输出衰退的认识

在明治维新后的相当长一个时期，日本还不断地向中国学习茶叶生产技术。当时日本茶业技术落后，国内不能生产欧人所喜之红茶、俄人所好之砖茶，仅能够生产的绿茶又因制造技术的落后，产量不高，出口获利甚微。面对这种窘境，日本把目光投向了当时茶叶生产和输出第一大国——中国，并开始学习和吸收以红茶制造技术为主的近代中国的茶业技术，力图振兴本国茶业，抢占日本茶在国际市场上的份额。

据不完全统计，19 世纪 70 年代受雇赴日的中国茶业技师多达 64 人，这批茶业技师在赴日期间或作为制茶教师向日本茶工、茶农传授茶业技术，或作为制茶熟练工直接投身于日本茶叶生产的实践。[①] 但由于 200 多年的锁国体制，日本对中国的茶叶生产和出口情况并不是非常了解，国内的茶叶生产基本维持在绿茶生产。英国首任驻日本总领事阿礼国（Sir Rutherford Alcock）在《大君之都》中有如下记载："最近数年，日本的主要输出商品化茶叶和生丝，均获得了较高的利润，特别是茶叶，弥补了中国茶叶的不足而需求巨大。"[②] 可见，日本茶叶最初是为了弥补国际市场上中国茶叶供应不足而对外输出的。

1875 年 11 月，内务省劝业寮派遣十等出仕多田元吉、四等出仕田边太一等携带红茶试制样本赴中国实地考察，与中国、欧美茶商进行广泛接触，但红茶因制作不当未获好评。多田一行考察江西、湖北等著名红茶产地，调查制作方法，并访问了其他茶叶产地，详细考察了栽培、制造的方法，同时购回茶叶制造必需的工具、各类茶种。回国后，向内务省提交了《清国商况视察报告书》。次年，多田元吉、石川正龙、梅浦津一赴印度阿萨姆地区考察茶叶栽培、制造、经营等情况，并收集茶种、茶叶样本。多田在归国途中，再度赴中国的广东、福建、江苏、浙江等

① 董科：《晚清中国茶业技师赴日事迹考》，《日语学习与研究》2008 年第 2 期，第 44 页。

② ［日］角山荣：《茶的世界史——绿茶文化与红茶社会》，中公新书 1980 年版，第 132 页。

地调查茶叶生产、收集茶种、茶叶样本。关于此次行程，多田元吉记有详细的考察记录《东印度巡回日记》。

　　在1881年创刊的日本领事贸易报告《通商汇编》中，日本领事对中国各港茶叶商况就给予了较多的关注，但是，1887年驻上海日本领事馆报告中第一次出现系统性介绍中国茶叶现状的调查报告，在《通商报告》第8、13、24号上刊登了《清国产茶实况》、《清国产茶实况续》、《清国产茶实况续（砖茶的制法及输出情况)》，对中国茶叶分类、产地、品名、发音、制法等方面从商品出口的角度做了详细说明。如中国茶叶除了绿茶、红茶、砖茶的分类外，在实际出口时都按产地或加工法来称呼，如红茶有工夫、武宁、河口、界首、白毫等，绿茶有婺源、天街、徽州、平水等，按其制法不同又有雨前、熙春、皮茶、屯溪、圆珠等。另外如中国砖茶的生产及外销俄罗斯的情况。应按说此时的日本对世界的茶叶动向还并不十分了解，依然把中国看为学习的榜样。

　　但是，从次年发回的领事报告中开始出现了一些转变。1888年1月，驻上海日本领事抄发了一份英国贸易委员会的调查报告《关于中国制茶贸易衰退调查委员会的意见书》，显然已经逐渐意识到了中国茶叶的衰退和印度茶叶崛起的现状。为此，日本领事还对中国茶叶衰退原因作了分析。指出"中国茶的衰退是其制法粗恶渐次品味低下"，"看中国制茶之方法尚幼稚，仅依气候顺良得良叶而制，如遇降雨其它气象变动，制茶业则完全中止"，"制茶衰退的原因尚有甲地方的良叶与乙地方不良品混杂制出后一时难以看破，欺瞒汉口外国商人，然数日后不良品发出异味，在搬运英国途中容易知道是滥造品"。①

　　1888年1月14日，驻汉口日本领事发回了《中国印度两国

---

　　① ［日］外务省通商局编：《通商报告》第52号。

红茶制法的得失》中指出："中国茶在英国渐失市场，而印度茶销路呈不断扩张之势。清国政府非常忧虑，北京总税务司就其衰退原因和救治策询问商业会议所，商业会议所认为制法陈旧是其原因之一。气候适宜能制出好茶，如遇气候不顺或稍有障碍则无法制出好茶。而印度茶获得较大进步，完全取决于栽培和制法得当"，对中国红茶制造方法提出了批评。对中国茶唯一表示赞誉的是"清国茶叶香味优于其他茶叶"。①

1888 年 2 月 28 日，驻福州日本领事发回了《关于欧洲印度、锡兰及中国茶的盛衰》的报告，认为："近年中国茶日益陷入衰境，欧洲市场销路非常不好，此前已有报道。现对欧洲市场消费印度、锡兰茶和中国茶作一比较，彼此盛衰清晰可见。"②具体详情可以从表 8 - 3 中看出。

表 8 - 3　　　1877—1887 年欧洲市场消费印度、锡兰茶和
中国茶数量（千磅）

年份	印度、锡兰茶	中国茶	合计
1877	28013	123012	151025
1878	36776	120192	156968
1879	35243	125576	160819
1880	43807	111307	155114
1881	48836	112156	160992
1882	50497	115569	166066
1883	59097	114973	175050
1884	63038	106918	169956
1885	68894	106309	175203

①　［日］外务省通商局编：《通商报告》第 53 号。
②　［日］外务省通商局编：《通商报告》第 58 号。

续表

年份	印度、锡兰茶	中国茶	合计
1886	74665	100000	174665
1887	93054	87553	180607

资料来源：［日］外务省通商局编：《通商报告》第 58 号，《关于欧洲印度、锡兰及中国茶的盛衰》。

1890 年 5 月 22 日，驻上海日本领事发回的《外国市场中国茶的衰微》[①] 中指出，"中国输出商品中茶叶占据最重要地位，其在外国市场一盛一衰关系中国对外贸易全局。近年中国茶叶在外国市场声价俱跌，印度、锡兰茶取而代之并有压倒中国茶之势"。明确向日本国内传递了国际市场上中国茶衰退，印度、锡兰茶崛起的信息。

第二节　清末茶叶对外贸易衰退后的挽救措施

清政府虽然意识到茶叶出口的困境，但在内外交困的历史环境下，清政府没有就改良茶叶生产采取什么切实可行的措施，延误了采取挽救措施的时机，使得中国茶叶生产的近代化错过了一个良好机遇。正如朱自振指出：1887 年是 1886 年连年递增的头一年下跌，总要连跌几年以后，才会看出和证明确实是衰落，再由衰落进一步提出改革和振兴。所以我国茶业和茶叶科技的近代改革，当是 19 世纪 90 年代，而且主要是 90 年代中期以后的事情。[②] 且这种改革和挽救措施并不是自发的，而是与西方茶叶生

---

① ［日］内阁官报局编：《官报》第 2066 号。
② 朱自振：《茶史初探》，中国农业出版社 1996 年版，118 页。

产相竞争败北后，才被迫采取的措施。

那么，与茶叶生产和出口紧密相关的清政府、茶叶商人、茶农，在 19 世纪后期茶叶出口不断衰退的危机面前，又都各自采取了哪些挽救措施呢？下面试从五个方面对此问题进行阐述。

一　引进制茶机器

茶叶生产和制造的近代化得益于英国人在此的努力，自 19 世纪 50 年代开始，干燥机、筛茶机、揉捻机等茶叶制造机器相继问世，并不断得到改进和推广，19 世纪 70 年代以后印度茶叶输出的好光景，在很大程度上是由于茶叶的机器生产得到普及，这不仅大大提高了生产效率，降低了制茶成本，而且使茶叶质量更有保证。相反 19 世纪 80 年代后期，中国茶叶出口出现衰退之后，上下舆论较普遍地认为是由于中国未采用机器制茶的缘故。郑观应在《振兴商务策》中提到"中国出口货以丝茶两项为最大，顾近来英之印度、锡兰，以及日本，其茶叶亦日新月异。苟能用印度机器以焙茶，不使有过焦不及之弊，则茶味必佳"[1]。张之洞也多次提到："人工烘制则人事不齐，断不若机器之一律。若中国仍用旧法，洋商必藉口人工不能停均，制法不能干洁"[2] 使中国茶叶销路闭塞。在这种舆论的推动下，自 19 世纪 80 年代后期开始，各地在制茶机器引进方面进行了不少尝试。

近代中国最早在茶叶生产中引进机器，一般被认为是在 19 世纪 70 年代中期，由俄国商人在汉口经营的砖茶工厂中。1875 年汉口的英国领事报告中记载："这里有两家俄国商人经营的砖

---

[1]　中研院近代史研究所编：《近代中国对西方及列强认识资料汇编》第三辑，1986 年，第 729 页。

[2]　《札江汉关道劝谕华商购机制茶》，《张文襄公全集》卷 103，文海出版社，第 7282 页。

茶制造工厂，他们用蒸汽机器代替了本地人多年使用的粗笨的压机。"[1] 但这只是在茶叶生产中引进蒸汽动力，且局限于俄国人经营的工厂中。

那么，近代意义上制茶机器的引进又是始于何时呢？1888年1月驻在上海日本总领事馆的报告中，有如下记载："国内二、三重要的制茶地方，在政府的保护下创设制造所，引进近年发明的制茶机器，制茶业兴起可待。但新机器的引进并推广，丧失工作的劳动者引起喧闹势在难免，必须依靠强大的政府保护。此事已有前例，前些年从锡兰进口茶叶旋转机一台，引起贱民骚动至无法使用，便是一例。"[2] 从此则记载来看，至少在1888年以前，政府曾经在引进制茶机器方面作过尝试。这可能也是有关中国引进制茶机器的最早事例。

进入19世纪90年代，在福州、温州、汉口、皖南等茶叶产地，依托民间的力量，相继引进茶叶制造机器，形成了一个建立制茶工场的小高潮。如1891年，在福建建宁府建立了一个机器焙茶厂。据称该制茶厂是"租与建宁府种茶之家"，而且"头一年对茶来求焙制的人无收费用、以后收费亦将远比手工收费为低。这个计画当然很好、因为许多茶农都买不起那样贵的器械、而又都渴望把茶焙制得更好"。[3]

1897年，经威尔切商会之手购入的旋转式干燥机，在温州地方进行机器制茶的试制。通过该干燥机制出的茶叶，与人工炒制的茶叶相比，稍韧且更具芳香。"通过机器焙制的茶叶在韧度

---

① 汪敬虞：《中国近代茶叶的对外贸易和茶业的现代化问题》，《近代史研究》1987年第6期，第11页。

② ［日］外务省记录局编：《通商汇编》第52号，第7页。

③ 孙毓棠：《中国近代工业史资料》第一辑，下册，科学出版社1957年版，1016页。

和香味上都比手工炒制的茶叶要胜出一筹"。① "使用老式土法加工的温州茶叶是质量最差的品种，但是经过仔细的整理和机器的轧制，温州茶叶却成为了一种非常好喝的饮料"。② 此事在茶业界似乎也引起了不小的反响，"近年温州机器制茶，味美价善，洋报称盛"。③

此后，该旋转式干燥机在福州也得到了试用，通过不同干燥程序得到的三种茶叶样品，送到当地商业会议所进行鉴定，认为通过该机器制成的茶叶均比中国的工夫茶稍韧，与印度、锡兰茶叶相类似。商业会议所理事卡麦隆认为，"试制所得的三种茶叶样品与市面上的福州茶相比有着明显的差异，三者皆味质燥烈，尤其第三种茶叶样品比第一种叶样品茶更为进步，如此优质茶叶能够制出，茶业复兴则指日可待"④。

1897 年，汉口的博富商会引进了改良型西路骨制茶机，该机器最初由印度茶厂主戴维德逊发明。经试制每小时能够焙制50 磅茶叶，大大提高了工作效率，同时证明经该机器焙制的茶叶比人工法炒制的茶叶价格每磅要高出 2 便士左右。⑤ 有关于西路骨制茶机的报告，在 1897 年福州的英国领事报告中也可以看到，"近岁更有新整茶叶之公司，该公司一切引水、概用汽机、其器则有油械为捲茶状三张活转之用。并且烘茶之机、英语曰威呢线、又其一西路骨、更有所谓普勒门之扇机一架及刘之、筛之

---

① ［日］外务省通商局编：《通商汇纂》第82 号，第48 页。
② 李必樟：《上海近代贸易发展概况：1854—1898 年英国驻上海领事报告汇编》，上海社会科学院出版社 1993 年版，第934 页。
③ 《札江汉关道劝谕华商购机制茶》，《张文襄公全集》卷98，文海出版社，第 7283 页。
④ ［日］外务省记录局编：《通商汇编》第82 号，第49 页。
⑤ ［日］外务省通商局编：《通商汇纂》第82 号，第50 页。

机器各一具；制成之茶、味美品佳、驾出土制之上"。①

在引进制茶机器的同时，较具规模的茶叶改良公司也开始出现。1897 年初，由福州颇具实力的中国茶商与外国茶商联合设立了"福州茶叶改良公司"。公司以殖民地香港法律为基准设立，全称"福州茶叶改良有限责任公司"，资本金为 250000 元（香港），分 5000 股，1 股为 50 元。第一期就 2500 股的 125000 元进行募集。公司理事会由驻福州的德国商人 1 名，英国商人 3 名，俄国商人 1 名，中国商人 2 名组成。公司依托银行是香港上海银行。

公司设立不久，即在福州府北岭地方设立制茶工场，购入茶叶生产机器，模仿印度的茶叶生产方法进行茶叶生产。制茶工场中配置曾在印度制茶工场担任经理的英国技师一名，并让其常住工场。此后，从锡兰学成归来的 1 名中国人也配置在工场中，共同管理工场事务。对于公司的一系列茶叶改良活动，当地地方官吏也非常重视，亲自到工场视察并给予高度评价，且明言如在困难或需要官力保护的情况下，将给予尽可能的支持。② 该公司最初的运营非常顺畅，在出口方面也取得了较大的成功。如该公司出口到澳大利亚墨尔本的茶叶，比同类茶叶价格要高出 7 两。③但是，该公司在茶叶改良方面的努力，并没能逃脱清末整体大环境的影响。在高税收、交通不便等多重因素影响下，1898 年，福州茶叶改良公司被迫陷入停产的境地。有关失败的原因，日本农商务省的中国视察报告中有如下记述："他日得闻该公司失败

---

① 汪敬虞编：《中国近代工业史资料》第一辑上册，科学出版社 1957 年版，283 页。

② ［日］外务省通商局编：《通商汇纂》第 84 号，第 93 页。

③ ［日］秦惟人：《近代中国的茶贸易——以输出渐落期为中心》，载《中国近代现代论集》，汲古书院 1985 年版，第 31 页。

的消息，其原因现在看来也非常明确，盖清政府对工场课以重税，福州至汤岭的道路差交通不便是其主要原因，加之茶树年数已久，青叶虽廉价，却茶质不佳。"①

在地方官宪中，对机器制茶最感兴趣的莫过于张之洞。在1897年的《札江汉关税务司筹兴茶务》中，对改进茶叶生产、购入制茶机器等进行了详细的阐述。认为挽回茶叶权益的重点在，"惟是栽种必明化学，焙制又须机器，非集富商之力纠股设厂，延请洋人督率教导未克奏功"。并对江汉关税务司穆和德非常赏识，由他来具体操作茶业振兴事业。"在汉口或产茶地方设立厂所，商集股分，以及如何购机制茶，以成佳茗，购地试种，以期推广，并延请洋人，酌雇印度工人。"② 在穆和德的赞助下建立了一家制茶公司，在湖北产茶区试行茶叶的机器生产。③1899年张之洞再次下文《札江汉关道劝谕华商购机制茶》，要求当地茶商"集股仿照外洋烘制之法购机试办"，同时明确表示"如有须官力维护保护之处，本部堂必竭力扶持，倘商人集股不足，本部堂亦可酌筹官款若干相助"。④

由此可以看到，自19世纪90年代开始，在茶叶主要产地依托民间力量，在地方官员的倡导下，形成了一股引进制茶机器，建立制茶工场的小高潮。

---

① 《清国印度锡兰茶叶取调复命书》，《明治后期产业发达史资料》第658卷，龙溪书舍2003年版，第27页。

② 《札江汉关税务司筹兴茶务》，《张文襄公全集》卷101，文海出版社，第7148页。

③ 李必樟：《上海近代贸易经济发展概况：1854—1898年英国驻上海领事报告汇编》，上海社会科学院出版社1993年版，第934页。

④ 《札江汉关道劝谕华商购机制茶》，《张文襄公全集》卷103，文海出版社，第7280页。

二　控制伪劣茶的出口

伪劣茶叶是指将柳、桑、柏的嫩叶混入茶叶中，或由于不良制作工艺，或用绿色颜料加以人工着色而制成的茶叶。伪劣茶在早期的中英茶叶贸易中就已经出现，而成为一大问题似是在18世纪左右。1725年、1777年，英国政府两度通过取缔掺杂茶叶法案，对违反者处以重罚。1875年，又通过食品药品买卖法案，对所有进口之食品及药品，均予以严格的检查，茶叶也在此法案之内。①

鸦片战争后，中国茶叶出口量大幅增加，但国际市场对中国茶叶的评价却日渐降低。这主要是因为传统生产的落后及商业利益的驱逐，茶叶中的掺杂情况日益严重。围绕于此的各种争端也开始突现。如在红茶出口重要口岸福州，早在1866年由于茶叶掺杂、质量不一等原因，引发了洛克重（Lokechong tie）对弗赖伊（Fry）、"福兴洋行对陈仙槎、陈天标"的两起民事诉讼事件。审理该案的英国领事希克里（Charles A. Sinclair）以此事件为契机，向福建省通商局的官员要求，希望禁止在茶叶掺杂杂物和样品与实物不符等不正行为的发生。福州海关采纳了该建议，一周后贴出了禁止伪劣茶叶出口的布告。② 但此后茶叶的掺杂杂物情况并未因此而得到根本改善。

进入茶叶出口极盛期的19世纪80年代，伪劣茶的出口数量大增，尤其是输美绿茶的着色成为了中美绿茶贸易的主要障碍之一。有关输美绿茶的着色情况，从1883年4月24日的日本驻旧

---

① 袁仲达、蔡维屏：《茶叶1868—1939》，大东图书公司，第148页。

② ［日］本野英一：《传统中国商业秩序的崩溃》，名古屋大学出版社2004年版，232页。

金山领事馆的报告中可以看到："近日从日本、中国两国输入的红、绿茶叶中，有大量的伪制茶叶出现。外貌带有光泽，恰似精制的上等茶叶。其实是用老叶浸泡于上等茶叶的煎汁，用香料加以粉饰，貌似新茶的伪制茶叶。输入的茶叶中七、八成为伪制茶叶，其中数量绿茶最多。如嗜饮该种茶叶后，在健康上会带来莫大的伤害。"① 由该报告可以看到，当时从中国进口的茶叶中伪劣茶数量之多，问题之严重。针对大量着色绿茶的进口，1883年美国国会通过不正茶输入禁止条例，对来自中国的茶叶实行严厉的检查。一旦有掺杂、着色行为，便禁止入关。在19世纪80年代前后的记录中可以看到大量输美的中国绿茶由于掺杂和着色而导致退货的事例。② 面对这种严峻的茶叶出口形势，清政府总理衙门下令各地方官员，禁止茶叶的掺杂、着色行为。③ 茶叶商行为维护自身利益，也采取了相应的自觉措施。如1898年以后，外国商人来上海购买绿茶时，均提取样品做化学试验。如遇有用滑石粉对茶叶加以粉饰的行为，即将该茶号的茶叶全数充公并处以重罚。④

　　但在巨大的经济利益面前，伪劣着色茶叶的出口并未因此而减少。1911年5月1日开始，美国两次提高输入绿茶的检测标准。在这种情况下，地方政府和茶商不得不联合出台相应措施，以控制并减少着色茶的出口。1911年，上海茶商协会通过浙江地方政府，呼吁停止对出口茶叶的着色，制作更加符合美国人口

① ［日］外务省记录局编：《通商汇编》明治十六年上（1883），第143页。
② ［日］外务省记录局编：《通商汇编》明治十六年上（1883），第23页、143页。明治十六年下（1883），第268页。明治十八年上（1885），第250页。
③ 海关总税务司编：《访察茶叶情形文件》，第7页。
④ 陈祖规、朱自振：《中国茶叶历史资料选辑》，农业出版社1981年版，第198页。

味的茶叶，尤其是针对日常茶叶着色最为严重的平水茶产地绍兴府。并在此基础上试图在茶叶产地设立茶叶研究所，改良茶叶的生产。作为绿茶着色重灾区的浙江省绍兴府和宁波府，当地政府发出告示，严厉禁止着色茶的制造，并改良茶叶生产方法，尽量提高茶叶的质量，减少粗恶茶的出口。如宁波府下的奉化县发出如下的布告："一、茶商若贩卖回笼假茶，一旦查获，没收并烧却。二、查出着色茶，没收并给予处罚。"①

三　吸收和普及茶叶生产知识

在引进机器制茶的同时，普及茶叶知识、宣传茶叶改良的活动也得到开展。甲午战争后，"变法自强"的意识日益高涨，朝野有识之士深感中国茶叶生产和技术的落后。在此背景影响下，1896 年，农学会在上海成立，1898 年，改名为江南总农会，是当时全国影响最大的农业技术推广机构。以后，各地纷纷设立农会，1910 年建立的农会数已达 29 个。农学会发行了中国最初的农学专门杂志《农学报》，揭载的文章主要包括农事奏折和章程、各地农事信息、欧美及日本农学书刊的选译等，基本上是介绍外国先进的农业技术，其中也包括了大量的茶叶科学知识。从1897—1898 年两年里刊登的文章来看，有关茶叶的奏折文札、茶事报道和国外科技，期期都有，其内容超过蚕桑、树艺和畜牧，占据最大篇幅。② 从日本农学刊物转译有关茶叶知识的论著，就占到相当数量。如《论台湾之茶叶》（第 4、5 期）、《日茶劲敌》（第 11 期）、《制茶价格之比较》、《茶栽培公司营业成绩》（第 17 期）、《加拿大需要红绿茶情形》（第 17、18 期）、

---

① ［日］外务省通商局编：《通商汇纂》第 30 号附录，第 5 页。
② 朱自振：《茶史初探》，中国农业出版社 1996 年版，第 120 页。

《俄人需用中国茶情形》（第 21 期）、《印度及锡兰茶叶成绩》
（第 48 期）、《俄国茶业》（第 49 期）、《试验机器制茶》（第 56
期），等等。《农学报》刊行后，引起了各地政府的高度重视，
浙江巡抚、湖广总督、安徽巡抚、江宁太守、保定太守等纷纷饬
令所属各地购阅《农学报》。① 由此，《农学报》的发行量和影
响度也不断扩大，1897 年下半年刊行的《农学报》的每期发行
量都在 3000 部以上。②《农学报》出版了十年，不仅介绍了大量
国外先进的茶叶基础知识、科学技术，而且还代售国外优良品
种、化肥、新式农具等，对清末茶叶知识的传播和普及起到了重
要作用。

在报刊宣传茶叶知识的同时，还直接派人去印度、锡兰等茶
叶生产先进地区学习茶叶制造技术。如上文中提到的 1897 年成
立的"福州茶叶改良公司"，就有雇请外国技术人员和从锡兰学
成归来技术人员的事例。另外，1898 年《农学报》的《奏折录
要》中，"闻福建商人，至印度学习，归用机器制茶，去岁
（1897 年）出口四万箱，获利甚厚"③。这些记录都说明至少在
1897 年之前，就有不少中国人去印度、锡兰学习茶叶制造技术
的史实。

20 世纪初期，清政府也向印度和锡兰派出了茶业考察官员。
1905 年，郑世璜受两江总督的差遣出使印度、锡兰，考察当地
的茶叶生产和制作。回国后递交了《印锡种茶制茶既烟土税则
事宜》和《筹议改良内地茶叶办法》的报告书。文中对印度、
锡兰的植茶沿革、气候、茶价、种茶、剪割、下肥、采摘、茶叶

---

① 　吕顺长：《清末浙江与日本》，上海古籍出版社 2001 年版，第 195 页。
② 　［日］大川俊隆：《上海时代的罗振玉》，载《国际都市上海》，大阪产业大
学产业研究所 1995 年版，第 228 页。
③ 　朱自振：《茶史初探》，中国农业出版社 1996 年版，第 123 页。

产量、机器、晾青、碾压、筛青叶、变红、烘焙、筛干叶、扬切、装箱、机价、运道、奖励等各个方面作为详细的介绍，通过这次实地考察，对印度和锡兰两国茶叶生产有了整体的了解，同时也对近代茶叶生产技术的进步和中国茶叶生产的落后有了深刻的认识。如文章开篇中提到"英人锐气扩张，于化学中研究色泽香味，于机器上改良碾切烘筛，加以火车、轮舶之交通，公司财力之雄厚，政府奖励之切实，故转运便，而商场日盛，成本轻，而售价愈廉，有压倒华茶之意"。同时，也针对国内茶叶生产的不足方面提出了许多具体的改良意见。如认为印度、锡兰之红茶虽不及中国上等之红茶，但在中下等红茶方面，由于"茶叶较大，加之机器生产，故香气浓厚，西人已用惯味浓价廉之印锡茶叶"，故中国只有提高茶叶生产质量，"改良上等之茶"以增加出口。接着，提出在各地设立茶叶生产工场，引进制茶机器。并提议首先从较有把握的安徽祁门入手，"查安徽祁门自绿茶改红茶畅销外埠，商民已知其得"。依托官府力量试办机器制茶工场，以树表率，商民见机器制茶能降低成本，获利较厚，必会"集资仿办，或以茶叶为股本附入官厂运销，尤为官商两利之道。"① 另外，还提议设立专门茶务学堂，培养人才，以复兴中国茶叶。

派员出外考察的同时，为规范全国茶叶的生产和制造，1905年清政府商部（1903 年 9 月设立）还专门颁布了《茶叶改良章程》。通篇分为"茶树、地土、勤力、肥料、防寒、采摘、焙制、洁净"八大内容。除了在茶叶的种植、采摘方面作了一定的规定之外，特别就焙制和洁净两方面作了重点说明。如在茶叶焙制上认为"红茶色香味三者全在焙制，故最宜留心考究"。具

---

① 《东方杂志》第 3 卷，第 2 号，第 29、79 页。

体制作中"青叶以日中晾干者为佳",并"切忌席地揉采,以免茶质消失"。另在茶叶制作卫生上作了强调"外洋讲求卫生,最喜洁净饮食之物,山内采摘烘制之时,房厂人工以及制茶器具等类宜时时留意备极洁净"。①

四　拓展茶叶销路

中国茶叶栽培、制作方法的保守,伪劣茶的混入被认为是中国茶叶出口衰退的重要原因。另外,在销售渠道,尤其是对外出口上也同样存在着较大的问题。从茶叶产地到沿海开港场要经过茶贩、茶行、茶号、茶栈、买办、外国洋行等诸多环节,无疑每经转手,都会被从中渔利。② 从沿海开港场到国际市场还要过几次周折,这主要与中国茶叶没有对外贸易自主权,所有的对外贸易活动都信赖于外国商人,外国商人也经常以此来操纵市场,转嫁市场风险。

有识之士早已认识到这一点,1880 年江苏学政王先谦和1881 年两江总督刘坤一,就华商运茶直销俄国之事上奏过清政府,"俄商自运后,华商歇业,仅存二十余家。且华商税则每箱纳四两数钱,俄商税则每箱仅二两数钱,故华商不能运办。第任洋人之垄断,必溃中国之得源",并建议凑集商股,在上海及英法各国设立公司,"若华商以轮船运货出洋,则洋商可以少至"。③ 1894 年,湖南巡抚吴大澄上书清政府《英商压抑茶价湘

---

① 《东方杂志》第 3 卷,第 8 号,第 161 页。

② 许涤新、吴承明:《中国资本主义发展史》第 2 卷,人民出版社 2003 年版,第 234 页。

③ 《俄人在华购茶自运茶商多歇业请以轮船运货出洋片》,《清季外交史料》卷2,第 14 页。《议复华商运茶赴俄华船运货出洋片》,《刘忠诚公遗集》奏疏卷 17,第 8 页。

茶连年亏损奏请借洋款设局督销折》，惜未能实行。① 同年，湖广总督张之洞凭借官力，从两湖借得官款，精选上等红茶 320箱，分水陆两路直销俄国获得了成功。并希望"官为之倡，民为之继"，"不到多一转折，操纵由人"。受此次茶叶直销俄国成功的鼓舞，1897 年正月，张之洞再次上摺，建议清政府，"招商局可以自造茶船，自立公司，于俄境自设行栈销售，收回利权"，② 可惜这一计划最终没有结果。

　　1907 年，清政府农商部还试图通过各驻外领事建立起茶叶的海外直销。农商部向驻在英国、俄国、德国、法国、美国、意大利等国领事，就整顿国内茶业、扩大出口等发出咨询文，希望在茶叶的海外销路上能够得到各驻外领事的通力协助。文中痛感中国茶叶出口受控于人之苦，希望能够通过驻外领事之手，在各地建立茶叶销售公司，驾起中国茶叶直销海外的桥梁，"是非建设大公司，全力维持不可"。同时希望出使各国领事，督饬商务随员，"劝谕各地茶商及各埠华侨，纠集资本，联络闽、粤、汉口各茶商持立公司"。公司成立后，在国内茶产区设立总部，在伦敦、纽约、圣彼得堡等主要茶叶销售地设立分部。通过该办法，中国的茶叶出口可以，"操纵自由，免受层层制肘"。③

　　在试图建立中国茶叶海外直销的同时，面向海外的广告宣传活动也得到了重视并开展。由于传统茶叶生产过程中的弊端和杂物的混入，印度、锡兰、日本茶叶商人也经常利用此来诋毁中国茶叶，"籍口华茶不洁，极力诋毁，并绘华人制茶之图，赤足揉

---

　　① 许涤新、吴承明：《中国资本主义发展史》第 2 卷，人民出版社 2003 年版，第 245 页。

　　② 《购办红茶运俄试销摺》，《张文襄公全集》卷 35，第 2257 页。《购茶运俄试销有效拟仍相机酌办摺》，《张文襄公全集》卷 45，文海出版社，第 3251 页。

　　③ ［日］外务省文书：《上海调查报告》，第 94 页。

踩，形容污秽"。① 使得中国茶叶在世界上的名声急剧下降。另外，中国茶叶小农生产的特殊性，缺乏广告宣传的近代理念。相反，在英国人资本主义式经营下的印度、锡兰茶业，"为不断扩张海外市场，宣传形象，尽可能用文明的方式，逐步开拓海外市场，而在此方面中国茶却毫无所为。"② 在这种背景下，上海的中外茶商联合成立了"清茶贸易协会"，有组织地向欧美、澳洲等地开展中国茶叶的宣传活动。从 1897 年 6 月的日本领事报告来看，该协会由卡利鲁商会和克莱克商会牵头成立，面向欧美和澳洲各国分别成立由 2 到 5 人组成的特别委员会。各委员会的运营费用从各商会输出茶叶额中产生，按输出茶叶价值每 100 便士提取墨银 5 分的比例充当广告费用。并要求各委员"联合当地同行的有志者，利用最廉价且茶叶消费者广泛购读的新闻上刊登广告"③。

五　减轻茶叶关税

在近代茶叶出口国中，中国的茶叶出口关税被认为是最重的。根据 1858 年 11 月《中英通商章程善后条约海关税则》的规定，清政府对出口茶叶每 1 担征收 2.5 两的关税和 1.25 两的子口半税。各省地方政府对内地运销过程中的茶叶，各自征收厘金等各种名目的捐税。④ 随着与印度、锡兰、日本茶叶在国际市场上竞争的激烈化，茶叶价格也不断下降。以红茶为例，每担价

---

① 《东方杂志》第 3 卷，第 8 号，第 162 页。
② 东亚同文会：《中国经济全书》第 2 辑，1907 年，第 312 页。
③ ［日］外务省通商局编：《通商汇纂》第 71 号，第 3 页。
④ 严中平：《中国近代经济史 1840—1894》，人民出版社 2001 年版，第 1187
页。

格由 1867 年的 37.60 两跌到 1894 年的 29.37 两,① 茶叶价格的下降使出口关税的从价率相应提高。到 19 世纪末,每担 2.5 两的关税已经占到茶叶价格的 10%—20% 左右。② 加上国内子口税和各种名目的厘金,全部税款在生叶价值的 50% 以上。而"印度、锡兰之茶,其出口税全免完纳。日本则每百斤不过完洋一圆"。③ 因此,沉重的税收严重地削弱了中国茶叶在国际市场上的竞争力。

对此,茶商、茶农不断有要求降低茶叶关税的请求。如前文所述,早在 1866 年的福州"福兴洋行对陈仙槎、陈天标"诉讼事件发生后,在福州美国茶商采取了独自的行动来对付属禁不绝的伪劣茶叶。美国商人提出,对掺入廉价粉茶的红茶及每担在 15 两以下的茶,要求出口关税由每担 2.5 两减至每担 1.25 两,英国商人得知后也向清政府提出了同样的要求。在美国和英国茶商的强烈要求下,最后清政府同意了该要求,但以每担 15 两以下的粉茶为限,出口关税减半。1868 年 3 月 3 日,福州海关贴出新税则告示。④

此后,也不断有要求降低茶叶出口关税的呼声。如前文曾提到的,1887 年在总理衙门责成海关总税务司赫德对中国茶叶进行调查之时,福州税务司哈纳(C. Hannen)根据福州商业会所的提议向清政府建言,希望免除茶叶出口的全部关税及厘金。但

①　姚贤镐:《中国近代对外贸易资料》第三册,中华书局 1962 年版,第 1644 页。

②　[日]外务省通商局编:《通商汇纂》第 221 号,第 44 页。

③　彭泽益:《中国近代手工业史资料》,生活·读书·新知三联书店 1957 年版,第 309 页。

④　[日]本野英一:《传统中国商业秩序的崩溃》,名古屋大学出版社 2004 年版,第 234 页。

此要求显然触动了清政府的财源，遭到反对无果而终。[①]

1902 年趁中外商约改订之际，以上海茶叶协会干事梁荣瀚为代表，联名向商务大臣盛宣怀提交了《茶税减轻请愿书》，陈述了近年来中国茶叶出口的不振，制茶价格的低落，出口关税的苛重和茶农的艰辛，等等，并提出了茶商们的具体要求，"现今税则改正之际，宫保大臣体恤商艰，茶叶经营者希望政府或按照时价值百抽五，或由上海、汉口两地外商输出时按照时价值百抽五"[②]。盛宣怀"经饬令随办商约之税务司裴式揩、贺壁里、戴乐尔查明核议去后，兹据该税司等先后查得该商董所呈均系实情"，对实情展开调查后上奏清政府，"将出口茶税改为按时价值百抽五于定章"。[③] 清政府虽洞悉其中弊害，但茶税事关国家财政，很难全部割舍这一税源。于是，1902 年 5 月 13 日，上海税关发布了第 572 号告示，"输出茶税按照时价值的百抽五"。同年 7 月 15 日，第 578 号告示，"关税按出口茶叶每担 1.25 两课税"，[④] 适当降低了茶叶的出口关税。

但中国茶叶出口局面并没有因此而得到改善，1914 年 10 月，就茶商的请求，清政府再次对茶叶出口税作了调整。由沿海通商口岸出口的茶叶关税维持每担 1.25 两，由吉林、黑龙江、云南、广西等陆路出口到俄国或法属印度支那的茶叶关税自每担 1.25 两减至 1 两，但茶末、木根茶、百两京、尖小京、砖茶等不包括在减税范围之内。[⑤]

---

① 海关总税务司编：《访察茶叶情形文件》，第 128 页。
② ［日］外务省通商局编：《通商汇纂》第 221 号，第 44 页。
③ 《请减轻茶税摺》，《愚斋存稿》卷六，第 33 页。
④ ［日］外务省通商局编：《通商汇纂》第 223 号，第 61 页。
⑤ 《扬子江报》第 23 号，1914 年 11 月 20 日。

结　语

19世纪末期，故步自封的中国茶业与西方近代茶业在国际市场上发生激烈竞争后节节败退。近代中国茶业衰退的根本原因还是中国传统小农生产和西方资本主义生产相互碰撞的结果。中国茶叶的生产是封建半封建的小农经营，谈不上科学实验、科学管理和机械化加工，茶叶生产与销售相脱节。而在英国人的经营下的印度茶业，引进大规模资本主义生产方式，资本雄厚，实行大面积经营，组织公司直接销售。19世纪末清政府恰处于内外交困的多难时期，面对日益衰退的茶叶出口可以说是有心而无力，即使知道茶业中存在的种种弊端，但大多也是停留在议论阶段，似也没有采取什么有效的措施。20世纪初期虽然出台了一些改良办法，也大多也是无统一计划、缺乏操作，且此时濒临清王朝的崩溃为时不远。

较早意识到中国茶叶出口的危机，并参与茶叶生产改良的无疑是茶叶商人，尤其是各口岸驻在外国茶叶商人。他们实际从事茶叶贸易，对中国茶叶栽培、制造、流通过程中存在的问题，国外消费者的喜好，国际市场的竞争等有着较清晰的认识。因此从19世纪90年代开始，就在模仿印度茶叶生产法，引进制茶机器，设立加工工场，建立公司等方面做了有益的探索。可是，他们的活动目的主要是为了实现自己的商业利益，活动没有得到政府和茶农的广泛支持。因此，他们的活动总是局限在一个方面和一个局部，并不能挽救已经衰退的中国茶业。但是，茶叶商人和清政府的一些措施对中国茶业的近代化还是有一定贡献的，特别是在茶叶的科学栽培、管理，机器制造以及茶叶技术的普及等方面，为以后的茶叶生产进步打下了基础。

第九章

近代中日煤炭贸易格局的变动

第一节　近代日本煤炭的对华输出

煤炭是近代工业发展的主要能源，天然资源稀缺的日本，煤炭的储存量却是相当丰富。幕末日本，煤炭就得到小规模开采并主要使用于濑户内海的盐田，但是需求量并不是太多，对煤炭的重视是幕末开港前后的事。当时整个东亚形势正在发生着巨大的变化，以英国、美国为代表的西方势力先后侵入东亚地区，以武力叩开各国大门。在历次军事行动中，解决军舰用燃料煤炭的当地及时补给是西方列强非常关注的问题。在鸦片战争期间，英国军舰曾经开进长崎港补给煤炭，以此为契机日本的煤炭产业开始受到注目。①

明治维新期间，煤炭产业作为"殖产兴业"的重要一环得到了较快的发展，煤炭产量逐年增加。明治初期国内成熟的煤炭消费市场尚未形成，日本煤炭主要销往上海、香港、新加坡等东亚地区。据 1898 年统计，日本煤炭输出额仅次于生丝、棉丝，

---

① ［日］今津健治：《关于九州近代产业的成立》，载《日本近代化和九州》，平凡社 1972 年版，第 275 页。

位居第三，占总输出额的 9.2%。① 在第一次世界大战前，煤炭是明治政府用于创汇的重要战略输出品之一。

为了配合煤炭输出，以驻外领事馆为代表的日本官方情报体系在此发挥了重要的作用。在日本领事报告中，煤炭是仅次于生丝、茶叶、棉花的重要调查商品之一，在上海、香港、天津、汉口、福州等煤炭重要输出入城市的日本领事报告中，基本上都有完整、系统的月报、季报、半年报、年报，这些调查报告为日本煤炭企业的生产和对外输出提供了重要信息，同时也是我们研究近代中国煤炭市场和中日煤炭贸易的重要史料。

一　日本领事与日本煤炭对华输出的开始

鸦片战争后，上海港逐渐成为东亚地区贸易和航运中心。19世纪 60 年代，日本九州的煤炭已经通过英国商人之手转运到上海港进行销售，但当时的输入数量和规模均十分有限。② 1870 年10 月，日本在上海开设了临时领事馆，品川忠道领事到任后对上海市场和对外贸易展开了一系列的调查，专门编写了《清国通商条例》一书，逐项列举了上海港的输出入手续、通关规则、海关税则、租界土地章程等内容，作为日本商人到上海开展贸易的入门书。同时，品川领事对日本国内急于寻找海外市场的煤炭给予了较多的关注。

1874 年 1 月 1 日，品川领事致信外务卿寺岛宗则，详细介绍了上海港的煤炭销售情况。指出当前上海港的煤炭市场主要被来自外国的英国煤、澳洲煤所垄断，日本煤炭的市场占有率很

　　① ［日］西川俊作、山本有造编著：《产业化的时代》下册，岩波书店 1990 年版，第 103 页。

　　② ［日］杉山伸也：《明治维新与英国商人》，岩波新书 1993 年版，第 59 页。

小。且"日本商人只计一时之费用而不计将来之弘利，甘愿由外商充当中介，甚是遗憾"。建议应考虑煤炭直输之方案，并进一步提出日本政府一方面要加大国内煤炭产业的扶植，同时要重视对海外，特别是上海煤炭市场的开拓，扩大日本煤的对华出口以换取外汇的建议。

品川领事对日本煤出口上海市场的成本作了细致概算，"长崎高岛煤炭的购入价格以每1万斤24日元计算，输出税1.25日元，上海关税1.25分，运费18.75分，上海人工费5分，合计50.25分。如在上海售价为53分，每1万斤的利润达到2.75分。高岛煤炭的年产量以3亿万斤来推算，仅高岛煤炭输出上海的利润就相当可观"①。极力建议加大高岛煤矿开发，开拓上海煤炭市场。

1876年1月2日，品川领事致信大藏卿大隈重信《关于高岛炭坑开发的意见书》，对高岛煤的对外销售提出了三点建议。同年11月10日，又致信大隈重信建议政府提供补助金，开发高岛煤矿附近的端岛煤矿，摆脱受英国商人控制的被动局面。"近来，吾国商人中从收益来推测恐无出三菱会社之右者，目前已开通至上海航线。"② 品川领事显然已经注意到三菱会社在从事煤炭输出方面的资金和航运优势，这也为日后三菱会社从政府手中获得高岛煤炭的开发权，并向上海输出高岛煤有一定关系。

除高岛煤之外，品川领事对三池煤的对华输出也提出了不少建议和帮助。1876年6月，三井物产社长益田孝为了调查三池煤炭在上海的销售情况，亲赴上海与品川领事进行会商。"三池

---

① 《公文录》明治八年二月，第二十三卷，《驻上海品川领事就向上海输送石炭的报告书》。

② 三菱矿业水泥株式会社高岛炭矿史编纂委员会编：《高岛炭矿史》，1989年版，第23页。

煤矿过去不讲究销售方法，只凭购求者多寡来伸缩产量，本年七月以来，煤炭事业得到大幅发展，可销售量达到过去的数倍，上海拥有较大的煤炭需求市场，价格方面可依据需求量多寡以廉价水运往返运输。一个月内的大概需求量是多少？其中煤气制造、蒸汽机消耗、人民日常生活所需量分别是多少？"①

为明确探知以上信息，益田孝特意将三池煤炭的上层块煤、盘下块煤及焦煤的样品各百斤送至上海领事馆，委托品川领事就此展开调查。次年，品川领事就上海煤炭市场的调查结果回复益田孝，"三池煤炭与奥州岛罗利亚和神户煤炭相比要略显低劣，所以价格也较低，但正因价格低廉反倒也是一种优势"。② 认为只要日本煤炭在销售价格上有优势，定能在上海市场上开拓出一片天地。

经过周密的调查和多个回合的商讨，1878 年 2 月，三井物产正式向大藏省提出在上海开设支店从事煤炭贸易的要求。由此，绕开英国商人直接由日本商社、日本轮船公司向中国输出煤炭的愿望终于得到实现。同年 4 月，三井物产向日本政府提交了《三池煤炭清国输出的申请书》，希望政府在政策和资金方面给予进一步的支持。

在品川领事的一系列调查、斡旋和建议下，日本煤炭终于打开了上海市场，并逐步超过欧美煤炭确立了市场优势地位，同时，通过明治时代日本煤炭的对外贸易培育了日后三井物产、三菱商社等综合商社的出现。

二　上海煤炭输入市场的分析

（一）上海煤炭输入市场的变迁

---

① ［日］益田孝（述）、长井实编：《自叙益田孝翁传》，内田老鹤铺 1939 年 11 月版，第 191 页。

② 三井文库编：《三井事业史》，三井文库 1971 年版。

1. 19 世纪 50—60 年代欧美煤垄断上海市场

五口通商后，煤炭就开始输入上海。据英国领事报告记载，1858 年输入上海的外国煤炭 2.9 万吨，1859 年 5.8 万吨，1860 年 5.3 万吨，1861 年 3.4 万吨，1862 年 17.4 万吨，1863 年 16.1 万吨，1864 年 11.7 万吨，根据报告内容推断这些煤炭主要是来自"英国、澳洲、美国和日本，以及中国台湾基隆港"。①在 1865 年的报告中详细列出了煤炭的产地。当年上海港输入煤炭总量是 9.1 万吨，其中英国煤 5.1 万吨，美国煤 1.1 万吨，澳洲煤 2.9 万吨，英国煤占到输入煤炭总量的 56.3%，有着举足轻重的地位。此后几年，大量廉价澳洲煤的输入逐渐侵占了英国煤的地位。1869 年，澳洲煤的输入量超过了英国煤而位居首位。美国煤由于价格高昂，输入量一直不多。除此之外，还有少量的日本煤、基隆煤和汉口煤输入上海，但输入量均不大，约占 10% 左右的市场份额。总之，英国和澳洲煤大量输入，并且从英国煤逐渐转为澳洲煤的市场优势是这一时期的显著特征。

2. 19 世纪 70 年代至 20 世纪 20 年代日本煤垄断上海市场

1866 年，日本煤首次出现在英国领事报告的统计中，输入量仅为 0.9 万吨。19 世纪 70 年代以后，"日本煤的进口数量连年大幅增加"，②随着日本煤输入量的迅速增加，分别在 1870 年和 1873 年超过了英国煤和澳洲煤。1874 年，日本煤的输入量接近 6 万吨，占输入煤炭总量的 50.7%，确立了在上海煤炭市场的优势地位。进入 19 世纪 80 年代，日本煤输入量继续增加，1880 年至 1910 年 30 年内，日本煤的输入量始终占到上海煤炭

①　李必樟编译：《上海近代贸易经济发展概况：1854—1898 年英国驻上海领事贸易报告汇编》，上海社会科学院出版社 1993 年版，第 102 页。

②　同上书，第 336 页。

总量的 80% 以上，1890 年日本煤炭的输入量一度达到总量的 90%，而英国煤、美国煤、澳洲煤由于受到日本煤强有力竞争，输入量大幅下降，合计约占 10% 以下的市场份额。英国煤、澳洲煤的衰退和日本煤的增加，煤炭的运输成本无疑是最主要的原因。如 1869—1871 年，英国威尔士至上海间煤炭运费约每吨 41 先令，上海市场卡的夫煤平均价格为 9.1 两，相当于 59 先令 11 便士，可见 68% 是运费。而日本长崎至上海煤炭运费每吨 1 元（1874 年），日本煤的平均价格在 5.6 两，日本煤的运费和销售价格要远远低于英国煤，可以说日本煤主要是依靠低价击败英国和澳洲煤的。[①]

3. 20 世纪 20 年代以后日本本土煤衰退，开滦煤、抚顺煤大幅增加

20 世纪初期开始，上海煤炭市场又出现了新的变化，即外国资本控制下的中国煤开始增加。[②] 如表 9 - 1 所示，1910 年输入日本煤 78.4 万吨，占 70%，输入中国煤 29.4 万吨，占 26%。1915 年输入日本煤 70.6 万吨，占 57%，输入中国煤 47.5 万吨，占 38%，1920 年输入中国煤 88.5 万吨，占 52%，显然中国煤的市场占有率逐渐超越了日本煤。但是，输入量较大的开滦煤、抚

① ［日］杉山伸也：《幕末明治初期石炭输出和上海石炭市场》，［日］新保博、安场保吉编《近代移行期的日本经济》，日本经济新闻社 1979 年版，第 208 页。

② 由于近代中国社会的半殖民性，中国煤炭业相对比较复杂。按产地分主要有 10 几种，如开平煤（开滦煤）、抚顺煤、山东煤、萍乡煤、山西煤、河南煤等。按资本性质区分主要有：外国资本控制下在国内生产的煤矿，如开滦煤（中英合资）、抚顺煤（日资）等；民族资本控制下的煤矿，如中兴、华东煤、淮南煤、烈山煤、大通煤等。依据不同分类方法，得到上海煤炭市场供应情况也有所不同，如表 9 - 1 是按照煤炭产地做的输入量统计。

表9－1　　上海煤炭输入种类、输入量和比例的统计表（吨）

年	英国煤输入量	英国煤比例	美国煤输入量	美国煤比例	澳洲煤输入量	澳洲煤比例	安南煤输入量	安南煤比例	日本煤输入量	日本煤比例	中国煤输入量	中国煤比例	合计
1865	51325	56.3	11217	12.3	28689	31.4	—	—	—	—	—	—	91231
1866	60705	43.7	10879	7.8	51861	37.3	—	—	9373	6.7	6190	4.5	139008
1870	17210	21.5	5705	7.1	27730	34.7	—	—	23009	28.8	5759	7.2	80013
1874	6590	5.6	2188	1.9	39006	33.2	—	—	59561	50.7	10156	8.6	117501
1875	10552	7.3	3450	2.4	34981	24.3	—	—	79127	55.0	15683	10.9	143793
1880	输入量7406，比例4.0				16651	9.1	—	—	148013	80.7	10944	6	183314
1885	7631	0.1	1132	0.1	29532	4.8	—	—	206304	80	13234	5	257833
1890	2793	1.2	256	0.1	11680	4.7	—	—	222255	90	10474	4	247458
1895	4170	1.9	500	0.1	26634	6	—	—	340511	82	39324	10	413532
1900	输入量89610，比例15						—	—	450790	76	53781	9	594181
1905	49359	5	0	0	14867	2.9	5036	0.1	752070	82	94167	10	915499
1910	22815	1.9	0	0	2650	0.1	21773	2	784281	70	294670	26	1126189
1915	0	0	0	0	0	0	65440	5	706143	57	475257	38	1246840

续表

年	英国煤 输入量	英国煤 比例	美国煤 输入量	美国煤 比例	澳洲煤 输入量	澳洲煤 比例	安南煤 输入量	安南煤 比例	日本煤 输入量	日本煤 比例	中国煤 输入量	中国煤 比例	合计
1920			输入量 256691，比例 15						554326	33	885258	52	1696275
1924			输入量 507541，比例 25						588369	28	977592	47	2073502

资料来源：1865 年、1866 年、1870 年、1874 年、1875 年、1880 年的数据根据英国领事报告各年。1885 年、1890 年、1895 年、1900 年的数据根据日本领事报告各年。1905 年、1910 年、1915 年的数据根据日本外务省外交史料馆《东亚同文会清国内地调查一件·第九期调查报告书·上海事情》，第 5 页。1920 年、1924 年的数据根据英国壳牌洋行报告、《刘鸿生企业史料》上册，上海人民出版社 1981 年版，第 8 页。注：1920 年、1924 年中国煤的输入量只是开滦煤。

顺煤均为外国资本控制下的煤矿，尤其是抚顺煤的生产和销售完全由"日本满铁公司"掌握，其利润全部归日方所有。因此，只能说上海市场上外国资本控制下的中国煤开始增加。

从以上分析可以看到，从上海开港至 1931 年的近百年里，上海煤炭市场基本上经历了三个阶段：19 世纪 50—60 年代，英国和澳洲煤先后进入并控制了上海市场，日本煤和中国煤虽然也陆续出现，可是市场占有率非常有限。19 世纪 70 年代开始，日本煤异军突起，大举进入上海市场，并在 19 世纪 80 年代以后的 40 多年里几乎完全垄断了上海煤炭市场，欧美煤和中国煤几乎被打压在 10%—20% 的市场空间内。20 世纪初期开始，日本煤的输入增幅开始下降，让出的一部分市场份额逐渐为外国资本控制下产于中国的开滦煤、抚顺煤所取得。

（二）上海煤炭输入总量、纯输入量的统计和消费量的概算

上海是近代中国内外贸易枢纽，东亚海域重要的煤炭补给港，煤炭的转口贸易相当活跃。1887 年上海日本领事报告中，"三月份，三池煤按事先约定额输入，入仓煤炭中有 1600 余吨转运新加坡。"[①] 1889 年的报告中，"最近 4 个月（1—4）输入日本煤转运苏州 4915 吨，杭州 3229 吨，宁波 621 吨，镇江 1828 吨，芜湖 1902 吨，汉口 2675 吨，宜昌 300 吨，芝罘 400 吨，汕头 400 吨，江阴 750 吨。"[②] 可见，上海作为东亚地区最大的转口贸易港，贸易辐射范围非常广。海外远至新加坡等东南亚地区，国内北至山东半岛的芝罘，西达长江腹地汉口、宜昌，南抵广东汕头地区。

---

① ［日］外务省通商局编：《通商报告》第 24 号，1887 年驻上海日本领事馆，第 21 页。

② ［日］外务省通商局编：《通商汇纂》第 137 号，1899 年驻上海日本领事馆，第 36 页。

　　输入上海的煤炭总量中究竟有多少是转运到其他地区，有多少是在上海消费？这对研究上海煤炭消费市场具有重要意义。依据日本领事报告和东亚同文会的调查资料，列出了1897—1908年，1915—1917年这14个年份的统计数据，如图9－1。这份统计比较直观地向我们展示了该时期上海煤炭输入总量、国外再输出量、国内转运量、纯输入量等详细情况。我们可以看到：第一，上海煤炭输入总量和纯输入量基本上呈现同比上升趋势。第二，上海煤炭输入总量中约有2%—12%再输出到国外，17%—49%转运到国内各港，剩余41%—81%为上海的煤炭纯输入量。并且海外再输出量和国内各港转运量逐年在减少，意味着上海煤炭输入总量中煤炭纯输入的比例在相对提高。这可能和20世纪初期上海民族工业迅猛发展有着一定关系。第三，上海煤炭纯输入量中扣除当年少量煤炭库存量，基本上可以概算出当年上海煤炭的消费量。这为下面上海煤炭消费市场的分析提供了依据。

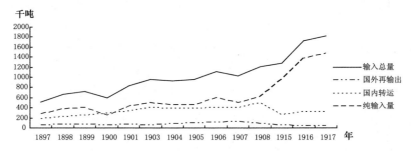

图9－1　近代上海煤炭输入总量和纯输入量的统计（单位：千吨）

　　资料来源：1897—1901年、《通商汇纂》改第57号，第39页。1903—1905年、《通商汇纂》第63号，第2页。1906—1908年、《通商汇纂》第8号，第20页。1915—1917年、《支那省别全志》第15卷，第904页。

（三）煤炭种类区别的输入结构分析

　　众所周知，煤炭因产地不同在炭化作用上有很大区别，不同种类的煤炭其煤质、价格、用途和使用方法是有所区别的。一般认为，由于轮船船舱容量限制且连续航行的特点，船舶用煤会尽是选用发热量高、挥发性小、灰烬少的优质一等煤，块煤是理想的选择。工场和铁路等使用蒸汽锅炉设备的场所较多采用发热量高、着火点低、完全燃烧且略带发挥性、硫黄成分少的煤炭。家庭用煤多采用不产生煤烟，持火力强，燃烧速度慢的无烟煤和半无烟煤。[①] 近代上海输入的煤炭，就国别而言有英国煤、美国煤、澳洲煤、安南煤、俄罗斯煤、印度煤、日本煤和中国煤等，而各国输入的煤炭又因具体产地的地层特点其煤质大相径庭。日本领事对上海煤炭市场的煤质、煤价、输入、需求、市场评价等情况作了详尽而长期的调查。

　　输入上海市场的英国煤主要有卡的夫煤、威尔士煤、英格兰煤，其中产自威尔士南部的卡的夫煤输入量最大。在众多输入煤炭中其品质最为上乘，价格非常昂贵，主要供应军舰及欧洲航线的远洋轮船。[②] 由于分别受到廉价澳洲煤和日本煤的竞争，19 世纪 60 年代开始输入量渐渐减少。受 1898 年英国煤业工人罢工、美西战争的影响，价格一度涨至每吨 25 两，[③] 只限于各国海军舰队使用。当上海市场卡的夫煤暂时缺货时，有时也以日本煤等其他一等煤代替使用，但使用效果明显不佳。[④] 正由于卡的夫煤

---

　　① 　[日] 伊木贞雄：《石炭及其试验法》，丸善出版会社 1950 年版，第 291 页。

　　② 　[日] 外务省通商局编：《通商汇纂》第 137 号，1899 年驻上海日本领事馆，第 36 页。

　　③ 　[日] 外务省通商局编：《通商汇纂》第 103 号，1898 年驻上海日本领事馆，第 11 页。

　　④ 　就使用效果而言日本领事也有如下评论："英国煤和日本煤的优劣，基本上是一比二，日本煤的百吨航程，英国煤五十吨即可。固然英国煤和日本煤存在价格差异，如今日本煤价格不及英国煤一半之状况。军舰及欧洲航线的远洋轮船主要使用量少效力高的英国煤。近期该国军舰使用了日本煤，航行中却冒出黑色浓烟。"《通商汇纂》第 103 号、第 13 页。

无可取代的特殊用途，所以在日本煤垄断上海煤炭市场的 19 世纪 80 年代以后，每年仍有少量卡的夫煤输入上海。

澳洲煤主要有悉尼煤、纽卡斯尔煤、乌伦格煤，煤质稍劣于卡的夫煤而与日本一等煤相当。在 19 世纪 60 年代"由于英国煤价格上涨，较多轮船公司开始使用澳洲煤"，"澳洲煤主要用于冶炼业，做成蜂窝煤作为燃料煤使用"。[①] 1887 年 5 月，也有 1030 吨悉尼煤销售给江南制造总局的记录，[②] 可见澳洲煤早期主要使用于航运、工场等领域。同样受到日本煤的价格竞争，90 年代以后澳洲煤的输入量开始减少，价格上涨。只是"作为煤气公司用煤比日本煤要划算"，[③] 估计澳洲煤在煤炭成分上比较适合煤气制造，因此澳洲煤在 19 世纪 90 年代以后在上海市场也始终保持着一定的市场份额。

安南煤自 19 世纪 90 年代开始输入上海，输入量不大，约占到上海煤炭输入量的 3% 左右，但是输入持续时间较久。安南煤产自法属印度支那北部，有时也称"鸿基煤"或"东京煤"。1888 年法资"鸿基煤矿公司"设立，后被三井物产所收购，1899 年三井物产在香港设立办事处专心开拓香港和上海市场。[④] 安南煤是优质无烟煤，在家庭生活得到较多使用。1908 年，三井物产的营业报告中对英国煤、澳洲煤、安南煤的用途做了如下叙述："英国煤主要作为英国远东舰队燃料煤，基本不在市场上销售。澳洲煤输入量时有波动，主要供瓦斯会社使用。东京煤每

---

① 李必樟编译：《上海近代贸易经济发展概况：1854—1898 年英国驻上海领事贸易报告汇编》，上海社会科学院出版社 1993 年版，第 102 页。

② ［日］外务省通商局编：《通商报告》第 32 号，1887 年驻上海日本领事馆，第 19 页。

③ ［日］外务省通商局编：《通商汇纂》第 63 号，1906 年外务省通商局，第 2 页。

④ 《鸿基炭矿》，三井物产贸易奖励会，1942 年，第 29 页。

年输入量约 2—3 万吨，主要用于家庭火炉。"[1]

上海市场输入量较大的日本煤主要有高岛煤、三池煤和筑丰煤。高岛煤产自长崎县，是日本采用近代技术最早开发的煤矿之一，19 世纪 60—70 年代输入上海市场的日本煤大多是高岛煤，为日本煤成功打入上海市场起着重要作用。该煤质量上乘，无杂质，硫黄成分和灰烬较少，发热量高，是优质的船舶用煤。据测试最高品质的高岛煤 25 吨和威尔士煤 20 吨可获得同等能量。[2] 19 世纪 70 年代往伦敦运送新茶的快速轮船，P&O 轮船公司，法国邮船公司较多使用高岛煤，[3] 在英国卡的夫煤缺货时，日本高岛煤也偶尔作为军舰用煤。

三池煤是日本煤中次于高岛煤的二等优质煤，煤质均一，水分和灰烬较少，缺点是硫黄含量偏高。与高岛煤一起成为 19 世纪 70—80 年代输入上海日本煤的主力。较多使用于冶炼、纺织、煤气制造等工场，和其他煤炭混合也使用于蒸汽轮船。[4] 三池煤的开采和销售为三井物产一手控制，是怡和洋行、太古洋行、上海煤气公司等大型轮船公司和工场的主要用煤。[5]

筑丰煤在 19 世纪 80 年代末输入量开始大增，一度占到输入上海日本煤总量的半数左右。据东亚同文会 1915 年的调查，输入上海市场的日本煤比例是，筑丰煤 35%—40%、三池煤 20%—25%、长崎煤（含高岛煤）6%—7%、门司煤、唐津煤

---

① 《三井物产支店长会议事录》第 7 册，丸善出版 2004 年版，第 167 页。

② 李必樟编译：《上海近代贸易经济发展概况：1854—1898 年英国驻上海领事贸易报告汇编》，上海社会科学院出版社 1993 年版，第 102 页。

③ ［日］杉山伸也：《幕末明治初期石炭输出和上海石炭市场》，［日］新保博、安场保吉编《近代移行期的日本经济》，日本经济新闻社 1979 年版，第 201 页。

④ ［日］外务省通商局编：《通商汇纂》第 63 号，1906 年驻上海日本领事馆，第 2 页。

⑤ 《石炭谘询会议议事录》（明治三一年）物产 200，第 51 页。

各占 4%—5% 、杵岛煤 3%—5% [①]。筑丰煤依据产出地层不同，又可细分为很多类别。其中大浦煤、目尾煤的切块煤是声誉较好的工业用煤，伊田煤、下山田煤、新手煤、新目尾煤同时适合在工场、家庭中使用。[②] 总之，该煤煤质普通，价格大众化，主要迎合了上海各种纺织、缫丝、电力等用煤量大而对煤质要求不高的工场。

据 1899 年 5 月 24 日的日本领事馆调查《日本煤炭需要口》显示，"从来当港日本煤需要口有纺织、缫丝、织布、制油、造船、制纸、燐寸、电灯、瓦斯、兵器制造、美利坚粉、羽毛、饮用水、麦酒、科学用酸、制冰，另外自纺织缫丝等各种机械制造场到铁路、轮船、小蒸汽船等无法一一枚举。除酒、酱油制造、热水站，自家用煤的消费也颇多"[③]。可见，日本煤已经渗透到上海各个领域，被广泛应用于航运、铁路、各类工场、家庭生活。

在不同时期，对上海市场产生较大影响的中国煤主要是台湾煤、开滦煤和抚顺煤。1866 年台湾的基隆煤最初出现在上海市场，由于采矿技术低下和重税限制，始终无法扩大在上海的输入量。[④] 受中法战争影响台湾煤的产量大幅下降，1892 年以后在上海市场基本上看不到台湾煤。19 世纪 60 年代，台湾煤和澳洲煤、日本煤

---

① ［日］外务省外交史料馆：《东亚同文会清国内地调查一件·第九期调查报告书·上海事情》，第 8 页。以下简称《上海事情》。日本亚洲历史资料中心：B - 1 - 6 - 1 - 346。

② ［日］外务省通商局编：《通商汇纂》第 63 号，1906 年外务省通商局，第 2 页。

③ ［日］外务省通商局编：《通商汇纂》第 137 号，1899 年驻上海日本领事馆，第 36 页。

④ 同治十三年（1874 年）十二月十五日船政大臣沈葆桢"台煤减税片"："外国煤进口，第吨税银五分，土煤出口，第百斤税银四分，合一吨计之，应税银六钱七分二厘矣"。孙毓堂《中国近代工业史资料》第一辑，文海出版社 1979 年版，第 572 页。

混合后广泛应用于轮船航运。① 80 年代，台湾煤每月定期向江南制造总局供应一定量的煤，估计存在长期买卖契约。②

开平煤在 1878 年由李鸿章发议开采，1899 年转为中英合资。19 世纪 80 年代的日本领事报告中最早有开平煤输入上海的记录，当时主要供应江南制造总局。开平煤的输入对上海的日本煤构成了一定的冲击，"七、八年前上海输入煤的八成为日本煤所占，中国煤只不过一成三分，一九零八年以后开平煤的输入势头强劲，日本煤减至七成以下"。③ 19 世纪末 20 世纪初进入上海市场的中国煤主要就是开平煤。开平煤煤质虽劣于英国卡的夫煤，但在中国煤中属优质煤炭，1912 年合并滦州煤矿后改称开滦煤，品种趋于多样化，被广泛应用于轮船、工场、煤气制造、家庭生活。④

抚顺煤在 1906 年被纳入"满铁"经营，从统计资料上看 1908 年就有抚顺煤输入上海市场，最初输入量不大。20 世纪 20 年代以后，抚顺煤的输入量开始显著增加。⑤ 抚顺煤是属于发热量高，灰烬少，硫黄成分较多的有烟煤，一般使用于铁路、轮船和各类工场。抚顺煤中的本溪湖煤煤质较优，较多用于航运、工场和家庭。⑥

从表 9－2 可见，近代上海输入的煤炭主要有英国煤、澳洲

①　李必樟编译：《上海近代贸易经济发展概况：1854—1898 年英国驻上海领事贸易报告汇编》，上海社会科学院出版社 1993 年版，第 410 页。

②　〔日〕外务省通商局编：《通商报告》第 35 号，1887 年驻上海日本领事馆，第 13 页。

③　〔日〕外务省通商局编：《通商公报》第 238 号，1915 年驻上海日本领事馆，第 455 页。

④　东亚同文会编：《中国经济全书》第 10 辑，南天书局 1989 年版，第 635 页。

⑤　吉林省社会科学院《满铁史资料》编辑组编：《满铁史资料》第 4 卷、煤铁篇，第 1 分册，中华书局 1987 年版，第 246 页。

⑥　〔日〕外务省外交史料馆：《东亚同文会清国内地调一件·第九期调查报告书·上海事情》，第 10 页。

表9-2 上海市场的煤炭价格和用途（两）

煤炭种类		1866年	1870年	1875年	1887年	1890年	1894年	1902年	1905年	1910年	用途
英国煤	英国卡的夫煤	10.5	8.52	8.71	7.75	12	15	13	12	17.5	军舰、船舶
	美国煤	14.5	9.65	10.19	8.75	9	13	—	—	—	工场
	澳洲煤	9.25	6.89	6.96	5.85	7	8.5	10.5	12	14	船舶、工场
	安南煤	—	—	—	—	—	—	9	—	—	家庭
日本煤	高岛煤	7	4.77	4.31	4.1	5.75	6	—	—	约定	军舰、船舶、工场
	三池煤	—	—	—	3.75	5.5	5.25	6—7	6.3—7.75	—	工场、船舶
	筑丰煤	—	—	—	—	3.25	4	—	—	6—7	工场、家庭
中国煤	台湾煤	6	4.97	4.21	2.65	5	3.5	—	—	—	船舶、工场
	开滦煤	—	—	—	—	—	—	5—11	7.5—9.5	6—9	军舰、船舶、工场
	抚顺煤	—	—	—	—	—	—	—	—	6.5—5.5	工场、船舶、煤气

资料来源：1866年、1870年、1875年煤价依据英国领事报告各年、1887年、1890年、1894年、1902年、1905年、1910年煤价依据日本领事报告各年。用途依据《支那省别全志》第15卷，1920年版，第906页。

煤、安南煤、日本煤和中国煤，根据煤炭产地和产层又可细分很多种类，不同种类的煤炭在品质、价格上有很大区别。例如英国卡的夫煤，虽然受远途运费的影响价格高昂，但由于无可替代的煤质，在高端市场仍有一席之地。19 世纪 80 年代以后，日本煤炭基本上垄断了上海市场。20 世纪初期，中国煤虽然渐渐扩大了市场份额，但抚顺煤事实上由日本控制，加上日本煤的大量廉价倾销，日本煤仍然占据着市场的主导。

二　上海煤炭消费市场的分析

（一）19 世纪后期以轮船为中心的煤炭消费

上海开港后不久，输入煤炭主要是供应停泊在黄浦江上的外国军舰。随着东方贸易的兴起，以上海为中心成立了众多轮船公司经营沿海、沿江船运。1844 年怡和洋行开通香港至上海的定期航线，翌年 P&O 轮船公司开通斯里兰卡至香港定期航线，1850 年延伸至上海。1862 年中美合资旗昌轮船公司成立，1865 年英国太古洋行设立并于 1871 年开通上海至汉口航线。1872 年招商局轮船公司成立，1879 年怡和洋行也开通了上海至汉口航线。①

轮船公司的大量出现，加之新航线的不断增设，极大地刺激了对煤炭的需求，轮船公司成为上海煤炭的主要消费群体。1894 年 7 月 28 日上海日本领事报告中："上海煤炭年消费额约在十六万吨左右，虽然有一部分消费在使用蒸汽机的制造业上，但消费煤炭基本上是供应船舶需求。盖每年上海港出入各国船舶有逐渐增加趋势，如去年进出港轮船总数是 5643 艘，吨位达到 630 万

①　［日］波多野善大：《中国近代工业史》，东洋史研究会刊 1961 年版，第 160 页。

吨之多，近海航路所必需之煤炭量很大也不足为奇。"① 但是军舰对煤炭的需求仍不可小觑，尤其战事频繁的晚清，每有战事爆发时都不同程度的对上海煤市产生冲击，"上海的纺织、织布公司以及其它制造业的蒸汽机运转所需之煤炭，相比而言消费量很小，北洋舰队尚存之时，所需煤炭实际上是巨额的。上海港的原北洋舰队定远、镇远号等巨舰一日航行需煤炭三十吨内外，所使用煤炭均为日本煤，该舰队的覆灭，也可以看到如今上海港日本煤炭需求量减少"②。1899 年八国联军侵华时，上海煤炭市场煤价飞涨，煤炭供应一时陷入混乱之中。

1895 年《马关条约》签订后，西方列强获准允许在开港场设厂的权益。新设工场中广泛引入蒸汽设备，工场用煤量开始逐步增加。1899 年上海日本领事馆对日本煤的市场情况做了调查，"在上海港，日本煤主要消费在沿岸航路船、小蒸汽船、各种工场中的纺织、制丝工场，其具体消费比例一时难以得知，但可以概算工场 1 万吨，汽船及小蒸汽船 2 万吨，杂用 1 万吨"③。由于在 19 世纪 90 年代日本煤已经完全垄断了上海煤炭市场，日本煤的消费情况可以基本反映上海煤市整体消费结构。显然在甲午战争后工场用煤、家庭用煤量明显增加，但是船舶用煤仍是上海煤市的重头，约占到一半左右。

船舶用煤的具体情况，1903 年日本领事馆有一份非常详尽的调查资料。从表 9 - 3 可以看出：英国煤 1 万吨，全部供应驻

---

① ［日］外务省通商局编：《通商汇纂》第 7 号，1894 年驻上海领事馆，第 46 页。

② ［日］外务省通商局编：《通商汇纂》第 28 号，1895 年驻上海领事馆，第 50 页。

③ ［日］外务省通商局编：《通商汇纂》第 137 号，1899 年驻上海领事馆，第 35 页。

扎在上海的各国舰队。开平煤 1 万吨，供应招商局轮船公司。日本煤 26.6 万吨，分别供应给在上海十多家轮船公司，其中太古轮船公司 6 万吨，招商局轮船公司 5 万吨，怡和轮船公司 4 万吨，瑞记轮船公司 2.4 万吨，大阪商船会社 2.1 万吨，华昌轮船公司 1.2 万吨，美最时轮船公司 1.2 万吨，麦边轮船公司 0.6 万吨，大东轮船公司 0.5 万吨，P&O 轮船公司 0.1 万吨，拖船及小蒸汽船公司 0.5 万吨，其他汽船公司 0.1 万吨。[①]

表 9-3　上海主要轮船公司一年内煤炭消费量统计（万吨）

煤炭	轮　船　公　司	用煤量
日本煤	太古轮船公司	6 万吨
	招商局轮船公司	5 万吨
	怡和轮船公司	4 万吨
	瑞记轮船公司	2.4 万吨
	大阪商船会社	2.1 万吨
	华昌轮船公司	1.2 万吨
	美最时轮船公司	1.2 万吨
	麦边轮船公司	0.6 万吨
	大东轮船公司	0.5 万吨
	P&O 轮船公司	0.1 万吨
	拖船及小蒸汽船公司	0.5 万吨
	其他汽船公司	0.1 万吨
开平煤	招商局轮船公司	1 万吨
英国煤	军舰	1 万吨

资料来源：［日］外务省通商局编：《通商汇纂》改第 57 号，1903 年驻上海领事馆，第 41 页。

可以看到英国太古、怡和和中国招商局等大轮船公司对煤炭

---

① ［日］外务省通商局编：《通商汇纂》改第 57 号，1903 年驻上海领事馆，第 41 页。

需求量非常最大，德国瑞记和日本大阪商船会社的煤炭需求量也不小。从消费煤炭种类来看，19 世纪 90 年代前后日本煤完全垄断了上海煤市，在轮船公司消费煤炭中日本煤居然占到了 93%，其垄断地位无人能撼，而中国煤和英国煤仅限于小范围的某种特定用途。对此，驻上海日本领事对上海煤炭市场也有如下评论："一旦日本煤在上海市场告短缺，将会给中国近海船运业带来巨大障碍，我们深切地感受到日本煤在东亚的重要程度是可以影响到整个航运业。"①

（二）20 世纪初期以工场为中心的煤炭消费

如上所述，甲午战争以后工场用煤量已有显著提高，到 19 世纪 90 年代占到整个用煤量的 25% 左右。进入 20 世纪，尤其是第一次世界大战期间，中国民族工业迎来了前所未有的黄金时期。以纺织、缫丝业为代表的上海民族工业得到迅猛发展。据统计，1911 年上海新式工场数有 48 家，1913 年为 70 家，第一次世界大战后的 1920 年达到 192 家，1925 年 316 家，1930 年猛增至 837 家。②

上海新式工场数量的大增，也使上海煤炭消费结构发生了重大变化。上海煤炭消费主要分为工场用煤、船舶用煤、家庭用煤、杂用（含上海郊县用煤量），工场用煤可再细分为纺织、缫丝、铁路、电力、煤气、自来水、制纸等工业部门（分类按照当时日本领事馆的调查）。

表 9 - 4 是驻上海日本领事馆于 1899 年、1908 年、1915 年、1922 年、1929 年对上海煤炭消费状况的统计。

---

① ［日］外务省通商局编：《通商汇纂》第 7 号，1894 年驻上海领事馆，第 47—48 页。

② 全汉升：《上海在近代中国工业化中的地位》，载《历史语言研究所集刊》第 29 期下，1958 年，第 462 页。

表 9 - 4 　　　　　　　上海煤炭消费处和消费量的统计（千吨）

消费处		1899 年	1908 年	1915 年	1922 年	1929 年
工场	纺织	—	82	170	250	280
	缫丝	—	38	120	200	180
	铁道	—	15	40	—	170
	电力	—	18	100	350	550
	煤气	—	35	35	—	40
	自来水	—	7	17	—	40
	制纸	—	20	25	—	40
	杂工业	—	96	73	—	360
	小计（A）	120	311	580	800	1660
船舶（B）		260	436	400	300	750
家庭		—	35	150	—	300
杂用		120	35	170	300	40
合计（C）		420	817	1300	1400	2750
A/C		29	38	45	57	60
B/C		62	53	31	21	27

　　资料来源：1899 年的统计来源于《通商汇纂》第 137 号、第 35 页。1908、1922、1929 年的统计来源于塚濑进《围绕上海煤炭市场的日中关系》，《亚洲研究》第 35 卷第 4 号，第 66 页。1915 年的统计来源于东亚同文会调查资料《上海事情》，第 43 页。

　　首先，从总体来看上海煤炭消费总量呈持续上升趋势，1909年上海用煤总量 42 万吨，1915 年 130 万吨，到 1929 年达到 275万吨。并且各个行业的煤炭消费量均有显著增加，这一点也是上海工业化、城市化的最有力证据之一。其次，船舶用煤和工场用煤地位的逆转。船舶用煤随着上海航运业的发展继续保持上升势头，但是工场用煤的增加幅度明显快于船舶用煤。并于 1915 年前后工场用煤超过船舶用煤，成为上海煤炭消费市场的新生力量。最后，作为新兴产业的纺织、缫丝和电力行业用煤量的快速增加非常引人注目，它们也是促使 20 世纪 10 年代和 20 年代上海煤炭消费总量不断上升的主要原因之一。以下对上海煤炭的几个主要消费部门作一分析。

纺织、缫丝行业是 19 世纪末 20 世纪前期中国最重要的工业部门之一，其早期动力源主要是依靠蒸汽，因此对煤炭的需求量巨大。而上海又集中了当时全国三分之二以上的纺织、缫丝工场，该行业的盛衰对上海煤炭市场有着直接影响。"1898 年当地一般工业陷入不振，各种工场中煤炭需求量最大的固然是纺织……如今缫丝、纺织已陷入不振，日本煤的需求量也略有减少。"[①] 据 1915 年的调查，当年纺织行业用煤量是 17 万吨，其中英资企业的怡和、老公茂、公益，日资企业上海纺织、内外棉、日信，美资企业鸿源，德资企业瑞记，中资企业三新、裕源等纺织工场用煤量较大，年消费量约在 1—2 万吨上下。缫丝工场多为民族资本，100—300 釜的小规模工场占大半，用煤多者也不足 5 千吨，但由于缫丝工场数量众多，用煤总量似乎也不可小视。当年上海共有大大小小缫丝工场 56 家，15000 釜，消费煤炭也达到 12 万吨，其中日本煤 10 万吨，开滦煤 2 万吨。20 年代以后，纺织、缫丝行业的黄金时代结束，整个行业陷入困境，加之规模较大的外资企业动力源也陆续从蒸汽切换到电力，使得该行业对煤炭的需求增量有所放慢。

电力行业是一个新兴的工业部门，但是发展非常迅速，电力工业的发展极大地拉动了上海煤炭消费总量。1908 年煤炭消费量仅为 1.8 万吨，1915 年达到 10 万吨，1929 年更是猛增至 55

---

① ［日］外务省通商局编：《通商汇纂》第 125 号，1898 年驻上海领事馆，第 6 页。

万吨，几乎占到当年上海煤炭消费总量的 25％，成为上海煤炭最大消费部门之一。上海的电力企业主要有上海电力公司、上海法商电车车灯公司、内地电灯公司、闸北水电公司等，其中上海电力公司规模最大，1900 年发电量为 523KW，1907 年为 2743KW，1913 年杨树浦发电厂完工，[①] 1914 年至 1924 年的 10 年时间里，上海电力公司发电容量增加了近 8 倍。随着发电量的不断增加，对主要能源煤炭的需求增加也是理所当然的。1900 年上海电力公司的煤炭消费量不足 0.48 万吨，1914 年增至 5.56 万吨，1928 年更是猛增至 41.2 万吨。当时中资企业一般以蒸汽为原动力，外资企业较多采用电力作为原动力。[②] 20 世纪 10 年代开始，随着发电量的增加、电价的下降和电力设备的普及，新设工场及其部分在运作工场陆续开始将蒸汽动力切换成电力动力。1912 年杨树浦工业地区的恒丰纺织公司将原有的蒸汽动力切换成电力动力就是典型代表。据 1922 年统计，在上海的 53 家主要纺织工场中使用电力的达到 35 家，超过蒸汽动力工场。[③] 这种情况并不只局限于纺织业，另外如制造业、烟草业、船舶修理业、造船业也相继导入电力能源。但是，不管是蒸汽动力还是电力动力，在当时历史环境下获取能源的主要途径是煤炭。因此，20 年代后期达到 50 多万吨煤炭消费的上海电力企业煤炭进价成了上海煤市的风向标。

　　航运业在 20 世纪初期依然是煤炭消费大户。航运用煤主要分为军舰用煤和轮船用煤。军舰用煤以上海警备船第三舰队为

---

　　① 　汪敬虞编：《中国近代工业史资料》第二辑，上册，科学出版社 1957 年版，第 257 页。

　　② 　东亚同文会调查编辑部编：《支那之工业》，1916 年版，第 159 页。

　　③ 　［日］金丸裕一：《中国民族工业的黄金时期和电力产业》，《亚洲研究》第 39 卷第 4 号，1993 年，第 62 页。

主，另外是临时入港的外国军舰。外国军舰一般使用一等煤，主要是来自英国的卡的夫煤，偶尔也会用些日本一等煤。日本军舰用煤大多是政府与三井物产、三菱商社、大仓商社签订契约，以一定价格供应一等煤。① 商业轮船公司以太古洋行、怡和洋行、P&O 轮船公司、招商局轮船公司、日清轮船公司为主。1927 年太古洋行拥有轮船 75 艘，9.9 万吨，怡和洋行拥有轮船 39 艘，6.5 万吨，招商局轮船公司拥有轮船 30 艘，4.2 万吨，日清轮船公司拥有轮船 23 艘，2.9 万吨，每家轮船公司年均用煤估计在 5 万吨上下。另外宁绍轮船公司、戴生昌、鸿安轮船公司、祥泰木行等轮船公司年均用煤估计在 2 万吨上下。② 沿长江航运的轮船大部分由上海供煤，也有一部分在航程途中接受湖南萍乡煤。轮船公司一般与驻上海的煤炭公司分店或代理店签订长期合约。沿海航路轮船以上海为中点分为南下和北上线路，前者的全部及后者的一部分轮船的供煤情况与沿江航运轮船同样，后者经山东沿岸的轮船一般在青岛接受烟台煤，进入渤海湾的则采用开滦煤或抚顺煤。海外航路的轮船一般在上海采用优质一等煤。③

　　家庭用煤的增加也相当可观。随着贸易的繁荣和工业的发展，上海的城市规模日益扩大。人口和住宅的不断增加，生活方式的欧化风潮，直接拉动了家庭生活对煤炭的需求量。另外遍布上海的热水站、澡堂、饭店、茶馆等公共设施的煤炭消费量也不可轻视。1915 年上海家庭煤炭消费为 15 万吨，到 1929 年时达到 30 万吨，这种增长速度是惊人的。用煤种类而言，家庭厨房、

---

　　① ［日］外务省外交史料馆：《东亚同文会清国内地调查一件·第九期调查报告书·上海事情》，第 39 页。

　　② ［日］小竹文夫编著：《上海研究号》，大空社 2002 年版，第 188 页。

　　③ ［日］外务省外交史料馆：《东亚同文会清国内地调查一件·第九期调查报告书·上海事情》，第 39—40 页。

饭店、茶馆等较多使用无烟煤，主要由南方省份输入，也用河南煤或日本天草无烟煤。热水站多用价廉质劣的粉煤，公共澡堂用二等切块煤。[①] 详情可以从表 9 – 5 中查阅。

表 9 – 5　1915 年上海煤炭消费处和消费量的详细统计（千吨）

工场 580	纺织	170	三新 20—20.5、怡和 20、上海纺织（三井）20、内外棉 15、公益 10、日信 10、裕源 10、鸿源 8、裕通 8、老公茂 6、瑞记 6、云龙 5—6、同昌 3、其他约 10
	缫丝	120	瑞纶 4.8、久成 4.8、信昌 4、永泰 4、勤昌 3.6、锦成 3.6、聚纶 3.6、通纬 2.7、仁和 2.4、纯元 3、义财 1.8、（约 300—600 釜） 公和永、伦莘、永康、协和、震详、阮昌、振昌、协隆、裕康、恒□、大纶、利昌、统益、庆华、乾、德成、振、协济、福和、南新伦、协茂、新伦、三元、大成、协安、荣瑞纶、宝记、协盛昌、余成、又新、通纶、公泰、通大、鼎元、唐记、豫昌、振成、华纯泰、经纶、大经、远沅、怡泰、乾泰、经成、正和、信大、安裕、吴子记（约 100—300 釜、煤炭用量不详）
	铁路	40	沪宁 30、沪杭 10
	电力 煤气	135	电力：上海电力公司 70、法商电车电灯公司 60、内地电灯公司 40、闸北水电公司 20、 煤气：上海煤气公司 35
	其他	115	造船：上海船渠 10、江南造船厂 10、其他 6　　制纸：华章公司 13、龙章公司 12、 自来水：上海自来水公司 10、闸业自来水公司 4、内地自来水公司 3、 其他：大英烟草公司 5、阜丰面粉 7、增裕 5、申大 3、华兴 3、立大 3
船舶	400		军舰：不明 轮船：太古洋行 50、怡和洋行 50、P&O40、招商局 50、日清轮船公司 50、宁绍轮船公司 20、戴生昌 8、鸿安轮船公司 7、祥泰木行（轮船）6、其他 18

---

① ［日］外务省外交史料馆：《东亚同文会清国内地调查一件·第九期调查报告书·上海事情》，第 41 页。

续表

家事	150	厨房、热水站、浴室、饭店、茶馆等
上海近郊	170	工场、家庭
合计	1300	

资料来源：〔日〕外务省外交史料馆：《东亚同文会清国内地调查一件·第九期调查报告书·上海事情》，第43页。

　　综上所述，近代中国煤炭储量非常丰富，但是煤炭产业发展相对落后。上海是近代中国最大的工业城市，但是上海却远离煤炭产地，同时又深受西方殖民势力侵略。这些矛盾因素决定了上海煤炭市场具有以下几个特点。

　　第一，从煤炭输入市场来看，上海煤炭输入量呈持续增涨态势，这与上海的近代工业化和都市化是相吻合的，并且经历了由使用"洋煤"慢慢过渡到使用"国煤"的过程。鸦片战争后，欧美煤炭首先进入并控制了上海市场，19世纪70年代开始，日本煤大量运入并在此后相当长的时间里垄断了上海煤市，20世纪10年代开始，外国资本控制下的开滦煤、抚顺煤和民族资本生产的煤炭输入量大增，并逐渐占据市场主导。

　　第二，从煤炭消费结构来看，由于近代上海是个多元化的城市，对煤炭的需求也是非常多样化。外国军舰、远洋轮船用煤非常注重煤质，而上海市区的老虎灶，近郊各县烧制石灰的窑户、华商纱厂等，对煤质的要求并不高，主要关注煤价。并且在实际使用过程中，"因为一般用户需要的煤炭，通常是极少采用一种煤炭，而是需要有好多种煤炭搭用的，否则不但效果不好，而且费用也不经济"①。因此，也可以说上海的煤炭市场具有较强的

---

　　①　上海社会科学院经济研究所编：《刘鸿生企业史料》上册，上海人民出版社1981年版，第7页。

包容性，不同国家、不同煤质、不同煤价的煤炭都有一定的市场份额。上海的近代工业化也带动着煤炭消费结构的变化。19 世纪后期，航运业的快速发展使得船舶用煤成为上海最大的消费处。20 世纪初期，纺织、缫丝和电力行业用煤量的快速增加非常引人注目，它们也是促使 20 世纪 10 年代和 20 年代上海煤炭消费总量不断上升的主要原因之一。

第三，从 19 世纪 70 年代到 1945 年日本战败，可以说上海始终没有摆脱对日本煤的依赖。19 世纪 80 年代日本煤占整个上海市场的 80%，90 年代一度达到 90%，20 世纪 20 年代以后，日本煤输入量相对减少，但是"满铁"控制下的抚顺煤却大量输入上海，日系煤仍然垄断着上海煤市。另外，三井洋行、古河公司、三菱商社等日本煤商不仅垄断日本煤、抚顺煤、安南煤的输入，甚至还插手中国民族资本生产煤炭的销售。

第四，从表面上看上海煤炭市场维持着相对供需稳定，但是由于近代中国的半殖民地性质和上海煤市对外界的完全依赖，决定了上海煤炭供需市场十分脆弱。例如：1898 年德国入侵胶州湾前夕，各国军舰频繁调动，致使上海港的英国卡的夫煤价格飙升到每吨 25 两。[①] 受 1924 年直奉大战影响，开平煤无法顺利运出，引起上海煤市恐慌。[②] 20 世纪初期，日本煤已经渗透到各个经济部门，成为上海工业发展必不可缺的主要能源。而此时中日关系日渐紧张，历次抵制日货运动都对上海煤市产生了不小的影响。

---

① ［日］外务省通商局编：《通商汇纂》第 137 号，1899 年驻上海日本领事馆，第 36 页。

② 《神户又新日报》1924 年 9 月 27 日，《开平煤输出不能和其影响程度》。另见《申报》1925 年 4 月 6 日，第 18712 号，《日煤行销沪汉之调查·豫战后销路大观》。

第二节　20世纪初期中日煤炭贸易的依存和竞争

一　近代中日煤炭贸易格局的变化

（一）19世纪80年代—20世纪初日本煤对华输出并垄断中国市场

19世纪70年代以后，随着日本煤炭产业的发展，日本煤除满足国内需求之外开始大量销往以上海为主的中国沿海地区。随着日本煤输入量的迅速增加，在上海市场日本煤分别在1870年和1873年超过了英国煤和澳洲煤。1874年，日本煤的输入量接近6万吨，占输入煤炭总量的50.7%，日本煤确立了在上海煤炭市场的优势地位。① 进入80年代，日本煤输入量继续增加，1880年至1910年30年内，日本煤的输入量始终占到上海煤炭总量的80%以上，1890年日本煤炭的输入量甚至达到总量的90%，日本煤完全垄断了上海市场。

日本煤不仅输入量巨大，而且煤炭品种也是非常多样。据1898年驻上海日本领事馆《上海煤炭输入年报》统计，该年输入上海的日本煤多达30多个品种，"门司煤、唐津煤、三池煤、市村煤、福母煤、大浦煤、长崎煤、大迁煤、夕张煤、鲶田煤、田川煤、丰国煤、口津煤、高尾煤、木岛煤、芳谷煤、丝飞煤、深坂煤、明治煤、饭田煤、小樽煤、小松煤、足立煤、世知原煤、赤池煤、长者煤等煤炭，其它切块煤、杂切块煤、杂煤"。②

---

① 李必樟编译：《上海近代贸易经济发展概况：1854—1898年英国驻上海领事贸易报告汇编》，上海社会科学院出版社1993年版，第336页。

② ［日］外务省通商局编：《通商汇纂》，第125号，1898年驻上海日本领事馆，第4页。当然近代日本输入上海市场的煤炭不仅仅局限在上述种类，并且不同时期，煤炭种类和称呼也有变化。

不仅是上海市场，日本煤炭几乎垄断了近代中国大部分城市的煤炭供应。1902 年和 1906 年，上海、天津、牛庄、芝罘、苏州、汉口、福州、厦门等驻在日本领事馆分别对当地煤炭市场进行了调查。这类调查主要为国内煤炭企业提供情报支持。同时通过这份调查资料，也基本上反映了 19 世纪末 20 世纪初期中国主要城市的煤炭供应状况，为我们了解当时中国城市煤炭供求提供了第一手资料。详情从表 9 - 6 中查阅。

表 9 - 6　20 世纪初期中国主要城市煤炭供应状况（万吨）

城市	1901 年	城市	1904—1905 年
牛庄	1901 年输入 5.2 万吨，具体不详。	牛庄	1904 年输入 4.8 万吨、其中日本煤 2.7 万吨、中国煤 1.2 万吨，日本煤占 71%。
上海	1901 年输入 84 万吨、其中日本煤 65.1 万吨、其他进口煤 10.8 万吨、中国煤 8.2 万吨，日本煤占 78%。	上海	1905 年输入 960 万吨、日本煤 758 万吨、其他进口煤 82 万吨、中国煤 120 万吨、日本煤占 79%。
苏州	年均日本煤炭消费量 108.6 万吨、其他进口煤 10.7 万吨、日本煤占输入量的 90%。	天津	开平煤足够供应，无其他煤输入。
沙市	中国的夔州煤、湖南煤，另外通过汉口太古洋行从三菱商社进口日本煤。	芝罘	1905 年输入 93.3 万吨、其中日本煤 73.2 万吨、中国煤 20.1 万吨，日本煤占 78%。
厦门	1901 年输入 9.4 万吨、其中日本煤 8 万吨、占 85%。	汉口	1905 年输入 83.5 吨、其中日本煤 65.7 吨、中国煤 17.8 吨，日本煤占 79%。
福州	台湾煤、日本煤输入，具体不详。		—

资料来源：［日］外务省通商局编：《通商汇纂》改第 57 号，第 38—46 页，第 63 号，第 1—12 页。

从以上调查资料可以看到，直到 20 世纪初期中国主要开港城市中，除天津因接受开平煤供应可以自给外，几乎所有城市均有日本煤的输入并垄断市场。日本煤基本上占到 80% 的市场份额，余下部分大体由英国、澳洲等进口煤和中国煤所瓜分。可见，即使在中国市场，中国煤的销售量也是非常有限的，根本无法与日本煤形成竞争，更谈不上对外输出了。

（二）20 世纪 10 年代—20 世纪 30 年代中国和日本互相输出煤炭并依存度加大

日本是近代亚洲主要煤炭生产国和煤炭输出国，在第一次世界大战之前，日本基本上不需要输入煤炭。但是，受第一次世界大战影响，国内工业的快速发展极大地刺激了对煤炭的需求，不仅日本煤的输出量开始大幅减少，而且还从中国、东南亚等周边地区大量输入煤炭，煤炭反而成了日本主要输入品之一。

日本政府对此变化非常关注，1922 年，农商务省将煤炭列为重要输入品之一展开调查。调查结果显示：虽然大正时期日本煤炭生产量持续上升，但是输出量却呈减少趋势，并且每年需要从海外输入几十万吨煤炭。1912 年输入煤炭 57 万吨，随后输入量逐年增加，1921 年达到 77 万吨，增幅达到 36%。输入煤炭主要是来自中国和安南，其中来自中国的抚顺煤、开滦煤、本溪湖煤占到总输入量的 80% 以上。[①] 可见 20 世纪初期中国已经成为日本最主要的煤炭供应地，中日煤炭贸易格局由 19 世纪后期中国从日本单边输入煤炭变为中日两国互相输出煤炭。

图 9 - 2 是 20 世纪初期中日煤炭贸易各项统计数据的汇总，

---

① 《关于重要输入品的调查（石炭）》，（日本）农商务省商务局贸易通报课，1922 年 12 月，第 3 页。

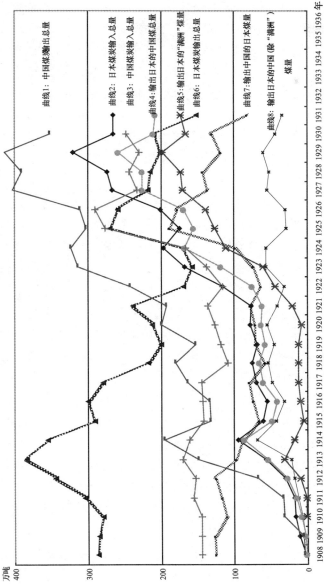

图9-2　20世纪初期中日煤炭贸易状况

资料来源：《横滨市史》资料篇2，日本贸易统计，1980年，有邻堂，第26、61、212、285页。《本邦为中心的煤炭需要》，东亚经济调查局，1933年，第220页。严中平主编：《中国近代经济史统计资料选辑》，科学出版社1955年版，第123页。《满铁史资料》第4卷第1分册，第243页。

曲线1：中国煤灰输出总量

曲线2：日本煤炭输入总量

曲线3：中国煤炭输入总量

曲线4：输出日本的中国煤总量

曲线5：输出日本的"满洲"煤量

曲线6：日本煤炭输出总量

曲线7：输出中国的日本煤量

曲线8：输出日本的中国（除"满洲"）煤量

借助这份统计资料可以比较清晰地反映 20 世纪初期中日煤炭贸易的基本情况。

第一，日本煤对华输出降中有升且依存度加大。从曲线 7 可以看到，在第一次世界大战前日本对华煤炭输出始终保持在 120 万吨，受战争影响第一次世界大战期间略有下降基本上在 70 万—80 万吨上下，这种状况一直延续到第一次世界大战后几年短期的煤业不景气。1922 年输出量仅为 63 万吨，降到历史最低点。20 世纪 20 年代由于中国国内北洋军阀混战，煤矿和铁路交通设施遭到严重破坏，日本煤的对华输出在短期内迎来了一个新的高潮，[①] 1925 年一度达到 189 万吨，超过了战前的对华煤炭输出量。另外，上海、香港和新加坡是明治以后日本煤的主要海外输出区域。从曲线 6 和曲线 7 可以看到，直到第一次世界大战前日本煤的对华输出量始终占到输出总量的三分之一左右。以第一次世界大战为标志，日本煤的海外输出量明显下降，而输华日本煤只是在第一次世界大战期间略有下降外基本保持稳定。可见，日本是减少了对东南亚的输出而集中将煤输往中国。并且 20 世纪 20 年代的日本煤输出量的增加也完全是由中国市场带动的。

第二，中国煤对日输出持续上升且依存度加大。曲线 4 是中国煤的对日输出情况，可以看到中国煤几乎完全是输向日本的，在 20 世纪 10 年代早期输出量曾有较快增长，当时中国煤产量供应充足，但是第一次世界大战所引起的轮船缺乏和高昂运费使得煤炭输出有一个停滞的时期，输出量基本维持在 60 万—70 万吨上下。该时期中国煤炭输出增长动力主要来自开滦煤，几乎达到输

---

① 《申报》1925 年 4 月 6 日，第 18712 号，《日煤行销沪汉之调查·豫战后销路大观》。

日煤炭的80%。受军阀混战影响，开滦煤的生产和输出遭到严重破坏，此后相当长时间内，开滦煤的输出一直处于不稳定的波动状态（曲线8）。20年代早期中国煤炭输出再一次增加，而且增长速度非常惊人，而此时增长动力主要来自东北的抚顺煤。抚顺煤矿在军阀混战中基本上没有受到影响，且在"满铁"经营下生产量增加很快，占到输日煤炭的70%以上（曲线5）。另外，从曲线1和曲线4可以看到，在第一次世界大战期间，输出日本的中国煤量基本上占到中国煤炭输出总量的40%—50%。进入20年代，这种比重提高到50%—60%。

第三，日本市场对中国煤的依存。从曲线2日本煤炭输入总量和曲线4输出日本的中国煤总量可以看到，两条曲线的走向几乎是重合的，也就是说自日本有煤炭输入的那一年起，日本煤炭输入市场的绝大部分是来自中国，即使是在20世纪30年代这一比例也是高达80%以上。此外，20世纪20年代以后抚顺煤取代了开滦煤成为最主要的输日煤，日本市场对抚顺煤输入的依赖是非常值得关注，在日本国内发生了有名的"抚顺煤输入限制"问题，这在后面的内容中还会涉及。

第四，中国市场对日本煤的依存。曲线3是中国煤炭输入总量，曲线7是输出中国的日本煤量，可以看到第一次世界大战前日本煤始终占到中国煤炭输入市场的80%以上，第一次世界大战开始日本煤对华输出有所减少，但直至1931年前仍然保持有一半的市场份额。余下份额中的相当部分也为抚顺煤、本溪湖煤等日系煤占领。

总之，20世纪初期中日煤炭贸易主要呈现出以下两个特点：第一，中国成为日本最主要的煤炭供应地，中日煤炭贸易格局由19世纪后期中国从日本单向输入煤炭变为中日两国双向输出煤炭。第二，中日煤炭贸易的相互依存度不断加大，尤其是在

20—30 年代，日本每年向中国输出 100 万—200 万吨煤炭，中国每年向日本输出 200 万—300 万吨煤炭。

二 中日煤炭贸易格局变化的主要原因

（一）煤炭供需地的邻近性

中国和日本的煤炭埋藏量都非常丰富，但有着一个共同的特征，即煤炭埋藏分布极不均匀。如日本，根据 1912—1931 年的全国煤炭产量调查，位居第 1 位的始终是福冈，第 2 位是北海道，以下排序偶有变动外，大致是长崎、福岛、山口、佐贺、茨城的顺序。这些地区的煤炭产量占到日本煤炭总产量的 99%，其中位于九州地区的福冈占 51%—61%，长崎 5%—9%，佐贺 4%—8%。显然九州的煤炭生产在日本煤炭产业中居于重要地位。① 而从日本煤炭需求情况来看，日本工业发达地区主要是集中在阪神、京滨、濑户内海、伊势湾（名古屋）。这些煤炭需求量较大的地区却基本上不产煤，所需煤炭完全从九州、北海道和海外输入。

近代中国的煤炭生产主要集中在辽宁、河北、山东、山西、河南等东北和华北地区，根据历次《中国矿业纪要》调查显示，五省的煤炭生产总量始终占到全国煤炭生产总量的 60%—70%，② 尤其是辽宁的抚顺煤矿、河北的开滦煤矿，在 20 世纪初期由"满铁"和中英合资的形式经营，引进先进采矿技术，煤炭生产量提高很快。在 1896 年至 1936 年间只有三

① 东亚经济调查局编：《本邦为中心的石炭需要》，东亚经济调查局 1933 年版，第 80 页。

② 陈慈玉：《关于战前期中国炭矿业的发展和日本》，载财团法人交流协会日台交流中心编《历史研究者交流事业（招聘）研究成员报告书集》下册，2003 年 3 月，第 1745 页。

年开滦煤和抚顺煤的生产量少于全国煤产量的 50%，1927 年两家煤矿产量实际上占到全国总产量的 71%。[①] 而中国煤炭需求地主要是沿海、沿江的开港城市。据 1931 年的调查，煤炭需求量居前列的城市分别是上海、汉口、天津、沈阳、北京、广州、大连、长沙、青岛等地。[②] 以天津、北京为中心的华北地区和以沈阳、大连为中心的东北地区，由于靠近煤炭生产地，需求基本上可以得到满足。而以上海、汉口为中心的长江流域和以广州为中心的华南地区，当地煤炭产出极少，所需煤炭大多需要从外地运入。

日本的"南煤北运"和中国的"北煤南运"之煤炭供求格局，加之中日两国一衣带水的特殊的地理环境，极大地方便了两国间的煤炭贸易。以日本北九州地区的主要港口门司港为例，门司港距神户港 242 海里，距横滨港 550 海里，距上海港 547 海里，距香港 1185 海里。抚顺煤的主要输出港口是大连港，大连港距上海港 548 海里，距门司港 615 海里，距大阪港 874 海里，距香港 1270 海里。[③] 可见九州的日本煤运到本国关东地区的距离和到上海的距离相差无几，同样产于东北的抚顺煤和华北的开滦煤运到上海、香港的距离和到日本关西、关东的距离也相差不是太大。加之中日间低成本的海运可以利用，使得中日间煤炭贸易是既便捷又廉价。

---

① ［澳］蒂姆·赖特：《中国经济和社会中的煤矿业》，东方出版社 1991 年版，第 105 页。

② 据 1931 年调查，中国主要城市煤炭消费量，上海 245.9 万吨、汉口 130 万吨、天津 120 万吨、沈阳 107 万吨、北京 100 万吨、广州 50 万吨、大连 46.4 万吨、长沙 32 万吨、青岛 13.5 万吨。陈真主编：《中国近代工业史料》下，人民出版社 1961 年版，第 912 页。

③ ［日］宙川镇夫：《海运兴国史·附录》，海事汇报社 1927 年 7 月版，第 652、1252 页。

　　表 9 - 7 是 1923 年 6 月和 1924 年 11 月日本海关的煤炭输出
入统计。日本煤炭输出港主要集中在九州的三池、若松、长崎、
唐津、住江等，主要输往中国、香港、英属海峡殖民地（主要
是新加坡）、荷属印度、菲律宾等东亚地区。煤炭输入港主要大
阪、横滨、名古屋、若松、神户等阪神、京滨、濑户内海、伊势
湾等工业发达地，输入煤炭主要来自中国、法属印度（主要是
安南煤）等地。

表 9 - 7　　1923 年 6 月和 1924 年 11 月日本煤炭输出入统计（万吨）

1923 年输出港	三池/7.9	若松/4.9	长崎/1.6	其他/1.4	—
1923 年输出地	中国/5.9	香港/4.0	海峡殖民地/2.5	荷属印度/1.6	菲律宾/1.6
1923 年输入港	大阪/3.4	横滨/2.7	神户/0.6	其他/7.8	
1923 年输入地	中国/10.4	法属印度/2.5	俄国/0.8	荷属印度/0.1	—
1924 年输出港	若松/7.3	三池/6.8	长崎/3.3	唐津/2.2	住江/1.3
1924 年输入港	大阪/4.0	横滨/3.0	名古屋/2.4	若松/1.3	神户/0.9

　　资料来源：［日］《神户又新日报》1923 年 8 月 23 日和 1924 年 12 月 28 日。

　　那么，中国的煤炭输出入情况又是怎样呢？表 9 - 8 是 1915
年、1920 年、1925 年中国的东北、北部、中部和南部与日本煤
炭贸易的统计情况。中国的煤炭输入地几乎集中在以上海、汉口
为中心的中国中部，即长江流域。以 1925 年为例，该地区输入
的日本煤占到全国输入量的 94.4%，其次是中国南部和北部输
入日本煤分别占到 3.7% 和 1.7%，而中国东北基本上没有煤炭
进口。中国煤炭输出地主要华北地区输出煤炭占 82.4%，东北
地区（不含关东州输出量）占 14%，中国中部和南部向日本的
煤炭输出量非常的小。

表 9 - 8　　　中国地区别的中日煤炭贸易的统计（万吨）

年	输出入	东北地区	中国北部	中国中部	中国南部	合计
1915	输出日本	159.0	253.5	0.003	10.3	422.8
	从日本输入	0.2	51.7	822.0	93.5	967.4
1920	输出日本	2.4	530.1	0	25.4	557.9
	从日本输入	6.0	40.0	674.5	0	720.5
1925	输出日本	44.3	245.4	1.7	6.2	297.6
	从日本输入	0	33.8	1791.9	72.2	1897.9

资料来源:《日本外国贸易年表》中"中国输出入品州别表"。注：关东州（主要是"满洲"）与日本的煤炭贸易未计入统计，所以表中东北地区煤炭出口量要大大低于实际。

（二）煤炭品质的互补性

日本是近代东亚地区主要的煤炭生产国，即使在第一次世界大战后从生产量来看日本煤炭在一定程度上是可以实现自给自足的。日本的对华煤炭输出，20 世纪 30 年代的对华煤炭低价倾销，同时又从中国大量输入煤炭有其煤质方面的深层原因。一般来说，因为煤藏的性质和地理的条件都在某种程度上影响煤炭的质量。无论是日本煤炭和中国煤炭，都因产地不同而在煤炭的发热量、含硫量、含灰量和发挥性等指标上有较大差别。有适合焦煤冶炼，有适合锅炉燃烧，有适合家庭使用。

日本对华大量输出煤炭有供需两方面的原因。

首先，日本煤炭储量虽丰，但大部分品质低劣，[1] 90% 是半烟煤和低级烟煤，不适合焦煤制造和冶金工业。三池煤是日本较大的煤矿，所出的煤虽然可以提炼硬焦，但因其含硫量过高，只

──────────

① 矿山恳话会编：《日本矿业发达史》第 2 卷，1932 年版，第 165 页。

能用来化铜，冶炼铜铁则没有丝毫意义。日本最大的钢铁企业官营八幡制铁所下属九州二濑煤矿，每年虽可出煤 80 万吨，但必须掺入 20% 的开滦煤始能炼焦。[①] 宁可减低国内煤炭生产量，输出部分低品质煤炭以换取高品质煤炭是大正时期日本煤炭产业政策的新变化。

其次，从需求角度来看中国煤炭市场构造。根据 1927 年的调查，农村用 33.3%，都市商业和家庭 12.1%，工业 15.7%（公共用电 3.9%，钢铁 4.0%，纺织 4.1%），铁路 8.8%，轮船 9.1%，输出 12.9%，矿用煤 8.1%。[②] 可见，在近代中国冶金工业是如此的不重要，煤炭需求主要集中在农村、家庭、轮船、纺织、电力等行业，都是通过煤炭燃烧以获取热能、动力或者是发电，对煤质的要求并不高。即使在工业发达的上海，市区的老虎灶，近郊各县烧制石灰的窑户大量存在，并且在实际用煤过程中，"因为一般用户需要的煤炭，通常是极少采用一种煤炭，而是需要有好多种煤炭搭用的，否则不但效果不好，而且费用也不经济"[③]。

据 1915 年东亚同文会调查，上海市场的输入日本煤中筑丰煤 35%—40%，三池煤 20%—25%，长崎煤 6%—7%，门司煤、唐津煤分别是 4%—5%，杵岛煤 3%—5%。[④] 这些煤煤质普通，且多以屑煤、杂煤为主，但是价格大众化，迎合了上海各种纺织、缫丝、煤气、电力等用煤量大而对煤质要求不高的工场用

---

① 吴半农：《日煤倾销中之国煤问题》，《社会科学杂志》第 3 卷第 4 期，第 484 页。

② ［澳］蒂姆·赖特：《中国经济和社会中的煤矿业》，东方出版社 1991 年版，第 100 页。

③ 上海社会科学院经济研究所编：《刘鸿生企业史料》上册，上海人民出版社 1981 年版，第 7 页。

④ ［日］外务省文书：《东亚同文会清国内地调查一件·第九期调查报告书·上海事情》，第 8 页。

煤。这也在一定程度上反映出近代中日工业化发展水平的差距。

日本需要从中国输入的煤炭主要有三种：第一，日本国内无法满足需求的焦煤和优质煤炭。第二，因价格关系输入廉价的普通燃料煤以降低生产成本，并且企业可以从价格上牵制国内煤炭供应商。第三，日本国内无烟煤产量很低，需要从国外输入。[①]

先来看一下日本输入中国产焦煤的情况。20世纪初期日本国内重工业快速发展，钢铁冶炼工业所需的焦煤有很大一部分需要从国外进口。第一次世界大战以前日本主要从英国、美国、德国等欧美国家进口焦煤，如1913年日本从上述国家输入焦煤1.9万吨，而从中国输入焦煤仅为202吨。由于战争影响第一次世界大战期间日本无法继续从欧美国家获得焦煤，日本便把输入焦煤的目标转向中国市场。1917年日本从中国输入焦煤5.1万吨，1918年达到7.7万吨，[②] 中国逐渐取代了欧美国家成为向日本提供焦煤的主要国家。

除焦煤之外，日本还从中国大量输入抚顺煤和开滦煤。据1922年日本农商务省的中国煤炭输入调查显示，1914年到1921年的8年里，日本进口抚顺煤363万吨，占总输入量的44%，开滦煤298万吨，占36%，山东煤37万吨，占5%，本溪湖煤34万吨，占4%。[③] 开滦煤和本溪湖煤品质较好，富有凝结性，固定碳素多，适合重工业生产。统计表明，输入的开滦煤中有70%是用来制造焦煤，官营八幡制铁所在1913年使用的煤炭中

---

①　农商务省商务局贸易通报课编：《关于重要输入品的调查（石炭）》，1922年12月，第9页。

②　《大日本外国贸易年表》各年统计表。

③　农商务省商务局贸易通报课编：《关于重要输入品的调查（石炭）》1922年12月，第9页。

有 90% 以上是来自中国的开滦煤和本溪湖煤。[①] 抚顺煤作为普通燃料煤和煤气制造用煤与日本国内煤炭用途基本相似，其煤质略逊于一等煤而与二等煤相当。日本大量输入抚顺煤最主要看中的就是廉价，由于"满铁"对矿工的残酷压榨，抚顺煤的生产成本非常的低。抚顺煤的输入作为降低工业成本的一个有效方法而受到日本中小工场主的广泛欢迎。另外，山东煤中的淄川煤作为半无烟煤曾经运往日本。（无烟煤的输入主要是安南煤）

（三）煤炭价格的竞争性

贸易自然还会涉及到价格因素，如果在对方市场不能获得价格优势，也根本谈不上输出。日本在明治维新后，实施"殖产兴业"的经济政策，引进西方先进技术，积极推动国内煤炭产业的发展。到 19 世纪末期，在煤炭生产、采掘技术、交通运输以及经济水平等方面中日两国都已经出现了较大差距。尤其在第一次世界大战后，日本国内面临劳动力成本快速上涨的巨大压力，[②] 在煤炭贸易上，中国煤炭和日本煤炭是如何在对方市场实现价格竞争优势的呢？

一般认为，煤炭价格主要由生产成本、运输费用两大要素构成。从表 9-9 可以看出，抚顺煤在"满铁公司"控制下，导入先进的开采设备，加之中国低廉的劳动力成本、露天开采、可以不负担任何税捐以及享有南"满洲"铁路特别低廉运费等特权，把生产成本降至 1.692 日元，要远远低于九州煤 5.7 日元和北海道煤 4.5 日元的生产成本。中日间便捷的海运使抚顺煤的轮船运费得到

---

① 《八幡制铁所五十年史》，八幡制铁所 1950 年版，第 222 页。

② 甲午战争前，日本煤炭生产原价约每吨 2 元，第一次世界大战前上升至 3—4 元，1918 年急涨至 10 元，1920 年达到历史最高的 14.3 元，此后慢慢下降，但也始终维持在 5—6 元左右。东亚经济调查局编：《本邦为中心的石炭需要》，东亚经济调查局 1933 年版，第 141 页。

了很好的控制。因此，即使抚顺煤 5.55 日元的铁路运费要高出九州煤 1.5 日元和北海道煤 2.5 日元不少，但这一劣势由生产费用较低的优势相弥补，使得抚顺煤运到位于日本关东地区的横滨港时仍具有价格竞争优势。廉价抚顺煤的大量输入曾令九州地区小煤矿主们苦不堪言，在 20—30 年代有过多次"抚顺煤输入限制"斗争，但廉价是抚顺煤的输入持续增加的最大法宝。[①]

同样，中英合资的开滦煤和"满铁"控制的本溪湖煤，在生产成本和运输条件上与抚顺煤相差无几，这也是 20 世纪初期外国资本控制下沿海地区煤炭大量被运往日本的价格因素之一。30 年代以后，日本也曾经试图输入中国内陆山西省的煤炭以解国内煤炭紧缺局面，但内陆落后的煤炭生产，尤其是高昂的运输费用使这项活动难以为续。

相比而言，由于中国近代社会的半殖民性，中国煤炭市场要复杂的多。中国煤炭市场主要有三类煤，第一类是进口的洋煤，主要是日本煤。第二类是外国资本控制下在中国生产的煤矿，包括日本满铁的抚顺煤、中英合资的开滦煤。这些煤矿规模相对较大，交通便捷，较多地采用新式采矿设备，开采成本比较低。如抚顺煤生产成本约 1.40—2.38 元、开滦煤 2.18 元。并且这些煤通过短途铁道运输即可到附近港口，再通过廉价的海运进入上海等中国沿海市场，在价格成本上具有较强竞争性。第三类是民族

---

① 抚顺煤的大量输入扰乱了日本国内正常的煤炭市场，使煤矿经营者，特别是在筑丰地区利微的一些小矿主把进口煤看作对他们生存的威胁并要求限制。迫于压力，在 1921 年，"满铁"和日本煤矿主协会签订了《抚顺煤输入协定》，每年一次对输入日本市场的抚顺煤配额和价格做协商和限定。但是围绕着抚顺煤的输入和限制，双方的争论和斗争一直没有停息过。1932 年 6 月，筑丰煤矿业互助会再次发起限制抚顺煤运动，但只要抚顺煤比日本竞争者的煤廉价，抚顺煤输日量的增加是无法改变的，1933 年，抚顺煤的输入达到一个新的高峰。（满史会编：《满洲开发四十年史》第 2卷，刊行会 1964 年版，第 67 页。）

表 9 - 9　　　　　抵达横滨港各类煤炭费用的比较和

日本主要煤炭市场的价格

煤炭	生产费	社内费用	铁路运费	轮船运费	关税	合计	阪神市场	京滨市场	名古屋市场
九州煤	5.7	0.5	1.5	1.9	0	9.600	一等 19.10 二等 17.80	19.30 18.00	19.20 17.90
北海道煤	4.5	0.5	2.5	1.7	0	9.200	—	21.00 16.00	—
抚顺煤	1.692	0.503	5.55	1.43	0.1	9.275	18.70	19.00	19.00

资料来源：抵达横滨煤炭费用的比较是依据 1932 年商工省调查、单位是日元。[日] 久保山雄三：《煤炭矿业发达史》，公论社，1942 年，第 234 页。日本主要煤炭市场的价格是 1929 年春的价格、单位是元。《满铁史资料》第四卷第一分册，第 245 页。

资本经营的煤矿，如江苏的华东煤、淮南煤、安徽的烈山煤、大通煤和山西煤。这类煤矿大多是在第一次世界大战期间发展起来的民族矿业，规模小、产量低、交通不便、设备落后，因而采矿成本较高，加之大多位于内地，远离大江大河，在铁道交通落后的近代中国，运至上海、汉口等中心城市后其运输成本往往是高得惊人。从表 9 - 10 可以看到日本煤价格虽略高于抚顺煤、开滦煤等外资煤，但比华东煤、淮南煤等国煤要便宜。因此，从价格成本分析在上海等中国沿海市场日本煤也不失竞争力。

日本为加快推销国内过剩低质煤，同时为了摆脱经济危机所带来的国内煤炭界的困境，20 世纪 30 年代初期，日本煤和其控制的抚顺煤在上海、汉口、青岛、天津等城市实行低价倾销政策。1932 年前后，上海市场最普通的日本煤市价多在每吨 6 两左右，除自日本至上海途中所需码头费、关税、经手费及海运费

表 9 - 10　　　　　上海煤炭市场的价格比较

煤炭	生产原价	铁路运费	轮船运费	杂费	抵达上海港价格
日本煤	3.90	0.25~2.695	1.40	关税等	最低 7.44—平均 9.885
抚顺煤	1.40~2.38	2.40（436.8km）	1.10（548 海里）	1.00	最低 5.90—平均 6.880
开滦煤	2.18	2.03（205km）	1.50（665 海里）	1.00	最低 6.20—平均 6.705
中兴煤	3.50	2.20 至浦口	0.90 浦口至上海	1.00	7.60
淄博煤	3.88	3.96 至青岛	3.50 青岛至上海	1.00	12.34
华东煤	4.60	4.19 至浦口	0.90 浦口至上海	1.00	10.69
烈山煤	8.00	4.21 至浦口	0.90 浦口至上海	1.00	14.12
淮南煤	6.78	2.83 至浦口	0.90 浦口至上海	1.00	11.51
大通煤	5.80	2.09 至青岛	3.50 青岛至上海	1.00	12.39

资料来源：上海商业储蓄银行调查处：《煤与煤业》，1935 年，第 117 页。
注：日本煤、抚顺煤、开滦煤价格单位是日元，其他单位是元，1 元＝1.01 日元。

3.53 两之外，所得净价仅 3 日元左右，这个价格和日本国内同一煤炭售价相比要低 1 日元多。① 日本煤和抚顺煤以这样的低价倾销，开滦煤也被迫竞相跌价，成本昂贵，运费繁重的国煤自然更是无力与之竞争。

价格因素也是中国沿海城市被迫放弃采用国煤，长期依赖日本煤的最直接原因。1925 年"五卅运动"时期，全国掀起了"不买日本煤"的爱国运动，但是围绕着"买"和"不买"，刊登在《申报》上的一则评论道出了国煤供给之痛处。"上海一埠，每月需用之煤总数约十余万吨。我国矿产虽丰，而不能开发，即已开发者论，如井陉、临城、六河沟、与夫、中兴、贾旺以及山东省博山之矿，合计产煤决不供全国之用。而况国有干路车辆缺乏，交通梗阻不克运送已久。航运方面，又因华轮有限，无可设法。如此情形，已与无矿相等。此时欲维持振兴工厂之工作，不得不谋燃料之供给，则暂时采用日煤，实属不得已之办法，若必需不得用日煤，则各工厂因此而停工，轮车因此而停驶，是则因噎废食，事实上情理上有万万不能行者。"②

结　语

20 世纪初期的中日煤炭贸易不仅表现在互相输出，更体现在煤炭贸易日益紧密，中日双方供需依存度不断加大。从煤炭输出来看，20 世纪初期日本为解决国内低质煤的产能过剩而不断加大对华煤炭输出，30 年代甚至采取低价倾销措施以控制中国

---

① 吴半农：《日煤倾销中之国煤问题》，《社会科学杂志》第 3 卷第 4 期，第 480 页。

② 《申报》第 18802 号、1925 年 7 月 4 日《煤号致煤业公会函·不能屏绝日煤》。

市场。还通过控制中国东北煤炭资源，使得中国的煤炭基本上输往日本。从煤炭需求来看，中国优质焦煤、开滦煤是日本钢铁工业发展必不可缺的能源，廉价抚顺煤受到日本中小企业的广泛欢迎。同样，中国煤炭生产尚不能充分满足国内市场需求，工业发展处于较低水平时期，低质、低价但充足的日本煤的输入，对缓解上海等沿海缺煤地区的能源需求具有重要意义。20世纪初期中日煤炭互相输出且供需依存度不断加大的原因是多方面的。中日两国煤炭分布和需求的邻近性，加之便利的海运，在客观上为中日煤炭贸易提供了便利。中日两国不同的工业化发展阶段对煤炭质量的不同需求，也是促使中日煤炭互相交换的前提条件。中日两国煤炭在价格上的互为竞争性也为这种贸易格局的最终形成提供了可能。

第十章

19世纪末期中国台湾樟脑的
海外市场扩张

第一节　日本领事对中国台湾樟脑的关注

一　19世纪末期世界樟脑的供需状况

樟脑是由樟树的茎、叶、根用水蒸气蒸馏所得的精油冷却而成的白色结晶体。根据原料和加工方法，有天然樟脑和合成樟脑两种。《本草纲目》中记载："樟脑出韶州、漳州，状似龙脑，色白如雪，樟树脂膏也。"郑成功收复台湾后，樟脑业开始传入台湾。中国的福建、广东、台湾和日本的四国、九州一带是世界樟脑的主要产地。

提到樟脑，多数人脑海中浮现的就是平日经常使用的樟脑丸了。因为防腐、驱虫、除臭等功能，樟脑丸被广泛地应用于日常生活之中。最初被当做药品，中医以此治疗风湿、疥癣等，西医用来做内科用强心剂等。也可用来驱虫、制作烟火、香水、油漆稳定剂。不过，在人类工业文明的发展史上，樟脑不只是简单的"白色小丸子"，1890年以后被大量使用为合成塑胶塞璐珞（Celluloid）的基本原料，用来制造牙刷、饰品、玩具、胶片等产品；它曾经是无烟火药的原料，推进近代武器的革命性发展。

清末中国台湾开港前，樟脑主要是军工料匠伐木造船的副产物。军工匠首带领小匠入山砍树，作为兵船木料，为贴补匠首与小匠工资，官方授予匠首采集、专卖林产的特权，包括砍伐樟木、熬制贩卖樟脑等，所产樟脑亦由军工料馆负责购售。

19 世纪后期，樟脑用途增加，需求量大增，台湾樟脑受到西方殖民者的垂涎。英国商人早在 1825 年就私自驾船到中国台湾，偷偷用鸦片换樟脑，英国商人依靠走私樟脑取得了较高的回报。1860 年，中国台湾正式开港，英国商人乘机在中国台湾开设了 13 家洋行，其中，怡和、邓特洋行资金雄厚，经营方式多样，这两家洋行逐步控制了中国台湾的樟脑输出。1868 年怡记洋行私购大量樟脑被没收，引起英国领事抗议，并出动军舰，向安平开炮。清廷为息事，裁撤樟脑官办、赔偿怡记损失。1869 年中英签订了《樟脑条约》，规定凡领有护照外商，皆可入内山采买樟脑，台湾樟脑的生产和输出权渐渐落入英国商人手中。表 10 - 1 是 19 世纪后期世界樟脑的供应情况，由于中国大陆樟脑输出量较少，因此主要列举了中国台湾和日本两地樟脑的输出情况。

表 10 - 1　　　　　　19 世纪后期世界樟脑的供应量

年	中国台湾樟脑输出		日本樟脑输出		输出量合计（磅）	输出额合计（元）
	输出量（磅）	输出额（元）	输出量（磅）	输出额（元）		
1868	1593473	107829	622644	77097	2216117	184925
1873	1430415	98623	592750	68437	2023165	167060
1878	1837395	131242	2666586	323664	4503981	454906
1883	438767	57528	6456274	707992	6895041	765520
1887	536548	37371	8615740	1130596	9152288	1167967
1889	555541	68920	6612559	1391371	7168100	1460291

续表

年	台湾樟脑输出		日本樟脑输出		输出量合计（磅）	输出额合计（元）
	输出量（磅）	输出额（元）	输出量（磅）	输出额（元）		
1890	1064133	240030	5936961	1931992	7001094	2172022
1891	2793266	766573	5800637	1629104	8683903	2395677
1892	2096715	912446	4075126	1274752	6981841	2187198
1893	5321463	1794493	3308355	1308610	8629818	3103103
1894	6877291	2120807	2754932	1023956	9632229	3144763
1895	6935285	2877000	2976939	1226831	9912224	4103831

资料来源：〔美〕戴维森（Lames W. Davidson）著，台湾银行经济研究室蔡启恒译：《台湾之过去与现在》台湾银行，1972 年 4 月，第 304 页。

从需求方面来看，从 1893 年至 1897 年的五年间，德国樟脑年平均消费量为 2240917 磅，美国为 1835533 磅，英国为 1722664 磅，法国为 1204847 磅，印度为 1002155 磅。[①] 19 世纪末期随着赛璐珞工业的迅速发展，世界樟脑的主要消费地在欧美国家。

二　日本领事对海外樟脑市场的调查

幕末时期，日本樟脑是仅次于生丝、蚕卵纸、干鱼、木蜡的重要输出品之一。[②] 明治初期，为了进一步扩大日本樟脑在海外市场份额，日本的海外情报收集部门外务省和国内殖产兴业政策

---

① 〔美〕戴维森（Lames W. Davidson）著，台湾银行经济研究室蔡启恒译：《台湾之过去与现在》台湾银行，1972 年 4 月，第 305 页。
② 〔日〕梅村又次、山本有造编著：《开港与维新》，岩波书店 1989 年版，第 195 页。

执行部门农商务省紧密配合，利用驻外领事馆情报网络展开了多项调查。1880 年代后期，日本对海外樟脑市场进行了密集调查，据《通商报告》和《官报》统计表明该项调查报告多达 13 份。

《通商报告》

第 20 号、1887 年 4 月 5 日驻纽约日本领事馆《自明治九年十一年间美国樟脑输入量及日本樟脑的品评》。

第 70 号、1888 年驻福州日本领事馆《台湾樟脑产出情况》。

第 75 号、1888 年驻上海日本领事馆《清国上海樟脑、其它杂货（五月中）商况》。

第 91 号、1888 年 10 月 24 日驻香港日本领事馆《关于香港煤炭、樟脑及其砂糖的情况》。

第 102 号、1889 年驻香港日本领事馆《香港市场樟脑、砂糖及煤炭的商况》。

第 112 号、1889 年 5 月 14 日驻福州日本领事馆《台湾淡水樟脑情况》。

第 116 号、1889 年 6 月 5 日驻纽约日本领事馆《关于美国樟脑的情况》。

第 121 号、1889 年 7 月 27 日驻天津日本领事馆《关于清国天津铜、樟脑、木材及椎茸商况》。

《官报》

第 1986 号、1890 年 2 月 15 日驻伦敦日本领事馆《伦敦樟脑情况》。

第 2180 号、1890 年 10 月 3 日驻纽约日本领事馆《美国樟脑情况》。

第 2517 号、1891 年 11 月 18 日驻香港日本领事馆《香港樟脑情况》。

甲午战争后，中国台湾成为了日本的海外殖民地，原本与日本樟脑构成激烈竞争的中国台湾樟脑成了日本的囊中之物。并且，随着日本国内工业快速发展，樟树的保有率和樟脑的生产量逐年下降，如何尽快扩大殖民地中国台湾的樟脑输出成为日本政府"台湾经营"的重要课题之一。

1895 年甲午战争后，日本专门在中国台湾设立了统治台湾岛的殖民机构——"台湾总督府"，全权管理台湾的经济、民政和军事，经济开发领域的重点无疑是台湾的樟脑、糖、大米、木材等自然资源。

为了推进台湾樟脑和乌龙茶的输出，1896 年 1 月 10 日，"台湾总督府""民政局长"水野心得致函"台湾事务局书记官"花房直三郎，希望外务省能够对世界各地市场的樟脑和乌龙茶状况作一调查。同月 28 日，"台湾事务局书记官"花房直三郎将此信函转发给外务次官原敬。2 月 6 日，外务省通商局向日本驻上海、天津、芝罘、香港、新加坡、孟买、里昂、伦敦、纽约、旧金山、夏威尼、塔马科（美国华盛顿州港市）、旧金山、浦潮港（俄远东港市）14 个领事馆发出调查指令。

有关台湾樟脑的调查项目主要有五项：

最近 5 年间（1891—1895）各港的输入数量及价格。

最近 5 年间重要市场的价格和需求状况。

主要需求地方的名称及其嗜好的种类。

重要输入国的主要用途。

各国将来输入需求增减的预计。①

另外，1896 年 4 月 10 日，在驻墨尔本日本领事馆调查报告

① ［日］外务省外交史料馆：《关于对台湾岛产出的樟脑和乌龙茶的各国市场调查一件》，日本亚洲历史资料中心档案：B－3－5－2－91。

《濠洲输入乌龙茶及樟脑台湾情况》中，"以书柬致启上方，有关台湾的制茶及樟脑调查事宜，本年二月六日接到贵处信函，现附上对该品最了解专家的意见书……"，① 从该调查回信也可以看出，就在日本割据中国台湾前后的 1896 年 2 月台湾总督府就曾经委托外务省，通过驻海外各领事馆进行了樟脑市场的专项调查。以下是本次调查的回复件。

《通商汇纂》

第 39 号、1896 年 3 月 6 日驻温哥华日本领事馆《关于温哥华乌龙茶及樟脑商况》。

第 39 号、1896 年 3 月 11 日驻香港日本领事馆《关于香港台湾樟脑商况》。

第 40 号、1896 年 3 月 20 日驻芝罘日本领事馆《关于芝罘乌龙茶及樟脑商况》。

第 43 号、1896 年 4 月 1 日驻汉堡日本领事馆《关于汉堡台湾樟脑及樟脑商况》。

第 40 号、1896 年 4 月 7 日驻上海日本领事馆《关于上海台湾产樟脑及乌龙茶商况》。

第 43 号、1896 年 4 月 10 日驻墨尔本日本领事馆《濠洲输入乌龙茶及樟脑台湾情况》。

第 44 号、1896 年 4 月 18 日驻伦敦日本领事馆《关于伦敦市台湾樟脑及乌龙茶情况》。

第 43 号、1896 年 4 月 28 日驻新加坡日本领事馆《关于新加坡台湾樟脑及茶的情况》。

第 40 号、1896 年 5 月 5 日驻天津日本领事馆《关于天津台湾樟脑及乌龙茶的概况》。

---

① ［日］外务省通商局编：《通商汇纂》第 43 号，第 25 页。

第 43 号、1896 年 5 月 6 日驻旧金山日本领事馆《关于旧金山台湾樟脑的商况》。

第 45 号、1896 年 5 月 19 日驻孟买日本领事馆《关于印度台湾乌龙茶及樟脑的情况》。

第 46 号、1896 年 6 月 6 日驻里昂日本领事馆《关于里昂台湾产樟脑及茶的情况》。

第二节　中国台湾樟脑的海外市场扩张

一　中国台湾樟脑的输出量和输出路径

1860 年，中国台湾南部安平和北部淡水两个口岸开放，1863 年，作为两港的附属港口打狗、基隆开港，近代台湾的主要土特产品基本上是通过上述四港输出到海外。

表 10－2 是 1890—1894 年台湾樟脑的输出量统计，主要依据 1896 年 4 月 7 日驻上海日本领事馆调查《关于上海台湾产樟脑及乌龙茶商况》编制而成。调查显示：近代台湾樟脑的输出港主要是淡水和打狗两港，输出地主要是香港和中国沿海诸港，特别是面向香港的输出量非常大。1890—1894 年，面向香港的台湾樟脑输出量几乎占到总输出量的 96.6% 以上，占据绝对重要的地位。但是，香港输入的台湾樟脑基本上不在当地消费，而是再输出。有关这一点，香港、上海两地日本领事馆的调查中可以看到。

1896 年 3 月 11 日，在驻香港日本领事馆调查《关于香港台湾樟脑商况》中显示：台湾产出的樟脑基本上全部输入本港，当地需求数量甚少，主要是面向欧美和东印度再输出。①

1896 年 4 月 7 日，在驻上海日本领事馆调查《关于上海台

---

① ［日］外务省通商局编：《通商汇纂》第 39 号，第 4 页。

表 10 - 2　　台湾樟脑的香港、中国诸港输出量统计（担）

年	面向香港的台湾樟脑输出量			面向中国诸港的台湾樟脑输出量			输出总量
	淡水	打狗	小计	淡水	打狗	小计	
1890	6482.64	759.20	7241.84（100%）	—	—	—	7241.84
1891	16353.07	2115.95	18469.02（97.8%）	407.89	4.58	412.47（2.2%）	18881.49
1892	12555.19	4570.71	17125.90（97.6%）	417.67	—	417.67（2.4%）	17543.57
1893	25859.86	6327.50	32187.36（96.6%）	1132.57	—	1132.57（3.4%）	33331.96
1894	26852.18	11736.38	38588.56（97.6%）	958.56	—	958.56（2.4%）	39547.12

资料来源：［日］外务省通商局编：《通商汇纂》第 40 号，第 26 页。

湾产樟脑及乌龙茶商况》中：台湾樟脑的第一需求地是香港，香港当地消费量不大，再面向印度及欧洲市场输出。在印度每年约有八千担的消费量，可以断言台湾樟脑最主要的消费市场是在欧洲。①

1896 年 5 月 19 日，驻孟买日本领事馆调查《关于印度台湾乌龙茶及樟脑的情况》中，对 1894—1895 年印度的中国台湾樟脑再输出地和再输出量有一个统计：输出锡兰 19142 镑、毛里求斯 14517 镑、纳塔鲁 12500、比耳西亚 5330、亚细亚土耳其 1339、埃及 448、亚剌比亚 264、坦桑尼亚 148、法兰西 112、莫桑比克 48、亚丁 30。②

1896 年 4 月 28 日，在驻新加坡日本领事馆调查《关于新加坡台湾樟脑及茶的情况》中，新加坡港樟脑消费市场甚小，几乎不值得注目。本港的樟脑大多来自香港和苏门答腊岛。从本港再输出地为英领印度、法属印度、中国及中国香港三地而已。另外，也有为了樟脑的精制，从本港运送到美国的。③

从上述调查报告可以看到，中国香港输入的中国台湾樟脑基本上不在本地消费，而是转口贸易到伦敦、印度等地。伦敦输入的中国台湾樟脑中的一部分在英国消费，大部分再输出至欧洲大陆和北美地区，欧洲大陆的主要输出国是德国。印度也是中国台湾樟脑的中转站之一，一部分输出到邻国锡兰、毛里求斯，以及西亚的阿拉伯、土耳其，非洲的埃及、莫桑比克、坦桑尼亚等国。新加坡的中国台湾樟脑需求量非常小，基本上是转运至东南亚、中国大陆，一部分为了樟脑的精制，输出到美国西海岸旧金

---

①　[日] 外务省通商局编：《通商汇纂》第 40 号，第 28 页。

②　[日] 外务省通商局编：《通商汇纂》第 45 号，第 15 页。

③　[日] 外务省通商局编：《通商汇纂》第 43 号，第 1 页。

山港。（具体详见图 10－1）

　　同时，从上海、芝罘、天津日本领事馆的调查可以知道，中国大陆的台湾樟脑输入量非常少，仅仅只占到台湾樟脑总输出量的 3.4% 左右。

　　1888 年驻上海日本领事馆调查《清国上海樟脑、其它杂货（五月中）商况》中：本月樟脑市场非常景气，向天津和其他方面输出甚多，在上旬中旬经常感到供货量不足。①

　　1896 年 4 月 7 日驻上海日本领事馆调查《关于上海台湾产樟脑及乌龙茶商况》中，中国诸港多少有些台湾樟脑输入，特别是厦门，输入后再转运至沿海诸港、外国及香港，可以说在厦门港当地的樟脑消费量基本没有。②

　　1896 年 3 月 20 日驻芝罘日本领事馆调查《关于芝罘乌龙茶及樟脑商况》中：因为济南是山东之首府，其需求量最多，均通过运河由上海直接输入，其输入量为芝罘全部输入量之上。③

　　1896 年 5 月 5 日驻天津日本领事馆调查《关于天津台湾樟脑及乌龙茶的概况》中：天津港的主要输出地仅限于直隶、山东、山西三省而已，其需求比例大致是直隶三分、山西三分。④

　　从以上四份调查报告可以知道，中国大陆输入的台湾樟脑基本上是由厦门转口至其他沿海各港口，然后再由上海、天津、芝罘等沿海港口向中国内地市场转送。

　　关于上述台湾樟脑输出路径的形成主要有以下两方面原因：

　　第一，海外航路的制约。清末连接大陆和台湾的定期航线是由道格拉斯汽船公司开设，该公司于 1867 年开始，开设了连接

　　①　[日] 外务省通商局编：《通商报告》第 121 号，第 17 页。
　　②　[日] 外务省通商局编：《通商汇纂》第 40 号，第 25 页。
　　③　[日] 外务省通商局编：《通商汇纂》第 40 号，第 12 页。
　　④　[日] 外务省通商局编：《通商汇纂》第 40 号，第 56 页。

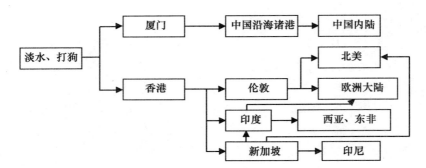

图 10 – 1   台湾樟脑的输出路径

香港、汕头、厦门，直到淡水的航线，在该航线上共投入了 3 艘汽船。另外 1 艘往来于香港、汕头、厦门、安平、打狗之间，2艘航行于香港、汕头、厦门、福州之间。道格拉斯汽船公司基本上垄断了中国大陆与中国台湾间的航运。

第二，香港和厦门在贸易上的传统优势地位。据 1889 年驻香港日本领事馆的调查《香港的贸易》显示：福建以厦门、汕头、玛港、广东、台湾诸港开始，以至于暹罗、安南、菲律宾及南洋诸岛，大凡与亚洲贸易有关系者，皆以香港为商业上之根本，货物在此集散，价格在此确定。同报告还指出，在香港有银行 9 家，制造企业 6 家，汽船公司 39 家，船渠 3 个，保险公司76 家，商贸公司 103 家（其中日本商品贸易清商 25 家，其他 88家），香港在贸易方面具有较便利的条件。[①] 厦门自古以来是进出台湾的门户，尤其是在康熙以后，作为"海疆要塞、渡台通洋正口，南通诸藩、东控台湾"日益受到重视。1898 年 11 月刊行的《台湾协会会报》上登载了杉村睿的所谓调查报告《台湾与中国沿岸的关系》，认为如果没有厦门，台湾也不完整，如果

---

① ［日］外务省通商局编：《通商汇编》第 114 号，第 13 页。

没有台湾，也不会有今日厦门的繁盛。台湾的主要物产如茶叶、樟脑、砂糖，也基本上是经厦门、香港两港转口至中国沿海及海外地区。①

二　中国台湾樟脑的海外需求及用途

1890年2月15日，在驻伦敦日本领事馆调查《伦敦樟脑情况》中：本市输入樟脑主要是日本产樟脑，中国台湾产樟脑虽有一定量输入，但无疑大部分还是日本产的。当地输入樟脑主要用于药剂、防臭剂等。② 1896年4月18日，在驻伦敦日本领事馆调查《关于伦敦市台湾樟脑及乌龙茶情况》中：本品主要用途是药用、卫生用、毛皮防虫、赛璐珞（合成树脂）、人造象牙制造用等。从上两个调查报告得知，19世纪90年代伦敦市场输入的樟脑主要是日本品，中国台湾樟脑输入量很少。③ 但是从表10-3显示19世纪90年代台湾樟脑输入量发生了较大变化，1891年是1.5万捆，到1894年增加到3.35万捆，输入量有了大幅度的上升。与此形成鲜明对比，日本樟脑的输入量急剧下降。虽然中国台湾樟脑和日本樟脑输入量单位不统一，但是中国台湾樟脑输入量增加和日本樟脑输入量减少的趋势还是非常明显。其次，伦敦虽然是樟脑重要输入市场，但并非是樟脑的主要消费市场，多数樟脑被转运至欧洲和美洲大陆。

1896年4月1日，驻汉堡日本领事馆调查《关于汉堡台湾樟脑及樟脑商况》中：到1894年为止，日本品比台湾品每112镑贵15到20便士，从那以来其差价每112镑减至5到7.5便

---

① ［日］《台湾协会会报》第2号，第164页。
② ［日］内阁官报局编：《官报》第1986号。
③ ［日］外务省通商局编：《通商汇编》第44号，第52页。

表10－3　海外各地台湾樟脑和日本樟脑的输入量（担）

年\输入量	英国伦敦		德国汉堡		美国旧金山		新加坡		印度孟买		中国芝罘		中国天津	
	中国台湾樟脑（担）	日本樟脑	中国台湾樟脑	日本樟脑	中国台湾樟脑	日本樟脑	中国台湾樟脑	日本樟脑	中国台湾樟脑	日本樟脑	中国台湾樟脑	日本樟脑	中国台湾樟脑	日本樟脑
1891	15000	3553	10000	6000	2919	12647	2532	35	7864	—	23	64	—	—
1892	13000	1063	11000	5000	3433	14306	2102	—	7086	165	26	23	191	712
1893	27000	1590	11000	6000	4311	11411	2582	—	6351	594	34	8	177	432
1894	33500	815	12000	3000	4711	7296	2761	5	8055	1002	56	10	480	338
1895	24000	966	10000	2000	2520	11091	不详	不详	6410	714	11	0	438	493

注1：旧金山、印度调查报告中输入量采用磅为单位，为统一起见全部换算成担（1担＝100斤，1磅＝453.6克）。注2：新加坡、印度的中国台湾樟脑输入量采用从中国香港输入樟脑，因为从报告可以看中国台湾樟脑。注3：中国樟脑包括福建、广东产樟脑和台湾樟脑。资料来源：前文所列《通商汇纂》各号，伦敦的日本樟脑输入量采用《输出重要品要览》（日本农商务省山林局编）中数据。

士。总体来说，日本品价格较高所以输入较多的是台湾樟脑。粗制品的主要需求地是在汉堡附近的精制场及化学品制造所。粗制品绝大多数供应给赛璐珞制造，烟火药制造需求量不大。精制品用于毛织物及毛皮保存，另外也使用于消毒、药用、各种工业及烟火行业。① 德国市场上台湾樟脑的价格相对较低，所以中国台湾樟脑的输入量要远大于日本樟脑。从表10－3可以看到，1891年至1895年的5年里，中国台湾樟脑的输入总量达到5.4担，而日本樟脑的输入量仅为2.2万担，可以说德国是中国台湾樟脑的主要消费地。

1896年5月19日，在驻孟买日本领事馆调查《关于印度台湾乌龙茶及樟脑的情况》中：普通樟脑在印度所到之处需求面、用途甚广，最近五年平均输入量每年0.7万担以上，主要由中国香港（台湾产）、海峡殖民地、日本及英吉利等地输入，最大的用途是寺院参拜时所使用香料，第二杀虫剂，第三药用。印度的樟脑需求量非常大，输入地主要是中国香港、新加坡、日本、英国等，英国制樟脑因价格较高所以输入较少，日本樟脑次之，主要是由香港输入的台湾樟脑，价格最低，输入量最大。② 表10－3也显示印度市场上基本上是台湾樟脑。

日本驻上海、芝罘、天津的领事馆对中国大陆的台湾樟脑需求状况也作了详细调查。

1881年12月，在驻上海日本领事馆调查《十四年末本邦货物上海输入年报》中：输入24.07万斤，价值银4.79万元，与前一年度相比销售情况大为进步，盖因从台湾输入量大增。③

---

① ［日］外务省通商局编：《通商汇纂》第44号，第9页。
② ［日］外务省通商局编：《通商汇纂》第45号，第10页。
③ ［日］外务省通商局编：《通商汇编》明治十四年下半季，第24页。

1888 年，驻上海日本领事馆"清国上海樟脑、其它杂货（五月中）商况"中：本月樟脑市场非常景气，向天津和其他方面输出甚多，在上旬中旬经常感到供货量不足。①

1896 年 3 月 20 日，驻芝罘日本领事馆《关于芝罘乌龙茶及樟脑商况》中：市面上台湾产樟脑过去未曾有输入，皆由广东、福建等地输入。半数以上用作衣服防蛀，其他也使用于膏药制造，但数量不过十分之二。由于梅雨前衣服防蛀必须使用，所以输入期一般在夏季的梅雨季节之前。②

1896 年 5 月 5 日，驻天津日本领事馆《关于天津台湾樟脑及乌龙茶的概况》中：本品中国内地产区仅在广东、福建两省，主要用于毛皮、衣服防蛀需要，其他，也用于烟火制造，主要为增进烟火发光亮度。另外，也作为塑料、药物生产时的一种添加材料。③

以上几则调查报告基本上反映了中国樟脑市场的情况。首先：中国樟脑市场输入的主要有台湾樟脑、广东、福建产樟脑和日本樟脑，上海是中国沿海最重要的樟脑中转港口，樟脑的输入量相对较大。芝罘输入的基本上是广东、福建产樟脑，台湾樟脑较少，估计是部分混入了广东、福建产樟脑当中，以台湾樟脑名义销售的比较少。相反，天津市场上广东、福建产樟脑输入量较少，只占 10%—20%，绝大多数是中国台湾樟脑。日本樟脑的对华输出，从表 10 - 3 可以看到，从 1890 年开始，虽然在芝罘、天津市场上日本樟脑的输入量要多于其他樟脑，但总体上是呈下降趋势，台湾樟脑的输入量增加呈快速上升趋势。这可能与 19 世纪 90 年代以后，日本国内樟树的大量砍伐导致输出量下降

① ［日］外务省通商局编：《通商报告》第 121 号，第 17 页。
② ［日］外务省通商局编：《通商汇纂》第 40 号，第 12 页。
③ ［日］外务省通商局编：《通商汇纂》第 40 号，第 56 页。

有关。

综合上述各地日本领事馆的调查，日本政府对海外市场中中国台湾樟脑的需求状况和用途有了大致把握，现概括如下：

第一，需求状况。1891—1895年，台湾樟脑对中国的输出量只占总输出量的3.4%，大部分经由香港转运至伦敦和印度，运到伦敦的樟脑又输出到欧美各地市场。据1895年神户海关报告，英国的伦敦、德国的汉堡、美国的纽约被誉为世界三大樟脑市场，不仅控制着世界樟脑价格行情，另外，在这三地还集中了大量樟脑精制工场，从事精制及相关制造工业，其他国家的樟脑需求一般仰仗于这三大市场的供给。从表10-3可以看到，英国的伦敦、德国的汉堡、印度的孟买是台湾樟脑的主要输出地和消费地，美国虽然也有台湾樟脑输入，但主要是日本樟脑的输出地和消费地。

从输出量上来比较，中国台湾樟脑输出量日益增加，而日本樟脑的输出量却不断下降。这主要三个方面的原因：（一）日本国内樟树大量砍伐导致输出下降；（二）中国台湾樟脑在价格上具有优势；（三）1890年中国台湾樟脑专卖制度废止引起输出量大增。

第二，用途情况。中国台湾樟脑的用途因时期和需求地不同而相异。19世纪80年代，主要是用作药剂、防臭剂和防虫剂，19世纪80年代后期，随着无烟火药、合成树脂工业的发展，作为人造象牙的材料之一，广泛运用于梳子、刀柄、玩具、文房用具、胶片、眼镜框，以及其他塑料器具的生产，对樟脑的需求量大幅增加。

从地域分布特点来看，近代中国合成树脂工业并不发达，樟脑主要运用于传统的衣服防虫、防臭方面，药物方面也有利用，但使用量不大。印度的樟脑使用范围主要有宗教仪式、杀虫剂、药用三个方面，特别是宗教仪式上樟脑的消费量较大。印度人口中的最大多数印度教信徒，在每周一、周日的礼拜活动中，必定携带少量樟脑，祈祷前先点上火再完成仪式。而欧洲和北美是近代工业发达地区，粗制品的主要需求地是在汉堡附近的精制场及化学品制造所。粗制樟脑一般经精炼工场加工，运用于合成树脂、火药制造行业。精制品则用作防虫剂、药用、工业用及烟火生产等方面。合成树脂、火药制造业的发展以致产生对台湾樟脑的需求量大增。

三　海外市场对中国台湾樟脑的评价

依据各地领事馆的调查反馈，中国台湾樟脑与日本樟脑相比品质略低，在香港市场上中国台湾樟脑价格一般比日本樟脑便宜2—4分。其原因主要有两个方面。

首先，中国台湾樟脑的品质。据1896年4月7日驻上海日本领事馆的调查，"台湾樟脑油份较多，且湿气含量大，与本邦内地产樟脑相比价格便宜百分之五。在除去油份湿气精制时，其重量大为减轻，因此其制法改良是需求增进的重要方法之一。台湾产与本邦产樟脑混合，可精制出硬度适当之樟脑"①。

由此可见，中国台湾樟脑油份和湿气含有量较多，除去时分量损失较大。此外，中国台湾樟脑单独结晶困难，加入一定量的日本樟脑有利于樟脑结晶。随着合成树脂、火药制造业的发展，世界市场对中国台湾樟脑的需求量大增。1896年日本占领中国台湾后的日本领事报告中，日本领事对中国台湾樟脑品质改良、输出增加抱着强烈的期待。

其次，中国台湾樟脑制作时，为增加重量而混入异物现象非

---

① 　[日]外务省通商局编：《通商汇纂》第40号，第28页。

常普遍。其混入的方法是用山野中的藤条，另一说是用寒天，在水中浸泡至黏液状，掺入尚未结晶的樟水中，一方面可以增加重量，另一方面也可以减少挥发性。由此，中国台湾樟脑日渐丧失市场信用，19世纪70年代至80年代前半期，价格和需求两面呈现衰退迹象，国际市场上中国台湾樟脑的价格始终低于日本樟脑。1885年，台湾巡抚刘铭传主政中国台湾以后，奖励殖产兴业，尤其是1886—1890年实行台湾樟脑专卖政策后，严禁在樟脑中混入异物，改良樟脑制作方法，樟脑的品质有了较大提升，输出量也逐步增加。1887年驻纽约日本领事馆报告："近来自本邦输入的樟脑中，因含有水和其它大量混合物，身价大跌，以前清国产樟脑中不良品较多，一时当地销路丧失，近年制法不断改良，逐渐生产出精良品，三四年前开始又重新向海外输出，输入量也有逐年增加之势。"① 与此相反，日本国内整个樟脑产业在不断走下坡路，杂物混入和粗制滥造情况也时有发生，影响了日本樟脑在海外市场价格和声誉，日本领事对此表示出较大担忧。②

　　最后，在中国台湾樟脑对外输出时的包装方法上日本领事也给予了充分的肯定。中国台湾樟脑在包装木箱内再铺设一层亚铅纸，这样可以有效减少樟脑的挥发，保持原有品质和重量。日本樟脑的外包装一般采用木桶，上面铺垫一层藁薦，这样樟脑的挥发性很大，不能保证樟脑的品质和原有重量，在对外销售时会造成较大损失。③ 日本领事在调查台湾樟脑包装方法之后大加赞赏，"日本樟脑的品位和包装方式的改良实乃当务之急也"，④ 建

---

① ［日］外务省通商局编：《通商汇编》第116号，第13页。
② ［日］内阁官报局编：《官报》第2517号，第220页。
③ 同上。
④ 同上。

议（日本）国内樟脑生产者能够借鉴中国台湾樟脑的包装方法进行革新。

结　语

　　樟脑并不是近代日本主要输出商品之一，但是，甲午战争之后日本控制了中国台湾樟脑的生产和输出，特别是 19 世纪后期随着赛璐珞工业的迅速发展，世界市场对天然樟脑的需求量大增，中国台湾樟脑的地位和价值日益突显，中国台湾樟脑在 19 世纪末一度成为日本非常关注的输出商品之一。日本政府通过驻外领事馆的情报网络，对海外樟脑主要消费市场展开了详尽的调查，为中国台湾樟脑专卖政策的实施、海外输出和加工改良等方面提供信息支持。同时，日本领事贸易报告也是我们了解 19 世纪后期中国台湾樟脑输出状况的第一手资料。首先，中国台湾樟脑的输出路径主要是通过中国香港转口至伦敦，然后再销往欧美各国。其次，19 世纪 80 年代以后日本樟脑输出减少，中国台湾樟脑输出大幅增加，尤其是受到塞璐珞工业发展的影响，德国、美国、英国等欧美国家是世界樟脑主要消费国。最后，由于异物混入等原因，海外市场对台湾樟脑质量的评价并不高，但 19 世纪 80 年代之后，随着制作方法和包装材料的改进，中国台湾樟脑的输出量大增。

附录一
驻华日本外交官

任官年月日	官名	姓名
1873. 11. 24	二等特命全权公使	山田显义
1874. 12. 22	二等特命全权公使	柳原前光
1874. 11. 29	临时全权公使	郑永宁
1875. 12. 10	特命全权公使	森有礼
1878. 3. 10	临时全权公使	郑永宁
1879. 3. 8	特命全权公使	宍户玑
1881. 1. 20	临时全权公使	田边太一
1882. 8. 12	特命全权公使	榎木武扬
1883. 12. 7	临时全权公使	吉田二郎
1884. 8. 31	特命全权公使	榎木武扬
1885. 10. 11	临时全权公使	岛田胤则
1886. 3. 31	特命全权公使	盐田三郎
1887. 6. 23	临时全权公使	梶山鼎介
1887. 11. 27	特命全权公使	盐田三郎
1889. 5. 12	临时全权公使	今立吐醉
1889. 2. 10	特命全权公使	大鸟圭介
1893. 6. 1	临时全权公使	桥口直右卫门
1893. 11. 20	临时全权公使	小村寿太郎

续表

任官年月日	官名	姓名
（因甲午战争 1894 年 8 月 1 日撤退）		
1895. 6. 22	特命全权公使	林董
1896. 11. 3	临时全权公使	内田康哉
1897. 6. 12	特命全权公使	矢野文雄
1899. 11. 17	临时全权公使	石井菊次郎
1899. 11. 26	特命全权公使	西德二郎
1901. 1. 3	特命全权公使	小村寿太郎
1901. 9. 9	临时全权公使	日置益
1901. 11. 10	特命全权公使	内田康哉
1906. 5. 19	临时全权公使	阿部守太郎
1906. 7. 14	特命全权公使	林权助
1908. 5. 15	临时全权公使	阿部守太郎
1908. 10. 15	特命全权公使	伊集院彦吉
1911. 1. 14	临时全权公使	本多熊太郎
1911. 4. 15	特命全权公使	伊集院彦吉
1912. 3. 22	临时全权公使	水野幸吉
1912. 4. 28	特命全权公使	伊集院彦吉
1913. 7. 29	特命全权公使	山座圆次郎
1914. 5. 28	临时全权公使	松平恒雄
1914. 6. 4	临时全权公使	小幡酉吉
1914. 8. 20	特命全权公使	日置益
1915. 8. 30	临时全权公使	小幡酉吉
1915. 11. 19	特命全权公使	日置益
1916. 7. 16	临时全权公使	小幡酉吉
1916. 8. 14	特命全权公使	林权助
1917. 12. 25	临时全权公使	芳泽谦吉

续表

任官年月日	官名	姓名
1918. 3. 16	特命全权公使	林权助
1918. 9. 6	临时全权公使	芳泽谦吉
1918. 11. 6	特命全权公使	林权助
1918. 12. 5	临时全权公使	芳泽谦吉
1918. 12. 22	特命全权公使	小幡酉吉
1921. 5. 8	临时全权公使	吉田伊三郎
1921. 8. 8	特命全权公使	小幡酉吉
1922. 4. 6	临时全权公使	吉田伊三郎
1922. 5. 8	特命全权公使	小幡酉吉
1923. 4. 26	临时全权公使	吉田伊三郎
1923. 7. 16	特命全权公使	芳泽谦吉
1926. 7. 24	临时代理公使	堀义贵
1926. 10. 15	特命全权公使	芳泽谦吉
1927. 6. 13	临时代理公使	堀义贵
1927. 8. 22	特命全权公使	芳泽谦吉
1928. 10. 17	临时代理公使	堀义贵
1929. 6. 12	特命全权公使	芳泽谦吉
1929. 7. 15	临时代理公使	堀内谦介
1929. 8. 16	特命全权公使	芳泽谦吉
1929. 8. 20	临时代理公使	堀内谦介
1929. 10. 27	特命全权公使	佐分利贞男
1929. 11. 11	临时代理公使	堀内谦介
1930. 1. 11	临时代理公使	重光葵
1931. 6. 6	特命全权公使	重光葵
1932. 1. 3	临时代理公使	守屋和朗
1932. 1. 31	特命全权公使	重光葵

任官年月日	官名	姓名
1932. 6. 17	临时代理公使	堀内干城
1932. 8. 11	临时代理公使	矢野真
1932. 9. 4	特命全权公使	有吉明
1932. 11. 8	临时代理公使	堀内干城
1932. 11. 23	特命全权公使	有吉明
1933. 3. 24	临时代理公使	堀内干城
1933. 4. 24	特命全权公使	有吉明
1934. 4. 25	临时代理公使	堀内干城
1934. 5. 30	特命全权公使	有吉明
1935. 4. 20	临时代理公使	堀内干城
（1935 年 5 月 17 日大使馆升格）		
1935. 5. 17	临时代理大使	堀内干城
1935. 6. 12	特命全权大使	有吉明
1936. 2. 7	临时代理大使	若杉要
1936. 2. 26	特命全权大使	有田八郎
1936. 3. 30	临时代理大使	若杉要
1936. 6. 22	特命全权大使	川越茂
1937. 4. 28	临时代理大使	日高信六郎
1937. 7. 3	特命全权大使	川越茂
1938. 12. 18	临时代理大使	森岛守人
1940. 1. 25	临时代理大使	藤井启之助
1940. 4. 1	特命全权大使 （汪伪政权特派）	阿部信行
1940. 8. 30	临时代理大使	土田丰
1940. 12. 23	特命全权大使	本多熊太郎
1941. 11. 10	临时代理大使	中村丰一

续表

任官年月日	官名	姓名
1942. 1. 10	特命全权大使	重光葵
1942. 11. 4	临时代理大使	堀内干城
1943. 5. 14	特命全权大使	谷正之

（1945 年 9 月 29 日撤退）

附录二
驻华日本领事官

1. 驻厦门日本领事官

任官年月日	官名	姓名
1875. 4. 8	领事	福岛九成
1876. 9. 11	事务代理	吴硕
1877. 1. 9	领事	福岛九成
1880. 3. 5	馆务接待	富山清明
(1880 年 7 月闭馆, 上海总领事馆兼辖)		
1884. 4. 40	名誉领事	S. Chomly
1884. 7. 5	领事代理	S. Chomly
(自 1890 年 3 月至 1896 年 3 月福州领事馆兼辖)		
1896. 3. 7	二等领事	上野专一
1896. 11. 8	一等领事	上野专一
1900. 8. 30	事务代理	芳泽谦吉
1900. 9. 19	领事	上野专一
1901. 10. 11	事务代理	芳泽谦吉
1901. 11. 11	领事	上野专一
1903. 11. 18	事务代理	山吉盛义
1904. 1. 9	领事	上野专一
1906. 8. 14	事务代理	吉田美利

续表

任官年月日	官名	姓名
1907. 5. 27	领事	濑川浅之进
1908. 5. 25	事务代理	大衫正之
1908. 6. 30	事务代理	森安三郎
1910. 3. 15	领事	菊池义郎
1911. 4. 4	事务代理	矢野正雄
1911. 10. 16	领事	菊池义郎
1913. 2. 4	事务代理	船津文雄
1913. 4. 14	领事	菊池义郎
1917. 1. 10	事务代理	秋津郁三郎
1917. 4. 3	领事	矢田部保吉
1918. 12. 24	事务代理	市川信也
1919. 7. 14	领事	藤田荣介
1920. 10. 11	领事代理	铃木连三
1921. 4. 14	领事	藤田启之助
1922. 12. 12	领事代理	河野清
1923. 5. 26	领事	佐佐木胜三郎
1924. 8. 28	领事	井上庚二郎
1927. 1. 11	领事代理	高井末彦
1927. 7. 26	领事	坂本龟起
1929. 2. 25	领事	寺嶋广文
1930. 2. 1	事务代理	增尾仪四郎
1930. 3. 3	领事	寺嶋广文
1931. 9. 7	领事	三浦义秋
1933. 4. 1	领事	塚本毅
1934. 4. 10	事务代理	武藤贞喜
1934. 6. 1	领事	塚本毅

任官年月日	官名	姓名
1935.8.6	领事	山田芳太郎
（1936 年 11 月 1 日总领事馆升格）		
1936.11.1	总领事代理	山田芳太郎
1937.5.17	总领事代理	高桥茂
1937.8.28	总领事	冈崎胜男
（1937 年 8 月 28 日撤退）		
1938.5.27	总领事	内田五郎
1941.1.13	总领事	石川实
1942.4.7	总领事	赤堀铁吉
1944.12.19	总领事代理	白井康
1944.11.26	总领事代理	数山英一
1945.8.5	总领事	永岩弥生
（1946 年 2 月 8 日撤退）		

2. 驻安东日本领事官

任官年月日	官名	姓名
1906.4.30	领事	冈部三郎
1906.8.16	事务代理	龟命金次郎
1906.9.26	领事	冈部三郎
1907.11.7	事务代理	三穗五郎
1908.5.1	领事	冈部三郎
1909.9.30	领事	木部守一
1910.11.25	领事代理	渡边守三
1911.1.1	领事	木部守一
1912.1.10	领事代理	龙崎菱

续表

任官年月日	官名	姓名
1912. 9. 19	领事	吉田茂
1916. 11. 14	领事代理	田村幸策
1917. 6. 30	领事	森安三郎
1919. 7. 16	领事代理	永井清
1919. 12. 27	领事	入江正太郎
1921. 11. 16	领事	富田义隆
1923. 3. 3	领事代理	泷山靖次郎
1923. 5. 20	领事	富田义隆
1923. 10. 9	领事	四泽义征
1925. 8	领事代理	泷山靖次郎
1925. 8. 16	领事	四泽义征

3. 驻芜湖日本领事官

任官年月日	官名	姓名
1922. 1. 14	领事	草政吉
1923. 2. 9	事务代理	田中作
1924. 5. 9	领事	休中作
1925. 1. 17	领事代理	藤村俊男

4. 驻广东日本领事官

任官年月日	官名	姓名
1888. 12. 6	副领事	坪野平太郎
1888. 10. 1	副领事	宫川久次郎
1890. 5. 7	事务代理	丰岛捨松

（自 1889 年 12 月至 1906 年 11 月香港领事馆兼辖）

任官年月日	官名	姓名
1906. 11. 13	领事	上野专一
1908. 5. 30	领事	濑川浅之进
（1909 年 10 月总领事馆升格）		
1909. 10. 1	总领事代理	濑川浅之进
1910. 6. 8	总领事代理	崛义贵
1910. 9. 27	总领事	濑川浅之进
1912. 4. 27	总领事	赤塚正助
1916. 10. 13	总领事代理	太田喜平
1916. 12. 26	总领事	太田喜平
1920. 8. 11	总领事代理	森冈正平
1920. 10. 14	总领事	藤田荣介
1923. 5. 13	总领事	天羽英二
1925. 2. 20	总领事代理	清水亨
1926. 2. 11	总领事	森田宽藏
1926. 8. 7	总领事代理	清水亨
1926. 9. 22	总领事	森田宽藏
1928. 7. 30	总领事	矢野真
1930. 2. 10	事务代理	宫城平兵卫
1930. 3. 12	总领事代理	须磨弥吉郎
1932. 7. 15	总领事代理	吉田丹一郎
1933. 10. 5	总领事	川越茂
1934. 8. 2	总领事代理	服部恒雄
1934. 11. 24	总领事	河相达夫
1936. 7. 15	总领事	中村丰一
1936. 8. 21	总领事代理	吉竹贞治
1936. 9. 18	总领事	中村丰一

任官年月日	官名	姓名
（1937 年 8 月 16 日撤退）		
1938. 10. 30	总领事	冈崎胜男
1939. 8. 14	总领事代理	松平忠久
1939. 9. 4	总领事	冈崎胜男
1939. 10. 2	总领事代理	松平忠久
1939. 10. 4	总领事	喜多长雄
1941. 1. 26	总领事	高津富雄
1942. 7. 28	总领事代理	大关英达
1942. 8. 25	总领事	高津富雄
1942. 11. 24	总领事代理	大关英达
1943. 6	总领事代理	工藤敏次郎
1945. 3. 2	总领事代理	户根木长之助
1945. 3. 12	总领事	米垣兴业
（1946 年 4 月 14 日撤退）		

5. 驻张家口日本领事官

任官年月日	官名	姓名
1922. 3. 14	领事代理	荒井金造
1923. 3. 31	领事	荒井金造
1925. 2. 19	领事	根津芳造
1926. 1. 17	领事	山崎城一郎

6. 驻长春日本领事官

任官年月日	官名	姓名
1907. 11. 10	领事	松村贞雄

续表

任官年月日	官名	姓名
1907. 12. 19	事务代理	渡边理万
1908. 4. 8	领事	松村贞雄
1910. 2. 27	领事	松原一雄
1912. 1. 14	领事	木部守一
1912. 7. 26	领事代理	酒白秀一
1912. 11. 1	领事	木部守一
1914. 7. 16	领事代理	酒白秀一
1914. 10. 21	事务代理	河野清
1914. 11. 21	领事	山内四郎
1917. 4. 17	事务代理	河野清
1917. 6. 22	领事	山内四郎
1919. 1. 8	领事代理	新山兴次
1919. 2. 2	领事	森田宽藏
1919. 8. 1	领事	村上义温
1921. 5. 16	领事代理	糟谷廉二
1921. 12. 6	领事	山崎平吉
1923. 3. 6	领事代理	椿松宇平治
1923. 5. 16	领事	西春彦
1925. 8. 29	领事代理	大谷和三郎
1925. 10. 12	领事	栗原正

○农安分馆

任官年月日	官名	姓名
1916. 8. 28	主任	佐佐木静吾
1918. 6. 30	主任	田中正一

续表

任官年月日	官名	姓名
1918. 7. 15	主任	坂东末三
1918. 10. 21	主任	田中正一
1919. 11. 8	馆务处办	田中仲之助
1920. 2. 14	主任	肥田好孝
1921. 7. 14	馆务处办	山口敏行
1921. 11. 12	主任	中野高一
1923. 1. 9	主任	中野高一
1924. 3. 15	主任	富田安兵衙
1925. 3. 5	事务接待	白神荣松

7. 驻长沙日本总领事官（自 1904 年至 1905 年驻汉口领事馆分馆）

任官年月日	官名	姓名
1905. 4. 1	副领事	井原真澄
1907. 3. 30	事务代理	宫村季雄
1907. 10. 14	领事	岛洲太助
1909. 4. 12	事务代理	林善一
1909. 11. 4	事务代理	村山正隆
1910. 8. 5	事务代理	松永直吉
1910. 10. 31	事务代理	堺与三吉
1911. 4. 1	事务代理	山崎壮重
1911. 6. 16	领事	大河平隆则
1912. 8. 1	领事代理	冈本武三
1913. 7. 21	领事	大河平隆则
1914. 3. 30	事务代理	池都政次

任官年月日	官名	姓名
1914. 8. 27	领事代理	深泽暹
1916. 5. 25	领事	堺与三吉
1918. 6. 27	领事代理	八木元八
1919. 8. 26	领事代理	池永林一
1923. 4. 12	领事	田中莊太郎
1924. 3. 9	领事代理	清水八百一
1926. 2. 1	领事代理	野田宝之助
1926	领事	糟谷廉二

8. 驻芝罘日本领事官

任官年月日	官名	姓名
1876. 5. 17	领事代理	George F. MeLean
（1880 年 5 月天津领事馆兼辖）		
1883. 11. 14	领事代理	东次郎
1885. 6. 10	领事代理	上野专一
1885. 7. 15	领事代理	松延珏
1887. 11. 19	副领事	林权助
1888. 12. 25	副领事代理	田边熊三郎
1889. 2. 11	副领事代理	能势辰五郎
1890. 4. 22	事务代理	加藤义三
1890. 10. 17	领事代理	能势辰五郎
1892. 4. 30	事务代理	白须直
1892. 5. 22	领事代理	久水三郎
1893. 11. 30	二等领事	伊集院彦吉
（因甲午战争 1894 年 8 月 4 日撤退）		

续表

任官年月日	官名	姓名
1895. 8. 3	二等领事	久水三郎
1897. 8. 21	事务代理	大衫正之
1897. 10. 1	二等领事	田结聊三郎
1901. 8. 30	事务代理	高桥新治
1902. 5. 12	领事	水野幸吉
1905. 8. 19	领事	小桥酉吉
1906. 2. 19	事务代理	奥山清治
1906. 4. 10	领事	小桥酉吉
1907. 10. 21	事务代理	奥山清治
1908. 4. 15	副领事	相羽恒次
1909. 10. 11	事务代理	川口千随之助
1909. 12. 10	事务代理	吐谷久米藏
1911. 7. 31	事务代理	三浦一
1911. 12. 2	领事代理	相羽恒次
1912. 6. 30	领事	相羽恒次
1913. 12. 5	事务代理	三浦一
1914. 7. 24	领事代理	松木斡之亮
1915. 10. 11	事务代理	草政吉
1916. 2. 1	领事	冈木武三
1917. 8. 15	领事代理	益子齐达
1919. 9. 4	事务代理	荒基
1919. 10. 23	领事代理	富田义诠
1919. 12. 26	领事	富田义诠
1921. 11. 9	事务代理	荒基
1922. 4. 6	领事	内山清
1923. 9. 4	领事代理	别府雄吉

9. 驻间岛日本领事官

任官年月日	官名	姓名
1909. 11. 2	总领事	永泷久吉
1910. 7. 26	总领事代理	大贺龟吉
1910. 10. 5	总领事	永泷久吉
1912. 1. 13	总领事代理	速水一孔
1912. 6. 30	总领事代理	速水一孔
1913. 6. 23	总领事代理	堺与三吉
1914. 8. 15	总领事代理	铃木要太郎
1918. 6. 1	事务代理	远藤鸿
1918. 7. 19	总领事代理	铃木要太郎
1919. 9. 12	事务代理	远藤鸿
1919. 9. 30	总领事代理	堺与三吉
1921. 12. 26	总领事	堺与三吉
1922. 8. 20	总领事	铃木要太郎
1928. 1. 21	总领事代理	柴崎白尾
1928. 6. 2	总领事	铃木要太郎
1928. 12. 2	总领事代理	市川信也
1929. 1. 21	总领事	铃木要太郎
1929. 4. 19	总领事代理	市川信也
1929. 6. 26	总领事	冈田兼一
1930. 7. 24	总领事代理	泷山靖次郎
1930. 8. 16	总领事	冈田兼一
1932. 8. 27	总领事代理	泷山靖次郎
1932. 10. 2	总领事	永井清
1936. 1. 14	总领事	川村博

（1938 年 3 月 31 日关闭）

○珲春分馆

任官年月日	官名	姓名
1910. 12. 11	主任	大贺龟吉
1912. 10. 20	主任	清野长太郎
1914. 4. 17	主任	大贺龟吉
1914. 8. 18	主任	北条太洋
1916. 11. 20	主任	浦川昌义
1917. 5. 11	主任	岩越美高
1917. 12. 1	主任	杉野锋太郎
1918. 6. 7	主任	秋洲郁太郎
1921. 10. 20	主任	佐藤今朝藏
1924. 5. 11	主任	田中正一
1926. 4. 4	主任	田中作

○百草沟分馆

任官年月日	官名	姓名
1922. 10. 3	主任	吉井秀男
1923. 2. 3	主任	吉井秀男
1925. 9. 16	主任	掛川巖

○局子街分馆

任官年月日	官名	姓名
1909. 1. 2	主任	吉冈彦一
1911. 12. 26	主任	荒井金造
1912. 8. 1	主任	岩永觉重
1913. 10. 25	主任	本田选
1913. 2. 11	主任	木岛仙藏

续表

任官年月日	官名	姓名
1917. 4. 10	主任	吉田寿三郎
1917. 5. 23	主任	木岛仙藏
1919. 2. 23	主任	木岛仙藏
1919. 12. 24	主任	川南省一
1921. 5. 28	主任	毛利此吉
1921. 7. 12	主任	川南省一
1921. 9. 23	主任	川南省一
1923. 10. 6	主任	川俣芳平
1924. 5. 11	主任	芝崎路可
1926. 3. 29	主任	近藤信一

○头道沟分馆

任官年月日	官名	姓名
1909. 2. 9	主任	近藤愿吉
1910. 4. 19	主任	吉冈彦一
1912. 2. 21	主任	清野长太郎
1912. 10. 21	主任	山崎诚一郎
1915. 6. 13	主任	本田选
1916. 2 . 25	主任	诹访光琼
1919. 6. 30	主任	诹访光琼
1919. 10. 11	主任	川南省一
1919. 12. 19	主任	诹访光琼
1922. 12. 23	主任	毛利此吉

10. 驻重庆日本领事官

任官年月日	官名	姓名
1896. 5. 22	二等领事	加藤义三
1897. 4. 21	事务代理	高桥德太郎
1897. 11. 22	二等领事	加藤义三
1899. 12. 19	事务代理	堺与三吉
1900. 5. 8	事务代理	山崎桂
（因 1900 年事件 1900 年 8 月 7 日 1 时撤退至上海）		
1901. 2. 16	副领事	山崎桂
1901. 11. 6	事务代理	富田义诠
1901. 11. 25	副领事	德丸作藏
1905. 4. 20	领事	德丸作藏
1907. 3. 20	事务代理	池永林一
1907. 6. 26	领事	白须直
1908. 5. 7	事务代理	池永林一
1909. 1. 18	事务代理	河西信
1912. 5. 6	领事代理	清水润之助
1916. 7. 19	领事代理	中村修
1919. 5. 15	事务代理	松冈寿八
1919. 10. 4	事务代理	清水亨
1920. 6. 14	领事	坂东末三
1922. 6. 24	领事代理	贵布根康吉
1925. 1. 15	事务代理	町田万二郎
1925. 5. 30	领事	加来美知雄
1925. 8. 19	事务代理	町田万二郎
1926. 3. 12	领事代理	后藤錄郎

11. 驻福州日本领事官

任官年月日	官名	姓名
1872.9.4	领事	井田让
1872.11.27	总领事	井田让
（1873 年 5 月关闭，自 1880 年 7 月至 1887 年 3 月上海领事馆兼辖）		
1887.3.28	副领事代理	上野专一
1891.4.1	领事代理	上野专一
（1891 年 7 月关闭，上海领事馆兼辖）		
1899.5.1	事务代理	丰岛捨松
1899.5.15	二等领事	丰岛捨松
1903.6.4	领事	中村巍
1905.12.4	领事	高桥橘太郎
1907.9.24	事务代理	佐藤一郎
1908.7.21	副领事	天野恭太郎
1909.6.30	领事	天野恭太郎
1909.8.24	事务代理	岩村成允
1909.11.23	领事	高洲太助
1911.8.11	领事代理	土谷久米藏
1914.3.10	事务代理	柴崎白尾
1914.5.7	领事	天野恭太郎
1916.2.5	事务代理	打田庄六
1916.3.17	领事	斉藤良卫
1917.1.11	事务代理	打田庄六
1917.6.22	领事代理	森浩
（1919 年 5 月总领事馆升格）		
1919.5.31	总领事代理	森浩
1919.10.23	总领事代理	森浩
1920.4.6	总领事代理	铃木连三

续表

任官年月日	官名	姓名
1920. 9. 18	总领事	林久治郎
1923. 4. 9	总领事代理	中野永吉
1923. 9. 13	总领事代理	栗原正
1925. 9. 22	总领事代理	吉泽清次郎
1927. 2. 10	总领事	西泽义征
1928. 2. 22	事务代理	岛田才二郎
1928. 3. 21	总领事	西泽义征
1928. 12. 29	事务代理	冈部计二
1929. 3. 27	总领事	田村贞治郎
1932. 8. 5	总领事	守屋和朗
1934. 2. 23	总领事	宇佐美珍彦
1935. 5. 2	事务代理	冈部计二
1935. 6. 17	总领事	中村丰一
1936. 7. 12	事务代理	牟田哲二
1936. 10. 13	总领事	内田五郎

（1937 年 8 月 1 日撤退）

12. 驻杭州日本领事官

任官年月日	官名	姓名
1896. 3. 28	事务代理	落合谦太郎
1896. 7. 24	二等领事	小田切万寿之助
1897. 5. 21	事务代理	速水一孔
1899. 11. 14	领事	若松免三郎
1900. 8. 28	事务代理	山崎桂
1900. 12. 31	副领事	大河平隆则

续表

任官年月日	官名	姓名
1906.2.27	领事	大河平隆则
1906.4.4	领事	高洲太助
1907.7.3	事务代理	吉冈彦一
1909.7.1	事务代理	池部政次
1910.2.20	事务代理	纪成虎一
1910.4.23	事务代理	池部政次
1912.11.4	事务代理	深泽暹
1914.8.15	事务代理	濑上恕治
1918.1.8	领事代理	濑上恕治
1918.7.18	事务代理	荒井金造
1919.12.11	事务代理	清野长太郎
1921.8.2	领事代理	清野长太郎
1925.4.16	事务代理	小田武夫
1925.6.30	领事代理	清野长太郎
1926.1.15	事务代理	小田武夫
1926.2.14	领事代理	清野长太郎
1928.9	领事	米内山庸夫
1932.7	领事	白井康
1932.11	领事	藤井启二
1933.9	领事	松村雄藏
1935	领事	藤井启二
1938.4	领事	道明辉
1941.9	领事	田中繁三
（1943 年 10 月 1 日起总领事馆升格）		
1943.10	总领事	本野亨三
1943.10	领事	小林喜久寿

13. 驻宜昌日本领事官

任官年月日	官名	姓名
1919. 9. 7	领事代理	草政吉
1921. 6. 27	领事	草政吉
1921. 10. 14	领事代理	清水芳次郎
1922. 12. 17	事务代理	荒基
1923. 8. 18	领事	森冈正平
1925. 7. 20	事务代理	乾重雄
1925. 8. 8	领事代理	浦川昌义

14. 驻汉口日本领事官

任官年月日	官名	姓名
1885. 12. 16	领事	町田实一
1889. 4. 30	领事代理	伊藤祐德
1889. 10. 15	领事	町田实一
1890. 10. 20	领事代理	成田五郎
1891. 4. 22	领事代理	桥口直右衙门
(1891 年 9 月 2 8 日闭馆上海总领事馆兼辖)		
1898. 10. 11	二等领事	濑川浅之进
1899. 8. 14	事务代理	古谷荣一
1899. 10. 17	领事	濑川浅之进
1901. 7. 9	事务代理	古谷荣一
1902. 2. 10	领事	山崎桂
1903. 1. 31	事务代理	古谷荣一
1903. 2. 27	事务代理	矢田长之助
1903. 5. 26	领事	山崎桂
1903. 6. 29	事务代理	矢田长之助

续表

任官年月日	官名	姓名
1903. 11. 4	领事	永泷久吉
1904. 7. 30	事务代理	吉田美利
1904. 10. 25	领事	永泷久吉
1905. 9. 28	领事	水野幸吉
1906. 1. 23	事务代理	相原库五郎
1906. 5. 2	领事	水野幸吉
1907. 2. 9	事务代理	山崎馨一
1907. 5. 7	领事	水野幸吉
1907. 10. 5	领事	高桥橘太郎
1908. 6. 2	事务代理	矢田七太郎
1908. 7. 24	领事	高桥橘太郎
（1909 年 10 月总领事馆升格）		
1909. 10. 1	总领事代理	高桥橘太郎
1909. 10. 17	总领事代理	渡边省三
1910. 3. 9	总领事	松村贞雄
1910. 7. 30	总领事代理	来栖三郎
1910. 12. 16	总领事	松村贞雄
1912. 10. 7	总领事	芳泽谦吉
1913. 11. 28	总领事代理	高桥新治
1914. 8. 17	总领事	濑川浅之进
1917. 7. 2	总领事代理	川越茂
1917. 9. 22	总领事	濑川浅之进
1919. 6. 22	总领事代理	中村修
1919. 1. 1	总领事	濑川浅之进
1922. 3. 3	总领事代理	贵布根康吉
1922. 5. 23	总领事	濑川浅之进

续表

任官年月日	官名	姓名
1923. 2. 27	总领事代理	富田安兵衞
1923. 4. 17	总领事	林久治郎
1925. 7. 24	总领事代理	河野清
1925. 9. 25	总领事	高尾亨
1927. 6. 20	总领事代理	田中正一
1927. 9. 15	总领事	高尾亨
1928. 6. 26	总领事代理	原田忠一郎
1928. 10. 12	总领事	桑岛主计
1930. 6. 9	总领事	坂根准三
1932. 9. 11	总领事代理	高井末彦
1932. 10. 12	总领事	清水八百一
1934. 11. 18	总领事	三浦义秋
1937. 5. 29	总领事代理	松平忠久
（1937 年 12 月 8 日撤退）		
1938. 10. 27	总领事	花轮义敬
1938. 12. 27	总领事代理	田中正一
1939. 1. 21	总领事	花轮义敬
1940. 4. 17	总领事代理	田中正一
1940. 5. 2	总领事	伊东隆治
1941. 1. 5	总领事代理	田中正一
1941. 2. 26	总领事	田中彦藏
1942. 11. 10	总领事代理	朝比奈贞治郎
1942. 11. 29	总领事	高津富雄
1943. 7. 4	总领事代理	朝比奈贞治郎
1943. 10. 12	总领事代理	丸山佶
1943. 10. 27	总领事	内田源兵卫

续表

任官年月日	官名	姓名
1944.11.24	总领事代理	小嶋一郎
1944.12.14	总领事	中野胜次
（1945 年 11 月 23 日撤退）		

15. 驻哈尔滨日本领事官

任官年月日	官名	姓名
1907.3.4	总领事	川上俊彦
1907.4.15	事务代理	太田喜平
1907.6.22	总领事	川上俊彦
1908.10.7	事务代理	藤井实
1908.11.22	总领事	川上俊彦
1909.12.3	总领事代理	大野守卫
1910.5.28	总领事	川上俊彦
1912.4.30	总领事	本多熊太郎
1913.7.9	总领事代理	川越茂
1913.8.5	总领事	本多熊太郎
1914.6.22	总领事代理	川越茂
1914.12.7	总领事代理	佐藤尚武
1915.6.12	总领事代理	川越茂
1915.7.19	总领事代理	佐藤尚武
1917.3.29	总领事代理	黑泽二郎
1917.4.27	总领事代理	佐藤尚武
1917.6.30	总领事	佐藤尚武
1918.2.7	总领事代理	山内四郎
1918.12.27	总领事代理	松岛肇

续表

任官年月日	官名	姓名
1919. 2. 9	总领事	佐藤尚武
1919. 9. 16	总领事代理	佐佐木静吾
1920. 1. 22	总领事	松岛肇
1921. 6. 14	总领事	山内四郎
1921. 8. 14	总领事代理	丸田笃孝
1921. 12. 1	总领事	山内四郎
1925. 2. 14	总领事代理	郡司智麿
1925. 5. 3	总领事	天羽英二
1925. 8. 5	领事代理	郡司智麿
1925. 9. 2	领事	天羽英二
1927. 9. 12	总领事代理	木下武雄
1927. 9. 27	总领事	八木元八
1931. 3. 30	总领事代理	中野高一
1931. 5. 1	总领事	八木元八
1931. 5. 9	总领事代理	中野高一
1931. 6. 4	总领事	大桥忠一
1932. 2. 15	总领事代理	长冈半六
1932. 12. 14	总领事	森岛守人
1934. 12. 30	总领事代理	长冈半六
1935. 1. 25	总领事	森岛守人
1935. 6. 5	总领事	佐藤庄四郎
1937. 7. 8	总领事代理	长冈半六
1937. 8. 31	总领事	鹤见宪
1939. 2. 4	总领事代理	谷口卓
1939. 10. 25	总领事	久保田贯一郎
1942. 10. 16	总领事	塚本毅

任官年月日	官名	姓名
1944. 3. 21	总领事代理	太田日出雄
1944. 5. 27	总领事	宫川船夫
（1946 年 8 月 25 日撤退）		

16. 驻吉林日本领事官

任官年月日	官名	姓名
1907. 3. 10	领事	岛川毅三郎
1908. 1. 19	事务代理	林久治郎
1908. 12. 2	领事	岩崎三雄
1909. 12. 3	事务代理	藤井元一
1910. 2. 2	领事	岩崎三雄
1910. 7. 21	事务代理	藤井元一
1910. 10. 2	领事	林久治郎
1914. 10. 23	领事	森田宽藏
1915. 4. 1	事务代理	熊泽桂太郎
1915. 5. 16	领事	森田宽藏
1916. 2. 21	领事	天野恭太郎
1916. 11. 15	领事代理	深泽暹
1917. 12. 24	领事	深泽暹
1918. 10. 18	领事	森田宽藏
（1919 年 5 月总领事馆升格）		
1919. 5. 31	总领事代理	森田宽藏
1919. 8. 25	总领事	森田宽藏
1922. 10. 12	总领事	堺与三吉
1923. 3. 1	总领事代理	深泽暹

续表

任官年月日	官名	姓名
1925. 2. 27	总领事代理	大谷和三郎
1925. 6. 9	总领事	川越茂
1929. 10. 20	总领事	石射猪太郎
1930. 8. 17	总领事代理	长冈半六
1930. 9. 4	总领事	石射猪太郎
1932. 7. 24	总领事代理	森冈正平
1933. 12. 20	总领事	森冈正平
1937. 3. 25	总领事代理	中野高一
（1938 年 3 月 31 日领事馆降格）		
1938. 3. 31	领事	中野高一
（1939 年 2 月 28 日关闭）		

17. 驻九江日本领事官

任官年月日	官名	姓名
1915. 7. 14	事务代理	大和久义郎
1916. 2. 16	事务代理	国原喜一郎
1916. 3. 7	领事代理	河西信
1917. 6. 30	领事	河西信
1920. 4. 19	领事	相原库五郎
1922. 12. 11	事务代理	藤井启二
1923. 4. 6	领事	江户千太郎
1925. 4. 30	领事代理	大和久一郎
1926. 3. 26	领事	大和久一郎

18. 驻辽阳日本领事官

任官年月日	官名	姓名
1908. 9. 10	副领事	铃木要太郎
1909. 11. 29	事务代理	河内亮三
1909. 12. 21	副领事	铃木要太郎
1911. 6. 30	领事	铃木要太郎
1913. 5. 7	事务代理	肥田好孝
1913. 9. 29	领事	铃木要太郎
1914. 7. 20	领事代理	土谷久米藏
1914. 12. 25	领事	土谷久米藏
1916. 8. 9	事务代理	柴崎白尾
1916. 8. 10	事务代理	古谷荣一
1917. 5. 8	领事代理	古谷荣一
1918. 8. 21	事务代理	柴崎白尾
1918. 9. 14	领事	入江正太郎
1919. 12. 27	事务代理	佐佐木高义
1920. 1. 16	领事代理	木岛仙藏
1923. 1. 23	事务代理	八代义则
1923. 3. 1	领事	薮野义光
1926. 7. 10	事务代理	吉井秀男

19. 驻满洲里日本领事官

任官年月日	官名	姓名
1922. 6. 17	领事代理	田中文一郎
1925. 4. 4	事务代理	太田日出雄
1926. 1. 7	领事	田中文一郎

20. 驻奉天日本领事官

任官年月日	官名	姓名
1906. 5. 26	总领事	萩原守一
1907. 4. 10	事务代理	吉田茂
1907. 6. 13	总领事	萩原守一
1907. 10. 23	总领事	加藤本四郎
1908. 6. 24	事务代理	吉田茂
1908. 9. 5	总领事代理	冈部三郎
1908. 2. 19	总领事	小池张造
1910. 4. 5	总领事代理	有田八郎
1910. 5. 14	总领事	小池张造
1911. 6. 16	总领事代理	有田八郎
1911. 8. 2	总领事	小池张造
1911. 11. 14	总领事	落合谦太郎
1912. 9. 2	总领事代理	天野恭太郎
1912. 10. 10	总领事	落合谦太郎
1913. 7. 2	总领事代理	井原真澄
1913. 8. 25	总领事	落合谦太郎
1915. 9. 27	总领事代理	矢田七太郎
1917. 1. 9	总领事	赤塚正助
1918. 3. 16	总领事代理	田村幸策
1919. 7. 3	总领事	赤塚正助
1920. 6. 12	总领事代理	大桥忠一
1920. 7. 15	总领事	赤塚正助
1921. 5. 9	总领事代理	吉原大藏
1921. 7. 18	总领事	赤塚正助
1923. 7. 17	总领事代理	市川信也
1923. 8. 15	总领事	船津辰一郎

续表

任官年月日	官名	姓名
1924.2.2	总领事代理	内山清
1924.2.22	总领事	船津辰一郎
1924.12.17	总领事代理	内山清
1925.2.2	总领事	船津辰一郎
1925.9.25	总领事代理	内山清
1925.10.22	总领事	吉田茂
1926.2.27	总领事代理	内山清
1926.3.22	总领事	吉田茂
1926.11.17	总领事代理	蜂谷辉雄
1927.1.16	总领事	吉田茂
1927.6.15	总领事代理	蜂谷辉雄
1927.7.7	总领事	吉田茂
1927.12.30	总领事代理	蜂谷辉雄
1928.4.25	总领事	林久治郎
1928.9.4	总领事代理	森岛守人
1928.9.27	总领事	林久治郎
1929.3.22	总领事代理	森岛守人
1929.5.11	总领事	林久治郎
1929.11.27	总领事代理	森岛守人
1930.1.9	总领事	林久治郎
1930.7.21	总领事代理	森岛守人
1930.9.30	总领事	林久治郎
1931.6.24	总领事代理	森岛守人
1931.7.12	总领事	林久治郎
1931.11.13	总领事代理	森岛守人
1931.12.13	总领事	林久治郎

续表

任官年月日	官名	姓名
1931. 12. 25	总领事代理	森岛守人
1932. 10. 11	总领事代理	中野高一
1932. 11. 8	总领事代理	森岛守人
1932. 12. 12	总领事代理	中野高一
1933. 2. 19	总领事	蜂谷辉雄
1933. 3. 9	总领事代理	中野高一
1933. 4. 19	总领事	蜂谷辉雄
1935. 6. 24	总领事	宇佐美珍彦
1937. 3. 30	总领事	森冈正平
1937. 5. 13	总领事代理	吉村南也
1937. 6. 10	总领事	森冈正平
1938. 1. 31	总领事代理	吉村南也
1938. 3. 27	总领事	加藤传次郎
1939. 1. 20	总领事代理	吉村南也

（1939 年 2 月 28 日关闭）

○通化分馆

任官年月日	官名	姓名
1917. 2. 28	主任	市川季作
1918. 6. 28	主任	市川季作
1919. 7. 18	主任	山濑悟一
1920. 9. 21	主任	本田选

（自 1917 年 2 月至 1925 年安东领事馆分馆）

1921. 4. 1	主任	本田选
1922. 10. 14	主任	猪俣富士雄
1923. 6. 22	主任	阿部又重郎

○新民府分馆

任官年月日	官名	姓名
1906. 9. 26	主任	新国千代橘
1907. 11. 31	主任	北条太洋
1914. 8. 1	主任	竹内广彰
1920. 4. 17	主任	芝崎路可
1920. 7. 18	主任	竹内广彰
1923. 1. 6	主任	远山峻
1925. 12. 26	主任	远山峻
1926	主任	泷山靖次郎

21. 驻南京日本领事官

任官年月日	官名	姓名
(1901 年至 1907 年上海总领事馆分馆)		
1907. 9. 14	副领事	船津辰一郎
1908. 4. 30	事务代理	内山清
1908. 5. 23	领事	井原真澄
1910. 4. 12	事务代理	内山清
1910. 5. 8	领事	井原真澄
1911. 1. 17	领事	铃木荣作
1912. 5. 17	领事	船津辰一郎
1914. 4. 19	事务代理	打田庄六
1914. 5. 27	事务代理	古贺才太郎
1914. 8. 21	事务代理	高桥新治
1914. 12. 25	领事	高桥新治
1916. 6. 1	领事	高尾亨

续表

任官年月日	官名	姓名
1918. 6. 20	事务代理	清野长太郎
1919. 10. 1	领事	岩村成允
1921. 9. 10	领事	深泽暹
1923. 2. 19	领事	林出贤次郎
1925. 7. 3	事务代理	近藤孝一
1925. 8. 6	领事	森冈正平
1927. 6. 4	领事代理	田岛昶
1927. 8. 24	领事	田岛昶
1928. 2. 27	领事	冈本一策
1929. 9. 1	领事	上村伸一
1931. 6. 25	领事代理	太田一郎
1931. 7. 14	领事	上村伸一
（1932 年 2 月 6 日升格为总领事馆）		
1932. 2. 6	总领事代理	上村伸一
1933. 5. 9	总领事	日高信六郎
1934. 2. 5	总领事	须磨弥吉郎
1934. 12. 12	总领事代理	田中彦藏
1935. 1. 18	总领事	须磨弥吉郎
1935. 12. 27	总领事代理	松村基树
1936. 1. 22	总领事	须磨弥吉郎
1936. 5. 27	总领事代理	松村基树
1936. 6. 18	总领事	须磨弥吉郎
1937. 1. 21	总领事代理	松村基树
1937. 4. 10	总领事代理	福井淳
（1937 年 8 月 16 日一时撤退）		
1938. 3. 6	总领事	花轮义敬

续表

任官年月日	官名	姓名
1938. 10. 26	总领事代理	内田藤雄
1938. 10. 29	总领事	堀公一
1939. 4. 18	总领事	花轮义敬
1940. 10. 25	总领事	杉原荒太
1941. 12. 29	总领事	涉沢信一
1942. 10. 25	总领事代理	吉竹贞治
1942. 11. 6	总领事	好富正臣
1943. 4. 6	总领事代理	吉竹贞治
1943. 5. 18	总领事	田中彦藏

（1946 年 3 月 13 日撤退）

22. 驻牛庄日本领事官

任官年月日	官名	姓名
1876. 3. 28	副领事	Francis P. Knight.
1876. 5. 17	领事代理	Francis P. Knight.
1876. 7. 3	领事心得	Frederick Bandinel
1879. 9. 2	领事代理	Frederick Bandinel
（1880 年天津领事馆兼辖）		
1882. 8. 22	领事代理	Frederick Bandinel
1894. 4. 7	名誉领事	Frederick Bandinel
（因甲午战争职务执行中止）		
1897. 6. 30	一等领事	田边熊三郎
1902. 6. 10	领事	濑川浅之进
（因日俄战争 1904 年 3 月撤退）		
1904. 8. 2	领事	伊集院彦吉

续表

任官年月日	官名	姓名
1904. 8. 16	领事	濑川浅之进
1907. 2. 12	领事	窪田文三
1908. 2. 22	事务代理	高桥清一
1908. 5. 8	领事	窪田文三
1909. 3. 10	事务代理	大野守衡
1909. 9. 27	领事	太田喜平
1915. 10. 9	领事代理	三宅哲一郎
1918. 9. 24	领事	酒勾秀一
1920. 9. 13	领事代理	三浦义秋
1920. 11. 19	领事	清水八百一
1923. 11. 25	事务代理	田中正一
1924. 3. 9	领事	中山详一
1925. 5. 24	事务代理	木村诚
1925. 9. 26	事务代理	棚谷亮藏
1925. 12. 25	领事	冈田兼一
1926. 2. 25	领事代理	棚谷亮藏
1926. 3. 18	领事	冈田兼一

23. 驻济南日本领事官

任官年月日	官名	姓名
1915. 7. 14	领事	林久治郎
1918. 3. 8	领事代理	山田友一郎
1918. 4. 29	领事	吉田茂
1918. 11. 29	领事代理	山田友一郎

(1919 年 5 月总领事馆升格)

续表

任官年月日	官名	姓名
1919. 5. 31	总领事代理	山田友一郎
1919. 7. 30	总领事	森安三郎
1922. 12. 10	总领事代理	庄子勇
1922. 12. 28	总领事代理	藤井启之助
1924. 5. 31	总领事代理	吉泽清次郎
1925. 9. 4	总领事代理	平塚信三
1925. 9. 23	总领事	藤田荣介
1926. 9. 26	总领事代理	米内山庸夫
1926. 11. 24	总领事	藤田荣介
1928. 1. 22	总领事代理	米内山庸夫
1928. 2. 16	总领事代理	西田畊一
1929. 6. 20	总领事代理	藤村俊房
1929. 6. 29	总领事代理	藤村俊房
1929. 9. 8	总领事代理	西田畊一
1929. 12. 28	总领事	西田畊一
1933. 10. 9	总领事代理	服部恒雄
1934. 3. 1	总领事	西田畊一
1936. 6. 10	总领事代理	桥本正康
1936. 8. 21	总领事	有野学
1937. 6. 24	总领事代理	桥本正康
1937. 7. 2	总领事代理	望月静
1937. 7. 20	总领事	有野学
（1937 年 8 月 17 日—时撤退）		
1938. 1. 14	总领事	有野学
1938. 3. 23	总领事代理	藤井启二
1938. 4. 18	总领事	有野学

任官年月日	官名	姓名
1939. 3. 23	总领事代理	藤井启二
1939. 4. 15	总领事	有野学
1940. 4. 9	总领事代理	胜野敏夫
1940. 5. 4	总领事	有野学
1942. 7. 21	总领事代理	神保周三
1942. 9. 21	总领事	有野学
（1946 年 3 月 19 日撤退）		

24. 驻青岛日本领事官

任官年月日	官名	姓名
1922. 12. 10	总领事	森安三郎
1924. 3. 17	总领事	崛内谦介
1925. 1. 4	总领事代理	八木元八
1925. 2. 4	总领事	崛内谦介
1925. 12. 14	总领事代理	江户千太郎
1926. 5. 25	总领事	矢田部保吉
1927. 12. 19	总领事代理	高濑真一
1928. 1. 23	总领事	藤田荣介
1928. 7. 11	总领事代理	河相达夫
1928. 8. 7	总领事	藤田荣介
1929. 11. 30	总领事	川越茂
1930. 2. 12	总领事代理	堀公一
1930. 3. 15	总领事	川越茂
1931. 4. 28	总领事代理	堀公一
1931. 5. 31	总领事	川越茂

任官年月日	官名	姓名
1931. 8. 10	总领事代理	堀公一
1931. 8. 28	总领事	川越茂
1932. 8. 13	总领事代理	堀公一
1933. 3. 11	总领事	坂根准三
1935. 7. 31	总领事代理	田尻爱义
1936. 2. 4	总领事	西春彦
1937. 1. 23	总领事代理	门胁季光
1937. 3. 3	总领事	大鹰正次郎
(1937 年 9 月 4 日一时撤退)		
1938. 1. 13	总领事	大鹰正次郎
1938. 2. 4	总领事代理	门胁季光
1938. 5. 25	总领事	大鹰正次郎
1939. 1. 23	总领事	加藤伝次郎
1939. 4. 6	总领事代理	石川实
1939. 4. 23	总领事	加藤传次郎
1940. 6. 30	总领事代理	石川实
1940. 12. 4	总领事	高冈祯一郎
1942. 1. 9	总领事	高濑真一
1942. 11. 19	总领事	喜多长雄
(1946 年 4 月 18 日撤退)		

25. 驻赤峰日本领事官

任官年月日	官名	姓名
1917. 2. 27	领事代理	北条太洋
1917. 12. 24	领事	北条太洋

任官年月日	官名	姓名
1919. 6. 4	事务代理	高桥隆司
1919. 8. 13	领事	北条太洋
1922. 12. 14	事务代理	北村国太郎
1923. 5. 26	领事	平塚晴俊
1925. 4. 19	事务代理	和田正胜
1926. 6. 3	事务代理	中根直介

26. 驻成都日本领事官

任官年月日	官名	姓名
1918. 6. 13	事务代理	草政吉
1919. 5. 8	事务代理	国原喜一郎
1921. 9. 22	总领事代理	国原喜一郎
1925. 2. 17	事务代理	森启一
1925. 3. 7	总领事代理	椿松宇平治

27. 驻上海日本领事官

任官年月日	官名	姓名
1872. 2. 10	代领事	品川忠道
1872. 6. 12	代任	神代延长
1872. 9. 13	领事	品川忠道
1875. 9. 25	领事代理	蔡祐良
1875. 11. 16	总领事	品川忠道
1876. 5. 14	总领事代理	加藤木甕
1876. 6. 21	总领事	品川忠道
1877. 9. 26	事务代理	水野良知

任官年月日	官名	姓名
1878. 1. 23	总领事	品川忠道
1881. 7. 26	事务代理	水野良知
1881. 12. 9	总领事	品川忠道
1882. 9. 3	事务代理	吴硕
1882. 10. 26	总领事	品川忠道
1884. 6. 22	领事	安藤太郎
1885. 10. 3	事务代理	太田昇平
1885. 11. 6	领事	河上谨一
1887. 9. 3	事务代理	太田昇平
1887. 12. 13	总领事代理	高平小五郎
1887. 12. 20	领事	高平小五郎
1890. 3. 14	领事代理	二口美久
1900. 8. 15	领事	鹤原定吉
（1891 年 6 月总领事馆升格）		
1891. 6. 26	总领事代理	鹤原定吉
1892. 3. 3	总领事代理	内田定槌
1892. 6. 29	总领事代理	林权助
1893. 12. 9	事务代理	山座圆次郎
1894. 3. 13	总领事代理	大越成德
1894. 3. 30	总领事	大越成德
（因甲午战争 1894 年 8 月 11 日撤退）		
1895. 6. 24	总领事	珍田捨己
1896. 5. 15	事务代理	平井深造
1896. 7. 17	总领事	珍田捨己
1897. 4. 23	事务代理	龟山松次郎
1897. 5. 23	总领事代理	小田切万寿之助

续表

任官年月日	官名	姓名
1898. 6. 13	总领事代理	小田切万寿之助
1898. 8. 6	总领事代理	诸井六郎
1898. 10. 20	总领事代理	小田切万寿之助
1899. 7. 1	事务代理	松村贞雄
1899. 10. 5	总领事代理	小田切万寿之助
1900. 12. 6	事务代理	松村贞雄
1901. 1. 6	总领事代理	小田切万寿之助
1901. 10. 12	事务代理	岩崎三雄
1902. 4. 16	总领事	小田切万寿之助
1905. 2. 28	事务代理	松冈洋右
1905. 4. 26	总领事	小田切万寿之助
1905. 6. 30	事务代理	松冈洋右
1905. 10. 6	总领事	永泷久吉
1907. 7. 13	事务代理	尾崎洵盛
1907. 10. 14	总领事	永泷久吉
1908. 1. 30	事务代理	武者小路公共
1909. 3. 29	总领事	永泷久吉
1909. 9. 14	事务代理	三穗五郎
1909. 9. 26	总领事代理	松冈洋右
1909. 12. 9	总领事	有吉明
1911. 6. 6	总领事代理	浮田乡次
1911. 9. 13	总领事	有吉明
1914. 3. 29	总领事代理	村上义温
1914. 6. 10	总领事	有吉明
1917. 2. 4	总领事代理	原田万治
1917. 3. 15	总领事	有吉明

任官年月日	官名	姓名
1919. 9. 5	总领事	山崎馨一
1921. 3. 7	总领事	船津辰一郎
1922. 10. 21	总领事代理	田中莊太郎
1922. 11. 15	总领事	船津辰一郎
1923. 8. 3	总领事	矢田七太郎
1925. 12. 30	总领事代理	田岛昶
1926. 3. 9	总领事	矢田七太郎
1927. 6. 16	总领事代理	清水芳次郎
1927. 7. 20	总领事	矢田七太郎
1928. 8. 16	总领事代理	清水芳次郎
1928. 9. 2	总领事	矢田七太郎
1929. 2. 6	总领事代理	上村伸一
1929. 2. 27	总领事	重光葵
1929. 6. 9	总领事代理	上村伸一
1929. 8. 14	总领事	重光葵
1930. 11. 15	总领事	村井仓松
1932. 9. 20	总领事	石射猪太郎
1934. 4. 9	总领事代理	杉原荒太
1934. 5. 2	总领事	石射猪太郎
1936. 7. 5	总领事代理	杉原荒太
1936. 7. 16	总领事	若杉要
1936. 12. 20	总领事	河相达夫
1937. 4. 5	总领事代理	吉冈范武
1937. 5. 8	总领事	冈本季正
1938. 3. 18	总领事	日高信六郎
1938. 8. 26	总领事代理	后藤镒尾

任官年月日	官名	姓名
1938. 9. 30	总领事	日高信六郎
1938. 12. 12	总领事代理	后藤镒尾
1939. 1. 3	总领事	三浦义秋
1939. 5. 11	总领事代理	佐藤信六郎
1939. 5. 27	总领事	三浦义秋
1940. 9. 23	总领事	堀内干城
1942. 11. 1	总领事代理	曾祢益
1942. 11. 4	总领事	矢野征记
1945. 1. 10	总领事	丰田薫
（1946 年 4 月 4 日撤退）		

28. 驻沙市日本领事官

任官年月日	官名	姓名
1896. 3. 29	事务代理	崛口九万一
1896. 5. 14	二等领事	永泷久吉
（因 1898 年 5 月 9 日"火烧洋码头"事件，领事馆海关等被烧，撤退至汉口）		
1898. 6. 8	二等领事	水泷久吉
1898. 8. 23	事务代理	横田三郎
1898. 12. 23	一等领事	二口美久
1900. 7. 28	事务代理	大杉正之
1901. 4. 25	领事	若松兔三郎
1902. 7. 11	事务代理	大杉正之
1903. 9. 23	事务代理	桐野泓
1905. 5. 17	事务代理	石原逸太郎
1906. 5. 27	事务代理	本部岩彦

任官年月日	官名	姓名
1907. 9. 8	事务代理	片山敏彦
1910. 1. 3	馆务处办	荻尾和市郎
1910. 1. 9	馆务处办	平田钦尔
1910. 1. 10	事务代理	平田钦尔
1910. 4. 4	事务代理	桥口贡
1915. 6. 30	事务代理	肥田好孝
1919. 10. 4	事务代理	富田安兵卫
1922. 6. 12	事务代理	长冈半六
1924. 6. 19	领事代理	市川信也

29. 驻苏州日本领事官

任官年月日	官名	姓名
1896. 3. 30	一等领事	荒川已次
1896. 8. 4	事务代理	大河平隆则
1897. 8. 31	事务代理	吉冈彦一
1899. 3. 20	事务代理	诸井六郎
1899. 8. 14	领事	加藤本四郎
1900. 11. 21	事务代理	桥本丰太郎
1901. 7. 27	领事	二口美久
1903. 9. 10	副领事	白须直
1906. 7. 31	领事	白须直
1907. 5. 5	事务代理	大贺龟吉
1910. 5. 29	事务代理	池永林一
1911. 11. 27	领事代理	矢田部保吉
1912. 5. 20	领事代理	池永林一

任官年月日	官名	姓名
1918. 11. 2	事务代理	大和久义郎
1920. 7. 5	领事代理	椿松宇平治
1922. 9. 11	领事代理	藤村俊房
1923. 1. 9	领事代理	藤村俊房
1924. 6. 23	事务代理	松原久义
1924. 10. 19	领事代理	大和久义郎
1925. 4. 7	事务代理	松原久义
1925. 7. 7	领事代理	岩崎荣藏
1926. 3. 26	领事	岩崎荣藏

30. 驻汕头日本领事官（自 1904 年至 1907 年厦门领事馆分馆）

任官年月日	官名	姓名
1907. 10. 30	领事	德丸作藏
1911. 9. 25	事务代理	芝问仑吉
1911. 11. 28	领事代理	矢野正雄
1912. 6. 1	领事代理	矢田部保吉
1912. 11. 30	领事代理	河西信
1916. 1. 25	事务代理	田中莊太郎
1918. 11. 7	领事	深泽暹
1919. 7. 30	事务代理	佐藤由巳
1919. 8. 9	领事代理	市川季作
1920. 12. 3	领事代理	打田庄六
1922. 12. 27	领事	打田庄六
1924. 5. 27	领事代理	内田五郎

31. 驻铁岭日本领事官（自 1906 年至明治 1908 年驻奉天领事馆分馆）

任官年月日	官名	姓名
1908. 9. 10	副领事	村山正隆
1909. 9. 21	副领事	森田宽藏
1911. 12. 28	领事	森田宽藏
1914. 10. 22	领事代理	酒勾秀一
1916. 12. 26	领事	酒勾秀一
1917. 11. 13	事务代理	根津芳造
1917. 12. 30	领事	酒勾秀一
1918. 9. 22	领事	小仓鐸二
1920. 12. 28	事务代理	根津芳造
1921. 10. 3	领事	岩村成允
1923. 10. 10	领事代理	市川信也
1923. 11. 22	领事	岩村成允
1924. 9. 17	领事	田中莊太郎

○掏鹿分馆

任官年月日	官名	姓名
1916. 10. 11	主任	吉原大藏
1918. 8. 21	主任	富田安兵卫
1919. 7. 11	主任	近藤信一
1920. 1. 6	主任	石黑璋
1920. 7. 21	主任	近藤信一
1920. 11. 29	主任	近藤信一
1920. 12. 28	主任	松村雄藏
1922. 7. 23	主任	望月纯一郎

任官年月日	官名	姓名
1923. 10. 15	主任	角野义雄
1923. 11. 25	主任	望月纯一郎

○海龙分馆

任官年月日	官名	姓名
1916. 10. 4	主任	古泽幸吉
1918. 8. 25	主任	芝崎路可
1920. 2. 28	主任	高井末彦
1920. 11. 4	主任	浅山龙二
1921. 9. 22	主任	浅山龙二
1923. 2. 28	主任	田中繁三
1924. 6. 22	主任	柴崎白尾
1926. 3. 9	主任	藏本英明

32. 驻天津日本领事官

任官年月日	官名	姓名
1875. 9. 20	副领事	池田宽治
1876. 6. 14	副领事代理	水品梅处
1876. 9. 20	副领事	池田宽治
1877. 5. 22	副领事代理	水品梅处
1878. 4. 12	领事	池田宽治
1878. 12. 3	领事代理	加藤秀一
1879. 3. 31	领事	池田宽治
1879. 9. 12	事务代理	加藤秀一
1880. 7. 19	领事	竹添进一郎

任官年月日	官名	姓名
1882. 5. 2	事务代理	岛村久
1882. 9. 6	领事代理	岛村久
1883. 11. 9	事务代理	室田义文
1884. 1. 16	领事	原敬
1885. 7. 1	领事	波多野承五郎
1888. 7. 20	领事	鹤原定吉
1890. 7. 27	领事代理	荒川已次
1893. 11. 10	一等领事	荒川已次
（因甲午战争 1894 年 8 月 2 日撤退）		
1895. 6. 17	一等领事	荒川已次
1896. 3. 9	二等领事	郑永昌
1897. 7. 29	事务代理	藤田丰三郎
1897. 10. 14	二等领事	郑永昌
1897. 12. 22	一等领事	郑永昌
1901. 4. 1	领事	伊集院彦吉
（1902 年 1 月总领事馆升格）		
1902. 1. 10	总领事	伊集院彦吉
1902. 5. 11	事务代理	矢田长之助
1902. 6. 26	总领事	伊集院彦吉
1906. 4. 5	事务代理	奥田竹松
1906. 7. 26	总领事	伊集院彦吉
1906. 11. 1	总领事	加藤本四郎
1907. 10. 19	事务代理	山内四郎
1908. 3. 20	总领事代理	小幡酉吉
1909. 3. 31	总领事	小幡酉吉
1911. 5. 23	总领事代理	高桥新吉

续表

任官年月日	官名	姓名
1911. 9. 23	总领事	小幡酉吉
1913. 9. 13	总领事	窪田文三
1914. 7. 23	总领事代理	吉田东作
1914. 8. 22	总领事	松平恒雄
1916. 8. 2	总领事代理	吉田东作
1916. . 22	总领事	松平恒雄
1918. 5. 13	总领事	沼野安太郎
1919. 2. 11	总领事代理	龟井贯一郎
1919. 6. 13	总领事代理	船津辰一郎
1920. 12. 7	总领事代理	大鹰正次郎
1921. 1. 31	总领事代理	船津辰一郎
1921. 12. 6	总领事代理	八木元八
1922. 4. 7	总领事代理	本野亨三
1922. 5. 4	总领事	吉田茂
1923. 9. 18	总领事代理	田岛昶
1923. 10. 22	总领事	吉田茂
1925. 5. 30	总领事代理	冈本一策
1925. 6. 15	总领事	有田八郎
1927. 4. 29	总领事	加藤外松
1927. 9. 16	总领事代理	冈本一策
1927. 10. 9	总领事	加藤外松
1929. 1. 4	总领事代理	田代重德
1929. 5. 17	总领事	冈本武三
1930. 5. 3	总领事代理	田尻爱义
1930. 9. 26	总领事	冈本武三
1930. 10. 9	总领事代理	田尻爱义

任官年月日	官名	姓名
1931. 2. 27	总领事	桑岛主计
1931. 8. 8	总领事代理	田尻爱义
1931. 10. 11	总领事	桑岛主计
1932. 8. 20	总领事代理	太田知庸
1932. 9. 28	总领事	桑岛主计
1933. 7. 15	总领事代理	田中荘太郎
1933. 9. 1	总领事	栗原正
1933. 10. 31	总领事代理	田中荘太郎
1933. 12. 2	总领事	栗原正
1934. 8. 1	总领事代理	田中荘太郎
1934. 10. 20	总领事	川越茂
1936. 5. 4	总领事代理	岸伟一
1936. 6. 2	总领事代理	田尻爱义
1936. 9. 9	总领事	堀内干城
1937. 1. 6	总领事代理	岸伟一
1937. 2. 4	总领事	堀内干城
1938. 4. 9	总领事代理	堀公一
1938. 4. 27	总领事	田代重德
1939. 9. 30	总领事	武藤义雄
1940. 12. 29	总领事代理	大隈涉
1941. 1. 18	总领事	加藤三郎
1942. 8. 19	总领事	太田知庸

(1946 年 5 月 16 日撤退)

33. 驻齐齐哈尔日本领事官

任官年月日	官名	姓名
1908. 10. 29	副领事	堺与三吉
1910. 9. 10	副领事	藤井贯一郎
1911. 5. 10	领事	井原真澄
1912. 11. 30	事务代理	吉原大藏
1916. 2. 17	领事	二瓶兵二
1918. 3. 10	事务代理	小柳雪生
1918. 6. 21	领事代理	古泽幸吉
1918. 12. 22	事务代理	田中作
1919. 6. 28	领事代理	山崎诚一郎
1920. 6. 28	事务代理	铃木三男
1920. 7. 23	领事代理	山崎诚一郎
1921. 6. 27	领事	山崎诚一郎
1923. 10. 29	领事代理	中野勇吉
1926. 3. 3	领事	清水八百一

34. 驻郑家屯日本领事官（自 1916 年至 1918 年驻奉天总领事馆分馆）

任官年月日	官名	姓名
1918. 6. 14	领事代理	岩村成允
1919. 7. 1	领事代理	池部政次
1920. 5. 31	领事	池部政次
1922. 6. 21	事务代理	月川左门
1922. 11. 17	领事	吉原大藏
1924. 5. 30	事务代理	月川左门
1924. 9. 6	领事	吉原大藏

续表

任官年月日	官名	姓名
1925. 2. 1	领事代理	中野高一

35. 驻云南日本领事官

任官年月日	官名	姓名
1918. 8. 12	领事	二瓶兵二
1919. 7. 6	事务代理	本田选
1920. 6. 12	事务代理	藤村俊房
1922. 11. 30	领事代理	糟谷廉二
1926. 3. 3	事务代理	武藤贞喜
1926	领事代理	中野勇吉

36. 驻香港日本领事官

任官年月日	官名	姓名
1873. 4. 20	副领事	林道三郎
1873. 9. 12	事务代理	尾崎逸足
1873. 10. 3	事务代理	樋野顺一
1874. 7. 3	副领事	安藤太郎
1875. 4. 11	事务代理	小林端一
1875. 7. 1	副领事	安藤太郎
1877. 10. 25	领事	安藤太郎
1878. 3. 21	事务代理	寺田一郎
1878. 8. 28	领事	安藤太郎
1879. 5. 31	事务接待	太沼让
1879. 10. 12	领事	安藤太郎
1881. 6. 10	事务代理	寺田一郎

任官年月日	官名	姓名
1881. 11. 17	领事	安藤太郎
1883. 4. 24	事务代理	平部二郎
1883. 12. 16	领事代理心得	町田实一
1885. 8. 2	事务代理	田边贞雅
1885. 8. 29	领事	南贞助
1887. 5. 21	事务代理	斋藤幹
1887. 9. 5	领事	南贞助
1888. 7. 12	事务代理	斋藤幹
1889. 3. 4	领事	铃木充美
1890. 2. 28	事务代理	斋藤幹
1890. 5. 13	领事代理	宫川久次郎
1894. 1. 20	一等领事	中川恒次郎
1896. 2. 1	事务代理	清水精三郎
1896. 11. 1	二等领事	清水精三郎
1897. 9. 9	事务代理	高木澄三郎
1898. 1. 25	二等领事	上野季三郎
1900. 12. 1	领事	加藤本四郎
1901. 11. 2	领事	野间政一
1902. 11. 4	事务代理	桐野弘
1903. 9. 3	领事	野间政一
1906. 4. 3	领事代理	隈部军藏
1906. 11. 30	领事	田中都吉
1907. 7. 10	事务代理	益子斋造
1908. 5. 5	副领事	船津辰一郎
1909. 4. 24	事务代理	渡边省三
1909. 6. 9	副领事	船津辰一郎

任官年月日	官名	姓名
1909. 6. 30	领事	船津辰一郎
（1909 年 10 月总领事馆升格）		
1909. 10. 1	总领事代理	船津辰一郎
1912. 2. 27	总领事	今井忍郎
1913. 8. 27	事务代理	田中莊太郎
1913. 10. 20	总领事	今井忍郎
1916. 6. 15	总领事代理	高桥新治
1917. 5. 24	总领事代理	加来美知雄
1917. 9. 17	总领事	铃木荣作
1920. 8. 14	总领事代理	大森元一郎
1921. 2. 23	总领事	铃木荣作
1921. 7. 10	总领事代理	大森元一郎
1921. 8. 3	总领事代理	坪上贞二
1922. 4. 5	总领事代理	郡司喜一
1922. 9. 28	总领事	高桥清一
1925. 2. 25	事务代理	山崎恒四郎
1925. 5. 22	总领事	村上义温
1926. 8. 1	事务代理	池宫末吉
1926. 11. 6	总领事	村上义温
1927. 6. 17	事务代理	野野村雅二
1927. 9. 9	总领事	村上义温
1929. 7. 19	总领事代理	野野村雅二
1930. 1. 18	总领事代理	吉田丹一郎
1932. 7. 13	总领事代理	桑折铁次郎
1932. 12. 26	总领事代理	芦野弘
1934. 9. 3	总领事代理	桑折铁次郎

任官年月日	官名	姓名
1935. 2. 15	总领事	水泽孝策
1937. 5. 4	总领事代理	冈本久吉
1937. 8. 7	总领事	水泽孝策
1937. 12. 14	总领事	中村丰一
1938. 7. 25	总领事代理	早崎真一
1938. 12. 2	总领事	田尻爱义
1939. 10. 2	总领事	冈崎胜男
1940. 11. 27	总领事	矢野征记

（1942 年 2 月 20 日关闭）

附录三

驻华日本领事馆管辖区域（1925 年）

〇间岛驻在日本领事官管辖区域

吉林省中延吉、和龙、汪清及珲春各县，奉天省中抚松及安图各县

〇安东驻在日本领事官管辖区域

奉天省安东、凤城、舳鞍、庄河、宽甸、辑安、临江及长白各县

〇牛庄驻在日本领事官管辖区域

奉天省中营口、锦、盘山、北镇、义、锦西、兴城、缓中、海城、盖平及复各县

〇辽阳驻在日本领事官管辖区域

奉天省中辽阳、辽中及台安各县

〇奉天驻在日本领事官管辖区域

奉天省中沈阳，抚顺、本溪、新民、彰武、黑山、桓仁、通化及兴京各县，热河都统管辖地域中阜新县

〇郑家屯驻在日本领事官管辖区域

奉天省中辽源、洮南、开通、洮安、安广、镇东、突泉、双山及腾榆各县、达尔罕、博王、图什业图、扎萨克图、宾图及苏鄂公各县

〇铁岭驻在日本领事官管辖区域

奉天省中铁岭、开源、柳河、辉南、海龙、东丰、西安、西丰、

昌图、康平及法库各县

○长春驻在日本领事官管辖区域

吉林省中长春、伊通、农安、长岭及德惠各县，奉天省中梨树及壤德各县

○吉林驻在日本领事官管辖区域

吉林省中吉林、磐石、濛江、桦甸、双阳、舒兰、敦化及额穆各县

○哈尔滨驻在日本领事官管辖区域

吉林省中扶余、榆树、双城、滨江、五常、宾、同宾、阿城、宁安、东宁、穆陵、依兰、桦川、方正、密山、饶河、虎林、同江、富锦及绥远各县

○齐齐哈尔驻在日本领事官管辖区域

黑龙江省，除呼伦贝尔之外区域

○满洲里驻在日本领事官管辖区域

黑龙江省中呼伦贝尔，外蒙古中车臣汗部

○天津驻在日本领事官管辖区域

直隶省，除口北道之外，山西省，除雁门道之外区域

○张家口驻在日本领事官管辖区域

直隶省中口北道，山西省中雁门道，内蒙古中察哈尔都统绥远都统管辖区域，外蒙古，除车臣汗部之外区域

○赤峰驻在日本领事官管辖区域

热河都统管辖地域，除阜新县之外区域

○济南驻在日本领事官管辖区域

山东省中芝罘及青岛驻在日本领事官管辖地域之外区域

○芝罘驻在日本领事官管辖区域

山东省中福山、蓬莱、黄、栖霞、招远、牟平、莱阳、文登、荣成及海阳各县

○青岛驻在日本领事官管辖区域

山东省中掖、平度、潍、昌邑、膠、高密、即墨、寿光、昌乐、安邱、诸城及日照各县，江苏省中东海、灌云及赣榆各县

○上海驻在日本领事官管辖区域

江苏省中上海、松江、南汇、青浦、奉贤、金山、川沙、太仓、嘉定、宝山、崇明、南通、海门、如皋及泰兴各县，浙江省中鄞、慈溪、奉化、镇海、象山、南山、临海、黄岩、天台、仙居、宁海、温岭、永嘉、瑞安、乐清、平阳、泰顺、玉环、丽水、缙云、青田、松阳、遂昌、龙泉、庆元、云和、宣平、景宁及定海各县

○南京驻在日本领事官管辖区域

江苏省中江宁、句容、溧水、高淳、江浦、六合、丹徒、丹阳、金坛、溧阳、揭中、江都、仪征、东台、兴化、泰、高邮、宝应、淮安、淮阴、泗阳、涟水、阜宁、盐城、沐阳、铜山、丰、沛、肃、碭山、邳、宿迁及睢宁各县

○芜湖驻在日本领事官管辖区域

安徽省

○苏州驻在日本领事官管辖区域

江苏省中吴、常熟、昆山、吴江、武进、无锡、宜兴、江阴及靖江各县

○杭州驻在日本领事官管辖区域

浙江省中上海驻在日本领事官管辖地域之外区域

○九江驻在日本领事官管辖区域

江西省中长沙驻在日本领事官管辖地域之外区域

○汉口驻在日本领事官管辖区域

湖北省中武昌、鄂城、咸宁、通城、大冶、嘉鱼、蒲圻、崇阳、阳新、通山、夏口、汉川、黄陂、汉阳、孝感、沔阳、安陆、应

城、应山、云梦、随、黄冈、蕲水、麻城、广济、黄安、罗田、蕲春及黄梅各县，河南省，陕西省，甘肃省，新疆省

○长沙驻在日本领事官管辖区域

湖南省，江西省中宜春、分宜、萍乡及万载各县

○沙市驻在日本领事官管辖区域

湖北省中汉口驻在日本领事官及宜昌驻在日本领事官各管辖地域之外区域

○宜昌驻在日本领事官管辖区域

湖北省中宜都、宜昌、长阳、兴山、巴东、五峰、秭归、恩施、宜恩、建始、利川、来凤、咸丰、鹤峰、郧西、保康、竹山、竹谷房及郧各县

○重庆驻在日本领事官管辖区域

四川省中巴、江津、长寿、永川、荣昌、綦江、南川、镯梁、大足、璧山、涪陵、合川、江北、武胜、奉节、巫山、云阳、万、开、巫溪、开江、远、渠、大竹、城口、宣汉、万源、忠、酆都、垫江、梁山、西阳、石砫、秀山、黔江、彭水、隆昌、泸、合江、纳谷、江安、叙永、古宋、古兰、南充、西充、营山、仪陇、邻水、岳池、南部、通江、南江、巴中、蓬安、及度安各县，贵州省中云南驻在日本领事官管辖地域之外区域

○成都驻在日本领事官管辖区域

四川省中重庆驻在日本领事官管辖地域之外区域，川边镇守使管辖地域，西藏，青海

○福州驻在日本领事官管辖区域

福建省中闽侯、连江、长乐、福清、罗源、古田、闽清、屏南、永泰、平潭、霞浦、福鼎、福安、宁德、寿宁、建瓯、建阳、崇安、蒲城、松溪、政和、南平、顺昌、将乐、沙、尤溪、永安、邵武、光泽、建宁、泰宁、莆田及仙游各县

○厦门驻在日本领事官管辖区域

福建省中恩明、南安、晋江、同安、惠安、安溪、永春、大田、德化、漳浦、诏安、云霄、龙溪、南靖、海澄、平和、长泰、龙严、漳平、宁洋及金门各县

○汕头驻在日本领事官管辖区域

广东省中湖安、丰顺、湖阳、揭阳、饶平、惠来、大埔、澄海、普宁、南澳、梅、五华、兴宁、平远、蕉岭、惠阳、博罗、新丰、紫金、海丰、陆丰、龙川、河源、和平及连平各县

福建省中长汀、宁化、清流、连城、归化、上抗、武平及永定各县

○广东驻在日本领事官管辖区域

广东省中汕头驻在日本领事官管辖地域之外区域，广西省

○云南驻在日本领事官管辖区域

云南省，贵州省中安顺、普定、清镇、镇宁、朗岱、平炽、紫云、普安、南龙、兴议、兴仁、安南、开岭、贞丰、册亭、磐、大定、毕节、威宁、黔西、织金、水城及赤水各县

○香港驻在日本领事官管辖区域

香港政厅管辖地域，澳门政厅管辖地域

○间岛日本总领事馆局子街分馆主任管辖区域

间岛驻在日本领事官管辖区域中延吉县中志仁乡全部及勇智乡、尚义乡及崇礼乡各一部分，汪清县中春华乡及春芳乡各全部及春明乡的一部分和龙县中月新社及晴霞社各全部

○间岛日本总领事馆头道沟分馆主任管辖区域

间岛驻在日本领事官管辖区域中延吉县中守信乡的大部分和龙县中明信社、合化社、德化社、善化社及崇化各全部

○间岛日本总领事馆珲春分馆主任管辖区域

间岛驻在日本领事官管辖区域中珲春县

〇间岛日本总领事馆百草沟分馆主任管辖区域

间岛驻在日本领事官管辖区域中汪清县中春融乡、春和乡及春耕乡各全部及春明乡的大部分、延吉县中春阳乡的全部

〇奉天日本总领事馆新民府分馆主任管辖区域

奉天驻在日本领事官管辖区域中新民、黑山、彰武及阜各县

〇奉天日本总领事馆通化分馆主任管辖区域

奉天驻在日本领事官管辖区域中通化、兴京及桓仁各县

〇铁岭日本领事馆海龙分馆主任管辖区域

铁岭驻在日本领事官管辖区域中海龙、柳河及辉南各县

〇铁岭日本领事馆掏鹿分馆主任管辖区域

铁岭驻在日本领事官管辖区域中东丰、西丰及西安各县

〇长春日本领事馆农安分馆主任管辖区域

长春驻在日本领事官管辖区域中农安及长岭各县、南郭尔罗斯旗未开放地

〇济南日本总领事馆博山出张所主任管辖区域

济南驻在日本领事官管辖区域中淄川及博山各县

〇济南日本总领事馆张店出张所主任管辖区域

济南驻在日本领事官管辖区域中章丘、长山、桓台、临淄、益都及临朐各县

〇青岛日本总领事馆坊子出张所主任管辖区域

青岛驻在日本领事官管辖区域中寿光、昌乐、昌邑、潍、安邱、诸城、日照及高密各县

资料来源：外务大臣官房人事课编：《外务省年鉴》大正十五年版，东京：クレス出版社，1999 年 11 月。战前官僚制研究会编，秦郁彦著：《战前期日本官僚制的制度·组织·人事》，东京大学出版社，1981 年 11 月。

参考文献

一、中文文献：

（一）专著、资料

1. 赵尔巽、柯劭忞等撰：《清史稿》，中华书局 1977 年 8 月版。

2. 宝鋆等编《同治朝筹办夷务始末》，中华书局 1979 年版。

3. 王彦威辑：《清季外交史料》，文海出版社 1985 年版。

4. 欧阳辅之编：《刘忠诚公遗集》，文海出版社 1968 年版。

5. 王树楠编：《张文襄公全集》，文海出版社 1970 年版。

6. 盛宣怀：《愚斋存稿》，文海出版社 1975 年版。

7. 王铁崖编辑：《中外旧约章汇编》，生活·读书·新知三联书店 1982 年版。

8. 臧运祜：《近代日本亚太政策的演变》，北京大学出版社 2009 年 2 月版。

9. 宋志勇、田庆立：《日本近现代对华关系史》，世界知识出版社 2010 年版。

10. 冯天瑜：《"千岁丸"上海行》，武汉大学出版社 2006 年版。

11. 曹大臣：《近代日本在华领事——以华中地区为中心》，社会科学文献出版社 2009 年版。

12. 梁宝山：《实用领事知识：领事职责·公民出入境·侨民权益保护》，世界知识出版社 2001 年 1 月版。

13. 马骏主编：《国际法知识辞典》，陕西人民出版社 1993 年 9 月版。

14. 高蘭：《双面影人：日本对中国外交的思想与实践（1895—1918）》，学林出版社 2003 年 10 月版。

15. 吴孟雪：《美国在华领事裁判权百年史》，社会科学文献出版社 1992 年 5 月版。

16. 张仲礼主编：《中国近代城市企业·社会·空间》，上海社会科学院出版社 1998 年版。

17. 孙毓棠编：《中国近代工业史资料》第一辑，下册，科学出版社 1957 年版。

18. 汪敬虞编：《中国近代工业史资料》第一辑，上册，科学出版社 1957 年版。

19. 姚贤镐编：《中国近代对外贸易资料》第一册，中华书局 1962 年版。

20. 吉林省社会科学院《满铁史资料》编辑组编：《满铁史资料》第 4 卷、煤铁篇，第 1 分册，中华书局 1987 年版。

21. 严中平主编：《中国近代经济史 1840—1894》，人民出版社 2001 年版。

22. 许涤新、吴承明主编：《中国资本主义发展史》第 2 卷，人民出版社 2003 年版。

23. 朱自振：《茶史初探》，中国农业出版社 1996 年版。

24. 袁仲达、蔡维屏：《茶叶 1868—1939》，大东图书公司。

25. 仲伟民：《茶叶与鸦片：十九世纪经济全球化中的中国》，生活·读书·新知三联书店 2010 年版。

26. 李必樟编译：《1854—1898 年英国驻上海领事报告汇

编》，上海社会科学院出版社 1993 年版。

27. 吴东之主编：《中国外交史——中华民国时期（1911—1949)》，河南人民出版社 1990 年版。

28. 米庆余：《日本近代外交史》，南开大学出版社 1988 年版。

29. ［英］劳特派特修订，王铁崖、陈体强译：《奥本海国际法》上卷，第二册，商务印书馆 1972 年 12 月版。

30. ［美］L. T. 李著，傅铸译：《领事法和领事实践》，商务印书馆 1975 年 8 月版。

31. ［美］戴维森（Lames W. Davidson）著，台湾银行经济研究室蔡启恒译：《台湾之过去与现在》台湾银行，1972 年 4 月。

32. ［澳］蒂姆·赖特著，丁长清译：《中国经济和社会中的煤矿业》，东方出版社 1991 年版。

33. ［日］东亚同文会编，胡锡年译：《对华回忆录》，商务印书馆 1959 年版。

34. ［日］信夫清三郎编，天津社会科学院日本问题研究所译：《日本外交史》上下册，商务印书馆 1980 年版。

35. ［日］升味准之辅著，董果良译：《日本政治史》全四册，商务印书馆 1997 年 12 月版。

36. ［日］安冈昭男著，胡连成译：《明治前期日中关系史研究》，福建人民出版社 2007 年版。

（二）论文

1. 李少军：《一本值得重视的研究报告——角山荣编〈日本领事报告研究〉介绍》，《人文论丛》1999 年卷。

2. 陈锋：《清末民国年间日本对华调查报告中的财政与经济

资料》，《近代史研究》2004 年第 3 期。

　　3. 赵国壮：《日本调查资料中清末民初的中国砂糖业——以〈中国省别全志〉及〈领事报告资料〉为中心》，《中国经济史研究》2011 年第 1 期。

　　4. 吴承明：《论历史主义》，《中国经济史研究》1993 年第 2 期。

　　5. 王宝平：《日本东京所藏近代中日关系史档案》，《历史档案》2000 年第 3 期。

　　6. 冯天瑜：《略论东亚同文书院的中国调查》，《世纪书窗》2001 年第 3 期。

　　7. 梁建：《早期西方各国在华商人领事制概略》，《贵族文史丛刊》2008 年第 1 期。

　　8. 房建昌：《近代外国驻黑龙江领事机构考》，《中国边疆史地研究》2001 年第 3 期。

　　9. 房建昌：《近现代设于重庆和成都的日本领事馆》，《档案史料与研究》2001 年第 3 期。

　　10. 房建昌：《近现代外国驻滇领事馆始末及其他》，《思想战线》2003 年第 1 期。

　　11. 房建昌：《驻广州日本总领事馆、广东大使馆事务所及法属印度支那日本大使府广洲湾出张所》，《广东史志》1999 年第 1 期。

　　12. 房建昌：《近代外国驻汕头领事馆及领事考》，《汕头大学学报》1997 年第 3 期。

　　13. 房建昌：《从日本驻澳门总领事馆档案看太平洋战争爆发后日寇在澳门的活动》，《广东社会科学》1999 年第 3 期。

　　14. 龚克、龚进：《近代成都的外国领事馆》，《四川档案》2011 年第 4 期。

15. 张玉芝：《间岛日本总领事馆对延边的侵略》，《齐齐哈尔大学学报》1996 年第 4 期。

16. 徐有礼、张彦：《郑州日本领事馆》，《中原文物》2006 年第 5 期。

17. 李洪锡：《日本驻中国东北地区领事馆警察机构研究》，2007 年延边大学博士学位论文。

18. 万鲁健：《近代天津日本侨民研究》，2007 年南开大学博士学位论文。

19. 王玺：《李鸿章与中日订约》，中研院近代史研究所专刊（42），台北，1981 年。

20. 詹庆华：《中国近代海关贸易报告述论》，《中国经济史研究》2003 年第 2 期。

21. 陈慈玉：《19 世纪末叶中国茶的国际竞争》，《大陆杂志》第 62 卷，第 4 期，1981 年。

22. 汪敬虞：《中国近代茶叶的对外贸易和茶叶的现代化问题》，《近代史研究》1987 年第 6 期。

23. 林齐模：《近代中国茶叶国际贸易的衰减——以对英国出口为中心》，《历史研究》2003 年第 6 期。

24. 董科：《晚清中国茶业技师赴日事迹考》，《日语学习与研究》2008 年第 2 期。

25. 全汉升：《上海在近代中国工业化中的地位》，《历史语言研究所集刊》第 29 期下，1958 年。

二、日文文献：

（一）专著、资料

1. 日本亚洲历史资料中心档案资料：（外务省外交史料馆、国立公文书馆、防卫省防卫研究所）

2. 日本国立国会图书馆近代电子图书馆

3. 日本神户大学附属图书馆新闻记事文库

4. 日本领事贸易报告资料（《通商汇编》、《通商报告》、《通商汇纂》、《通商公报》、《日刊海外商报》、《周刊海外经济事情》、《外务省通商日报》、《外务省战时经济局报》）各期。

5. 日本外务省记录局编：《外务省沿革略志》，1889 年版。

6. 日本外务省编：《日本外交年表及主要文书》，原书房1955 年版。

7. 外务省百年史编纂委员会编：《外务省百年》，原书房1969 年版。

8. 日本外务省编纂：《外务省年鉴》全 13 卷，大正二一十五年版。

9. 日本外务省编纂：《日本外交文书》日本外交文书刊行会，1964 年。

10. 日本外务省通商局编纂：《领事官执务参考书》，1910年版。

11. 日本外务省通商局编纂：《领事官执务参考书》，1916年版。

12. 日本外务省通商局编纂：《领事官执务参考书》，1923年版。

13. 日本外务省编纂：《在外公馆执务参考书》，1938 年版。

14. 日本外务省编纂：《在支外国领事馆调》，1936 年版。

15. 日本大阪市产业部贸易课编：《海外商工人名录》，1937年版。

16. 战前官僚制研究会编，秦郁彦著：《战前期日本官僚制的制度·组织·人事》，东京大学出版社 1981 年 11 月版。

17. 明治期外交资料研究会编：《外务省制度·组织·人事

关系调书集》全 9 卷，クレス出版社 1995 年 10 月版。

18. 日本通商产业省编：《商工政策史》全 24 卷，商工政策史刊行会，1975 年版。

19. ［日］原敬：《外交官领事官制度》，警醒社 1899 年 6 月版。

20. ［日］角山荣、高岛雅明监修：《领事报告资料收录目录》，雄松堂 1983 年版。

21. ［日］高岛雅明监修：《复刻版通商公报解说总索引》，不二出版 1997 年版。

22. ［日］角山荣编著：《日本领事报告的研究》，同文馆 1986 年版。

23. ［日］角山荣：《通商国家日本的情报战略》，日本放送出版协会 1988 年版。

24. ［日］角山荣：《茶的世界史——绿茶文化与红茶社会》，中公新书 1980 年版。

25. ［日］松浦章：《近代日本中国台湾航路的研究》，清文堂 2005 年版。

26. ［日］片山邦雄：《近代日本海运与亚洲》御茶水书房 1996 年版。

27. ［日］松井清编：《近代日本贸易史》第 1—3 卷，有斐阁 1959 年版。

28. ［日］米泽秀夫编：《上海史话》，大空社 2002 年版。

29. ［日］小竹文夫编著：《上海研究号》，大空社 2002 年版。

30. ［日］中村荣孝：《日本与朝鲜》，至文堂 1966 年版。

31. ［日］石井宽治：《日本经济史》，东京大学出版社 2006 年版。

32.〔日〕滨下武志:《中国近代经济史研究——清末海关财政和开港场市场圈》,东京大学东洋文化研究所 1989 年版。

33.〔日〕秦惟人:《近代中国的茶贸易——以输出渐落期为中心》,载《中国近现代论集》,汲古书院 1985 年版。

34.〔日〕本野英一:《传统中国商业秩序的崩溃》,名古屋大学出版社 2004 年版。

35.〔日〕梅村又次、山本有造编著:《开港与维新》岩波书店 1989 年版。

36.〔日〕西川俊作、山本有造编著:《产业化的时代》下册,岩波书店 1990 年版。

37.〔日〕杉山伸也:《明治维新与英国商人》,岩波新书1993 年版。

38.〔日〕波多野善大著:《中国近代工业史》,东洋史研究会刊,1961 年。

39.〔日〕东亚经济调查局编:《本邦为中心的石炭需要》、东亚经济调查局 1933 年版。

40.〔日〕东亚同文会调查编辑部编:《支那之工业》,1916年版。

41.〔日〕金泽幾子:《明治经济杂志年表》,经济资料协议会,1989 年版。

42.〔日〕杉原薰:《亚洲间贸易的形成与构造》,密涅瓦书房 1996 年 2 月版。

43.〔日〕松本贵典编:《战前期日本的贸易与组织间关系:情报·调整·协调》,新评论 1996 年 4 月版。

44.〔日〕石井宽治:《情报·通信的社会史——近代日本的情报化与市场化》,有斐阁 1994 年版。

45.〔日〕石井宽治:《近代英国与英国资本》,东京大学出版社 1984 年版。

46.［日］石井摩耶子：《近代中国与英国资本——以 19 世纪后半期怡和洋行为中心》，东京大学出版社 1998 年 2 月版。

（二）论文

1.［日］吉村道男：《关于日本外交文书编纂的经过》，《外交史料馆报》创刊号，1987 年 3 月。

2.［日］角山荣：《关于领事报告》，《经济理论》第 167 号，1979 年 1 月。

3.［日］高岛雅明：《关于领事报告制度和领事馆报告》，《经济理论》第 168 号，1979 年 3 月。

4.［日］古屋哲夫：《初期官报的海外情报》，《图书》1983 年第 11 月号。

5.［日］角山荣：《日清战后围绕南部中国市场的日英通商竞争》，载［日］中川敬一郎编《企业经营的历史研究》岩波书店，1990 年 11 月。

6.［日］石垣信浩：《第一次世界大战前德国的通商情报收集体系与海外市场开拓》，《大东文化大学经济论集》第 75 卷第 1 期，1999 年 8 月。

7.［日］佐藤元英：《明治期外务省制度组织的变迁与通商贸易情报的收集活动》，三上昭美先生古稀记念论文集刊行会编《近代日本的政治与社会》2001 年 5 月。

8.［日］佐藤元英：《明治期公使领事报告规则与通商贸易关系情报的编纂公刊》，《外交史料馆报》第 3 号。

9.［日］小池圣一：《通商贸易情报的传达——以大正九·十年的大阪为例》，《外交史料馆报》第 8 号，1995 年。

10.［日］中川靖子：《〈通商汇纂〉中国关系记事目录》，《辛亥革命研究》第 5 期。

11．［日］早濑晋三：《〈日刊海外商报〉揭载菲律宾关系记事目录 1925—1928 年，领事报告揭载菲律宾关系记事目录 1881—1893 年》，《鹿儿岛大学史学科报告》第 39 号，1992 年 7 月。

12．［日］南原真：《日本领事报告揭载泰国关系记事的概要和特征》，《东京经大学会志·经济学》第 225 号，2001 年。

13．［日］中村宗悦：《战间期日本的通商情报：关于东南亚新市场领事报告的分析》，《杉野女子大学·杉野女子大学短期大学部纪要》第 31 期，1994 年。

14．［日］中村宗悦：《两次世界大战期间东南亚市场的驻外公馆以及职能》，［日］松本贵典编《战前期日本的贸易和组织间关系》新评论，1995 年。

15．［日］中村宗悦：《领事报告中所见的香港：1894—1913》，《杉野女子大学·杉野女子大学短期大学部纪要》第 34 期，1997 年。

16．［日］北川胜彦：《〈日阿取极〉与南非羊毛购入问题——以日本领事报告为基础》，《非洲与日本》龙谷大学社会科学研究所丛书第 25 卷，1994 年 12 月。

17．［日］北川胜彦：《战前期日本对西部非洲的贸易——以日本领事报告为中心》，《关西大学经济论集》第 42 卷第 5 号，1993 年 1 月。

18．［日］北川胜彦：《战前期日本领事报告所见对非洲经济事情调查的研究：外务省通商局〈通商汇纂〉为中心》，《研究论集》第 50 卷，1989 年 7 月。

19．［日］北川胜彦：《战前期日本领事报告所见对非洲经济事情调查的研究：外务省通商局〈通商公报〉为中心》，《非洲研究》第 35 号，1989 年。

20. 〔日〕宇都宫浩司：《关于战前期日本与加拿大通商关系史的考察——以〈通商公报〉中的日本领事报告为基础》，《京都经济短期大学论集》第 17 卷第 1 号，2009 年 7 月。

21. 〔日〕大山梓：《新加坡暴动与领事报告》，《政经论丛》第 39 卷（1—2），1971 年 3 月。

22. 〔日〕林正子：《上野专一——日清战前台湾认识的先驱者》，《台湾近现代史研究》第 2 号，龙溪书舍 1979 年 8 月。

23. 〔日〕松本郁美：《关于初代上海领事品川忠道的考察》，《史窗》第 58 号，2001 年。

24. 〔日〕山下直登：《日本资本主义确立期上海煤炭市场的展开》，《能源史研究集》第 9 卷，1977 年 12 月。

25. 〔日〕塚濑进：《围绕上海煤炭市场的中日关系——1896—1931 年》，《亚洲研究》第 35 号第 4 卷，1989 年 9 月。

26. 〔日〕田方四雅史：《围绕着战前期花莚制造业的日本·中国间制度比较——通过日本领事报告的分析》，《日本研究》第 29 期，2004 年。

27. 〔日〕松浦章：《日本领事报告中所见清末福建及海外移民事情》，《福建与日本》关西大学东西学术研究所，2002 年 3 月。

28. 〔日〕片山邦雄：《关于日清战争日本海运的近海扩张——领事报告所见的诸种情况》，《海事交通研究》第 29 卷，1987 年。

29. 〔日〕高岛雅明：《关于明治后期农商务省的贸易扩张政策与领事报告》，《生驹经济论丛》第 7 卷第 1 号，2009 年 7 月。

30. 〔日〕藤原道生：《明治维新外交对旧国际关系的对策——以〈日清修好条规〉的成立为中心》，《名古屋大学文学部研究论集》第 41 号，1966 年。

31. ［日］副岛昭一：《关于中国的日本领事馆警察》，《和歌山大学教育学部纪要》第 39 号，1990 年。

32. ［日］本宫一男：《关于第一次大战前后商务官制度的展开》，《外交史料馆报》第 3 号，1990 年 3 月。

33. ［日］今津健治《关于九州近代产业的成立》，载《日本近代化和九州》，平凡社 1972 年，第 275 页。

34. （日）杉山伸也：《幕末明治初期石炭输出和上海石炭市场》，《近代移行期的日本经济》，日本经济新闻社 1979 年。

35. ［日］金丸裕一：《中国民族工业的黄金时期和电力产业》，《亚洲研究》第 39 卷第 4 号、1993 年。

三、英文文献：

（一）专著

1. D. C. M. Platt, *The Cinderella Service：British Consuls since 1825*, 1971, p. 10.

2. David Steeds and Ian Hill Nish, *China*, *Japan and* 19*th Century Britain*, Irish University Press, 1977, p. 85.

（二）论文

1. Theo Barker, "Consular Reports：A Rich But Neglected Historical Source ", *Business Histoty*, Volume 23, Issue 3, 1981, p. 265.

2. Theo Barker, "Consular Reports of The United Kingdom", *Business Histoty*, Volume 23, Issue 3, 1981, p. 266.

3. R. H. Werking, "United States Consular Reports：Evolution and Present Possibilities", *Business Histoty*, Volume 23, Issue 3, 1981, p. 300.

4. A. Broder, "French Consular Reports", *Business Histoty*, Volume 23, Issue 3, 1981, pp. 279 – 282.

5. R. H. Werking, "United States Consular Reports: Evolution and Present Possibilities", *Business Histoty*, Volume 23, Issue 3, 1981, pp. 300 – 302.

6. DR. Gehling, "German Consular Reports", *Business Histoty*, Volume 23, Issue 3, 1981, pp. 283 – 284.

7. V. I. Bovykin, D. W. Spring and S. J. Thompstone, "Russian Consular Reports Up to 1917", *Business Histoty*, Volume 23, Issue 3, 1981, pp. 291 – 293.

8. Charles Dudley Warner, "Our Foreign Trade and our Consular Service", *The North American Review*, Vol. 162, No. 472, March 1896, pp. 274 – 286.

9. Prousis, Theophilus C., "Bedlam in Beirut: A British Perspective in 1826" (2007), *History Faculty Publications*. p. 14.

10. D. C. M. Platt, "The Role of the British Consular Service in Overseas Trade, 1825 – 1914", *The Economic History Review*, New Series, Vol. 15, No. 3 (1963), pp. 494 – 512.

后　　记

本书是我在博士论文基础上进一步修订而成的。

在本书的写作过程中，得到了我在日本关西大学博士课程学习阶段的导师松浦章教授的悉心指导与帮助。恩师待人宽厚、治学严谨、循循善诱，在论文选题、写作、修改等方面都倾注了大量心血，留学期间无论在学习上还是在生活中都给予我许多无私的帮助。关西大学藤田高夫教授、新谷英治教授、陶德民教授、薮田贯教授、中谷伸生教授、森部丰教授都给予了热忱的指导，对于上述诸位先生表示衷心的感谢。大学院研究室诸位同人，以及松永友和博士、羽生和子博士都给予我较多帮助。

大阪府茨木东 ROTARY 俱乐部若林三雄会长以及诸位会员，不仅给予我诸多帮助，还经常邀请我参加他们的日常活动，使我能够更加近距离接触日本社会。

在日本四天王寺大学学习期间，得到古泉圆顺教授、南谷美保教授、矢羽野隆男教授、吕顺长教授、石井哲子女士的多方照顾，在此表示感谢。

同时，还要感谢我在浙江大学日本文化研究所硕士课程学习阶段的导师王勇教授，王宝平教授，是他们引领我进入日本学研究领域，并一直关心和支持着我的成长。

在论文后期资料收集阶段，得到正在英国伦敦大学亚非学院访学的茹玉骢博士的帮助，在此表示感谢。研究生孙扬子同学做了相关资料整理工作，在此表示谢意！最后感谢家人一直以来对我研究工作的支持。

　　由于本人才疏学浅，错误和不足之处在所难免。希望得到各位前辈和同行的批评指正，本人将不胜感激。

王力　谨志

2012 年 12 月